Brennesselsuppe und Rosinenbomber

Rosemarie Köhler

Brennesselsuppe und Rosinenbomber

Das Berliner Notkochbuch.
Rezepte, Erfahrungen und
Hintergründe 1945–1949

Eichborn.**Berlin**

Für meine Nichte Leonie

Die Deutsche Bibliothek - CIP-Einheitsaufnahme

Köhler, Rosemarie:
Brennesselsuppe und Rosinenbomber : Das Berliner Notkochbuch ; Rezepte, Erfahrungen und Hintergründe / Rosemarie Köhler. - Frankfurt am Main : Eichborn 1999
ISBN 3-8218-1591-4

Umschlaggestaltung: Moni Port
Lektorat: Wolfgang Hörner
Layout: Cosima Schneider
Druck und Bindung: Wiener Verlag, Himberg
ISBN 3-8218-1591-4

Dem Bezirksamt Neukölln von Berlin danken wir für die großzügige Bereitstellung der auf Seite 107, 144 und 180 abgedruckten Fotografien.

Verlagsverzeichnis schickt gern:
Eichborn Verlag, Kaiserstr. 66, D-60329 Frankfurt am Main
http://www.eichborn.de

Inhaltsverzeichnis

Vorwort

Die Berliner konnten es kaum fassen. Am 12. Mai 1949 endete die von den Sowjets verhängte Blockade. Fünf Jahre hatte die Stadt nun schon gehungert, die von der Außenwelt abgeschnittenen Westsektoren in den letzten 45 Wochen noch dazu verschärft. Wie von Zauberhand füllten sich dort nun die Regale der Lebensmittelgeschäfte und Bäckereien. Südfrüchte, deren Namen man schon fast vergessen hatte, lagen plötzlich in Obst- und Gemüsegeschäften. Kriegs- und Nachkriegskinder, die Bananen nur aus Bilderbüchern kannten, versuchten, diese mit Schale zu essen. Schinken, Würste und Frischfleisch hingen in den Fleischerläden, wo bisher nur Knochen, Suppenfleisch und Gehacktes zu finden gewesen waren.

Vorbei waren das immerwährende leise Ziehen im Magen, das quälende Hungergefühl, der permanente Wunsch nach einem Teller Suppe, ein paar Scheiben Brot, einer Portion Pellkartoffeln. Vorbei die tägliche Mühsal, etwas Eßbares aufzutreiben, und die latente Frucht, eines Tages zu verhungern.

Um das tägliche Brot waren jahrelang alle Gedanken gekreist. Die „Kölnische Rundschau" faßte am 15.8.1947 die Stimmung im Lande zusammen: „Wir sehen uns der tödlichen Erkenntnis gegenüber: Nicht Parteien und Gewerkschaften bestimmen unser Leben, nicht die junge demokratische Regierung oder die Besatzungsmacht, sondern einfach der Hunger, nichts als der Hunger. Er ist zum schlimmsten Diktator geworden, es gelten nicht mehr Gesetz, Moral oder gar die Vernunft."

Hunger, Not und Elend beherrschten schon die Schlagzeilen der Tageszeitungen. Der erste Blick in die Morgenzeitung fiel auf die Meldungen, wann und wo es Sonderzuteilungen geben sollte, erst dann wurden die Berichte aus Amerika, Japan oder Palästina gelesen.

Dieses Koch- und Lesebuch versucht, die Gratwanderung zwischen Hoffnungslosigkeit und Überlebensmut nachzuzeichnen. Material dazu lieferten Zeitungen und Zeitschriften, Bücher, aber vor allem auch viele bisher noch unveröffentlichte Augenzeugenberichte, Tagebücher und Briefe aus der Zeit von Mai 1945 bis Mai 1949. Das Buch hat eine Vorgeschichte. Im Zusammenhang mit einer Ausstellung in der Domäne Dahlem (Stadtgut und Museum) regte ich an, die Berliner um Rezepte und Erfahrungsberichte aus den Hungerjahren 1945 bis 1949 zu bitten. Die Resonanz überraschte; mehr als 250 Einsendungen weckten in mir Neugier und Forscherdrang. In Archiven und Zeitschriften, in Gesprächen und amtlichen Mitteilungen fand ich zusätzlich eine Fülle von Kochanleitungen, Tips zum Überleben, Ratschläge und Ermunterungen, aber auch Erschreckendes, zutiefst Erschütterndes über die damaligen Verhältnisse.

Niemand wünscht sich diese Zeit zurück. „Hunger beugt den Menschen, verändert ihn wie ein gieriges Tier ohne Rücksicht auf Anstand und Moral" , heißt es in einem verzweifelten Tagebucheintrag im Dezember 1946. Mut zum Überleben und tiefe Resignation lagen dicht nebeneinander. Ein heute 60jähriger erinnert sich: „Wir haben uns eben eingerichtet, so gut es ging. Und dachten eigentlich nicht, daß es mal anders oder besser werden würde. Das war unser Leben." Nicht alle Menschen ertrugen die Umstände. So berichtete „Der Tagesspiegel" am 24.3.1947: 333 Berliner verübten im Januar und Februar Selbstmord. Mehr als die Hälfte, nämlich 111 Männer und 75 Frauen, suchten wegen Nahrungsmittelsorgen den Tod.

Zum Schluß bleibt die Bewunderung für das Durchhaltevermögen und die Phantasie der Menschen in der schlechten Zeit. Der Leser von heute, der sich zum Kochen und Backen jede Zutat leisten kann, ist verblüfft über den Ideenreichtum der Hausfrauen der Nachkriegszeit. Bügeleisen als Notherdplatte, ein Feuerhaken und Zeitungen zum Heringsräuchern, unzählige Variationen, um altem Brot, Kohlrüben, Pellkartoffeln oder anderem immer wieder eine neue schmackhafte Note zu geben.

Vielleicht bekommen Sie auch Lust, das eine oder andere Rezept zu probieren. Es müssen ja nicht gerade Puffer aus Kartoffelschalen oder Kakao aus getrockneten roten Rüben sein. Viele Kartoffel- oder Kohlrezepte sind äußerst schmackhaft, und von den Kuchen ohne Fett und Ei kann man bedenkenlos drei bis vier Stücke essen. Salate aus Wildkräutern stehen heute auch auf den Speisekarten der Vier-Sterne-Hotels. Probieren Sie es einmal aus!

Ich habe viel Freude an der Arbeit gehabt und wünsche Ihnen vergnügliche Lese- und Kocherlebnisse. Für weitere Anregungen und Zuschriften danke ich im voraus.

Rosemarie Köhler

Die ersten Tage

Zwischen grausamem Ende und hoffnungsvollem Neubeginn

Obwohl von Millionen Menschen ersehnt, stellte der Zusammenbruch des Nationalsozialismus die erschöpften Bewohner Berlins vor schier unüberwindliche Probleme. Angst und Chaos herrschten, die Bevölkerung war total von der Außenwelt abgeschnitten, und Scharen von Flüchtlingen und versprengten Wehrmachtsangehörigen zogen ziellos durch die Straßen Berlins. Die zerbombten Häuser boten keinen Schutz, Trinkwasser fehlte, und dennoch mußten Grundbedürfnisse wie Essen und Trinken befriedigt werden.

Tagebuch 25.4.1945

Karstadt wird ausgeplündert. Ungeachtet der sausenden und krepierenden Granaten stürmen die Menschen in hellen Haufen heran, wobei mancher sein Leben auf der Straße aushauchte. Ich stand einigermaßen gedeckt im Hauseingang und habe vieles beobachtet. Annemarie lief mit einem Eimer und einer Milchkanne zu einer Schokoladenfabrik in der Urbanstraße, wo unsere Soldaten aus großen Fässern kondensierte Milch, Mandeln, Nüsse, Marzipan und Nougat verteilten. Der Beschuß ging indessen feste weiter, und wir bangten schon um Annemaries Leben. Plötzlich kam sie wie ein Hase über Trümmer und Trichter angesprungen, in den Händen die gefüllten Gefäße. Atemlos taumelte sie in den Keller. Ein „Hoch" unserer tapferen Tochter, die uns mit diesem Stückchen auf Wochen hinaus mit Milch versorgt hat. Robert schleckerte gleich eine volle Tasse davon aus, und auch ich habe ordentlich mal gekostet. Ein kleiner Ausgleich für alle die ausgestandenen Ängste, Nöte und Entbehrungen.

(Hugo v. B.)

April 1945

Oskar erzählte uns ganz aufgeregt, daß er ganz viel Butter und Zucker aus der Kindl-Brauerei „organisiert" hatte. Die Lebensmittellager wurden von der Bevölkerung alle geplündert, obwohl es streng verboten war. Doch schließlich hatte jeder Hunger. Butter und Zucker waren für uns unvorstellbare Reichtümer. (...) Mutti wollte uns etwas Gutes tun und backte an einem der nächsten Tage eine Buttercremetorte. Das war ein Hochgenuß, so etwas hatten wir ja seit Jahren nicht gegessen. Doch der Erfolg war natürlich „durchschlagend".

(Frank-Ulrich Reisser)

Mai 1945

Der 2. Weltkrieg endete im Mai 1945. Die deutschen Truppen gaben am 2. Mai den Kampf auf, in der Nacht vom 8. auf den 9. Mai wurde die „bedingungslose Kapitulation" im sowjetischen Hauptquartier in Karlshorst unterzeichnet. Berlin war von der Sowjetarmee besetzt, die Stadt war ein riesiger Trümmerhaufen, in dem noch 2,3 Millionen Menschen lebten (früher 4,2 Mio.). Unter dem zum Stadtkommandanten ernannten Generaloberst Nikolai E. Besarin begann man mit dem Aufbau einer örtlichen deutschen Verwaltung unter sowjetischer Kontrolle. Erste Aufräumarbeiten wurden angeordnet, Versorgungsleitungen notdürftig instand gesetzt, Strassen geräumt und Maßnahmen zur Seuchenbekämpfung sowie zur Bestattung Tausender von Toten angeordnet. Der Berliner Rundfunk sendete bereits am 4.5. 1945 wieder, die erste U-Bahn fuhr am 14.5., die „Tägliche Rundschau" erschien am 15.5., im Titania-Palast gab das Berliner Philharmonische Orchester am 26.5. sein erstes „Friedenskonzert".

Die sowjetische Besatzungsmacht stellte jedoch bereits in den ersten Wochen die Weichen für die künftige Entwicklung in ihrem Sinne. Die Eisenbahn, die S-Bahn und die Wasserstraßen in ganz Berlin wurden unter sowjetische Verwaltung gestellt. Dadurch erlangten die Sowjets Betriebsrechte und die Kontrolle auch über Teile Berlins, die später von den West-Alliierten übernommen wurden. Die Maßnahmen hatten für die nächsten Jahre auch erheblichen Einfluß auf die Versorgung mit Lebensmitteln und Rohstoffen.

Anfang Juli trafen die ersten amerikanischen und britischen Truppen, im August die französischen Besatzungstruppen in Berlin ein und übernahmen die ihnen durch Kontrollratsbeschluß zugewiesenen Sektoren.

Wenn Sie mich fragen, was wir in den ersten Tagen, als die Russen hier waren, gegessen haben, dann kann ich mich überhaupt nicht erinnern. Wir hatten nur Angst. Aber irgendetwas muß da gewesen sein. Vielleicht Haferflocken, Eingewecktes oder Büchsenfleisch. Wasser mußten wir abkochen, weil Seuchengefahr bestand.
(Nelly Kelm)

Tagebuch 1.–3. Mai 1945

Bevor ich noch gefrühstückt hatte, rief Frau Mietusch: „Es gibt Haferflocken" – und ich raste mit meinem Eimer die Treppe hinunter, kam aber wie immer zu spät. Sich balgende und beschimpfende Frauen umlagerten ein Wehrmachtsauto. Frau Mietusch bekam noch den leeren Sack, aus dem sie immerhin noch ein Pfund herausholte und später mit mir teilte. Ich sah indessen an der Straßenecke eine Frau mit einem großen Stück Fleisch, fragte, woher das komme, und bekam die Antwort, da vorne gebe es Pferdefleisch. Ich dachte, es werde verteilt, rannte hin und fand ein halbes, noch warmes Pferd auf dem Trottoir und drum herum Männer und Frauen mit Messern und Beilen, die sich Stücke lossäbelten. Ich zog also mein großes Taschenmesser, eroberte mir einen Platz und säbelte auch. Einfach war's nicht. Ich bekam ein Viertel Lunge und ein Stück von der Keule, woran noch das Pferdefell war, und zog blutbespritzt ab. Da wir im letzten Krieg vom Metzger auch Pferdefleisch bekommen hatten und es gut fanden, war ich hochbefriedigt, wollte mit Frau Mietusch teilen, die aber wandte sich schaudernd ab. Nun begann eine scheußliche Arbeit in der Küche. Alles war voll Blut, ein außergewöhnlich hellrotes, fast rosa Blut – und ich kann mir jetzt lebhaft vorstellen, wie schwer es einem Mörder fällt, die Blutspuren zu entfernen. Irgendwo bleibt doch ein Fleck. Ich erkannte bald, daß das Fleisch erst abhängen müsse, zog durch jedes Stück eine Schnur und hing beide auf. Das Fell war abgeschnitten. Von der Lunge trieb ich doch schon die Hälfte durch und machte mit Zwiebel, Thymian und einer Einbrenn eine sehr köstliche Lungenblutwurst, womit ich nun wieder einen Brotaufstrich habe. Während diese Metzelei noch im Gang war, rief Herr Mietusch, der erste russische Wagen fahre durch unsere Straße. Dies historische Ereignis mußte ich mir entgehen lassen, denn sonst hätte ich das Blut auch in die Vorderzimmer gebracht. Außerdem hatte ich Angst, ein Russe könne mich sehen und denken, ich hätte einen seiner Kameraden umgebracht.

(Margret Boveri)

Tagebuch Mai 1945

Für uns, ja, da ging das Leben weiter, am Tode vorbei. Kann man sich das heute vorstellen: kein Gas, kein Licht, kein Wasser, kein Laden zum Kaufen, keine Post, kein Telefon, keinerlei Fahrgelegenheit, keine Kartoffeln, kein Fleisch, keine Milch – und 22 Menschen am Tisch! Es ging weiter, und ich kann nur wieder schreiben. Und sie wurden alle satt! Es hieß allerdings: Die Hände rühren. In den auf der Domäne organisierten großen Milchkannen wurde morgens von den – allerdings von Russen sehr belagerten – Pumpen und vom Löschteich „In der Halde" das Wasser für den Tag geholt, von der Domäne Kartoffeln aus geöffneten Mieten und sauer gewordene Milch, die dort in großen Bütten stand.

(Erna Saenger)

Leben vom Ami-Müll

Am 4. Juli 1945 übergaben die Sowjets die südlichen Bezirke Berlins an die Truppen der USA. Viele Gebäude der ehemaligen Wehrmacht wurden von den Amerikanern genutzt. Obwohl es streng verboten war, nahmen die Anwohner, besonders in Dahlem und Lichterfelde, jede Gelegenheit wahr, Mülltonnen und Abfallbehälter nach Eßbarem zu durchsuchen. Die drohende Gefahr des Verhungerns besiegte jedes Ekelgefühl.

Tagebuch 22.7.1945

Hunger hatte ich immer noch. Dann fuhr ich zu Elsbeth. (...) Und dort aß ich etwas amerikanischen Müll, und jetzt bin ich satt. (...) Letzten Sonntag aßen wir (...) die Reste eines Müll-Reispulver-Puddings, an dem die Manholts schon vier Tage gegessen hatten. Seitdem konnte Elsbeth aber nichts mehr holen, weil alles abgefahren wird, aber sie hat sich mit der Fahrerin befreundet, und die läßt ihr immer wieder etwas zukommen. Das alles ist natürlich ein strenges Geheimnis. Vor zwei Tagen bekam ich etwas ab; Hühnerknochen, aus denen noch eine gute Suppe herauszukochen war (meine Suppen haben als Brühe sonst nur das Wasser, in dem ich meine Pellkartoffeln oder mein Gemüse koche). Und heute gab es also einen Kübel, aus dem Frl. Roscies die einzelnen Bestandteile sortierte: eine Platte mit dicken goldgelben Eierkuchen, eine Schüssel mit einer Art Grieß-Weißbrot-Pudding, darin eine halbe ausgepreßte Zitrone, eine richtige, an einem Baum gewachsene Zitrone. Aus diesem wurde ein Auflauf zusammengerührt und Zitronenschale darüber gerieben. Und ich aß hier einen Löffel voll und dort ein Stück Eierkuchen und noch ein Stück, und wir bekamen alle einen Schlucker von dem ungewohnten Genuß.

(Margret Boveri)

Zu der Zeit bekam die Domäne (Dahlem) für die Schweinemast von der amerikanischen Kaserne (Clay-Allee) täglich die Küchenabfälle, die keineswegs unter die hungernde Bevölkerung kommen durften, die Gesundheitsbestimmungen waren sehr penibel. (...) Täglich wurden die Reste in großen Milchkannen im Stall abgeliefert. (...) Mutter und ich kamen, mit vielen anderen, mit abdeckbaren Taschen mit hohen Töpfen (einer für süß, einer für salzig) und stürzten uns in den Kampf. Deckel lüften, nichts anmerken lassen, wenn es gut aussah, dranbleiben, unsortiert soviel wie möglich mitnehmen, unauffällig wegschlendern. Nudeln und aufgequollenes Weißbrot brachten die Bindung, Hühnerköpfe wurden ausgekocht, Kippen, Streichhölzer, dann und wann ein Putzlappen und andere Ekligkeiten entfernt. Dann lange gekocht, abgekühlt, das ketchupgefärbte Fett (eine Kostbarkeit) abgeschöpft zum Braten, z. B. von Kartoffelpellen.

(Frau Holk)

Die Ernährungslage in Berlin

Mit dem Mangel leben

Zunächst organisierten die sowjetischen Behörden die Versorgung der Bevölkerung in eigener Verantwortung. Als am 4. Juli 1945 die amerikanischen und britischen Besatzungstruppen in ihren Sektoren in Berlin eintrafen, einigte man sich auf eine gemeinsame Planung des Lebensmittelbedarfs, der Kontrolle der Verarbeitung, der Verteilung und Preisüberwachung der Lebensmittel. Die Durchführung der Verwaltung und Verteilung oblag allerdings den deutschen Behörden, dem Magistrat von Berlin. Jede Besatzungsmacht war verpflichtet, für die Einwohner ihres Sektors Lebensmittel bereitzustellen, die in einen gemeinsamen Pool flossen. Während die Sowjets ihren Anteil aus dem Berliner Umland, der sowjetisch besetzten Zone (SBZ), beziehen konnten, mußten die Nahrungsmittel für die westlichen Sektoren aus den entsprechenden Zonen Westdeutschlands eingeführt werden. Da in ganz Deutschland, wie im übrigen Europa auch, die Lebensmittel äußerst knapp waren, importierten die Amerikaner Getreide, Zucker und Milchpulver aus den Vereinigten Staaten. Die Besatzungsmächte tauschten einzelne Produkte untereinander aus: Kaffee der Amerikaner etwa wurde gegen britisches Salz getauscht. Die Sowjets lieferten Schlachtvieh aus der SBZ in den amerikanischen Sektor Berlins, dagegen gingen Schweine und Rinder aus Bayern (amerikanische Zone) nach Thüringen (SBZ).

Die Ernährungslage blieb für die nächsten fünf Jahre äußerst instabil. Durch zerstörte Verkehrswege, Mangel an Transportmitteln (Lokomotiven, Güterwagen, Lastwagen) und zunächst unzureichende Logistik blieben viele Lebensmittel auf dem Lande liegen und verdarben. Um drohenden Engpässen vorzubeugen, die sehr schnell zu einem Massensterben hätten führen können, wurden Vorräte in Lagerhäusern angelegt.

Die Monate Dezember 1946 und Januar, Februar 1947 sind vielen älteren Berlinern noch in grauenhafter Erinnerung. Der Kältewinter brachte vor Weihnachten einen Temperatursturz um minus 15 Grad.

Anfang Januar fiel das Thermometer auf minus 20 Grad, die dritte Kältewelle weit unter minus 10 Grad erfaßte Ende Januar die Stadt und dauerte den ganzen Februar an. Mit 22 „Eistagen" war der frost- und schneereiche Winter 1946/47 einer der strengsten unseres Jahrhunderts.

Kochkiste

Wie ein weißes Leichentuch legte sich die Kälte über Berlin. Kohlenzüge aus der Lausitz und dem Ruhrgebiet blieben wegen vereister Schienenstränge liegen. Der Magistrat beschloß rigide Stromeinschränkungen, pro Haushalt durften nur 300 Watt verbraucht werden. Stromsperren waren an der Tagesordnung, die Gaszuteilung war kontingentiert. Kohle- und Brennholzrationen waren schnell aufgebraucht, Möbel wurden zu Heizmaterial. So verschwanden in den Mietshäusern über Nacht einige Treppengeländer. Die Menschen saßen in eiskalten Wohnungen, der Frost kroch durch die notdürftig mit Pappe vernagelten Fenster. Wasserleitungen und Toiletten froren ein, die eingekellerten Kartoffeln verdarben, Gläser mit Eingemachtem zerplatzten vor Frost. Mütter ließen ihre Kinder auch tagsüber im Bett, auch um ein Anwachsen des Hungers durch Anstrengung und Kälte zu vermeiden. Die Weihnachtsferien für die Schulkinder wurden wegen Kohlemangels auf acht Wochen verlängert. In den Berliner Kinderkrankenhäusern waren die Kohlevorräte aufgebraucht. In den Frühgeborenenstationen versuchte man sich dadurch zu helfen, daß man in jeden Brutkasten drei Wärmflaschen legte. Auch die Entnazifizierungskommission konnte wegen Kohlemangels nicht tätig werden. Probleme entstanden bei der ärztlichen Behandlung der Erfrierungen. Da diese in Deutschland bisher sehr selten vorgekommen waren, waren Mittel und Methoden zur Behandlung kaum bekannt.

rechte Seite:
Aufsatz von Maria Hoppe (10 Jahre)
4. Klasse, Privatschule Gerdes

– Roland von Berlin –23.11.1947–

Berliner Wiegenlied

Schlaf, mein Kind,
schlaf, mein Kind,
durch die Pappe pfeift der Wind.
Außen ist ein Drahtgeflecht,
doch auch dieses schließt nicht recht.
Schlaf, mein Kind, schlaf, mein Kind,
durch die Pappe pfeift der Wind.

Schlaf, mein Kind,
schlaf, mein Kind,
morgen wird es warm geschwind,
Nehm vom Stuhl das letzte Bein,
damit heize ich uns ein.
Schlaf, mein Kind,
schlaf, mein Kind,
durch die Pappe pfeift der Wind.

„Der Tagesspiegel" veröffentlichte täglich eine „Todesbilanz" und meldete am 9. März 1947: 305 Todesfälle durch Erfrieren.

8. N. Den 18. II. 47

Wie wir den harten Winter ~~verbringen~~ ertragen!

Ein paar Wochen hält schon die großes Kälte an. Die Menschen frieren jetzt besonders, weil ~~die Menschen~~ sie keine Kohlen, nichts zu essen und keine Kleidung haben. Wir gehen ~~jetzt~~ sehr gerne in die Schule, weil es da schön warm ist, denn bei uns zu Hause ist es meistens auch kalt. Die Menschen frieren auch desshalb so doll, weil sie so wenig Fett haben.

Früher war solch ein Winter ein Vergenügen, aber trotzdem, mal muß auch Frühling werden.

Inhalt: III Fehler: II Schrift II

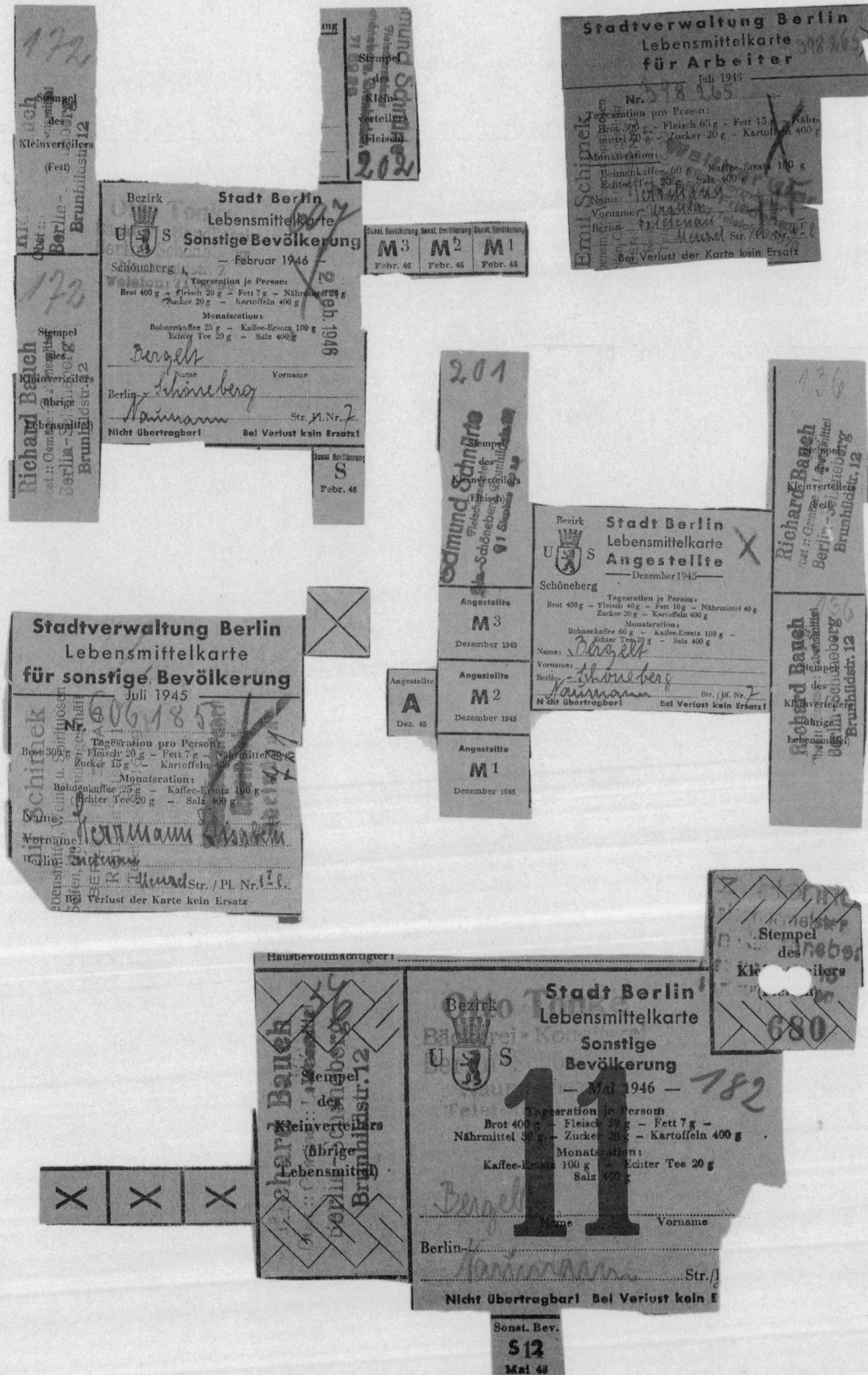

Stempel des Kleinverteilers (Fett)

Stempel des Klein-verteilers (Fleisch)

Stadt Berlin
Lebensmittelkarte
Sonstige Bevölkerung
— Februar 1946 —
Bezirk Schöneberg
Tagesration je Person:
Brot 400 g – Fleisch 20 g – Fett 7 g – Nährmittel 30 g
Zucker 20 g – Kartoffeln 400 g
Monatsration:
Bohnenkaffee 25 g – Kaffee-Ersatz 100 g
Echter Tee 20 g – Salz 400 g
Name Vorname
Berlin-Schöneberg
Str. / Pl. Nr.
Nicht übertragbar! Bei Verlust kein Ersatz!

Sonst. Bevölkerung M3 Febr. 46 | Sonst. Bevölkerung M2 Febr. 46 | Sonst. Bevölkerung M1 Febr. 46

Sonst. Bevölkerung S Febr. 46

Stempel des Kleinverteilers (übrige Lebensmittel)

Stadtverwaltung Berlin
Lebensmittelkarte
für Arbeiter
Juli 1945
Nr.
Tagesration pro Person:
Brot 500 g – Fleisch 65 g – Fett 15 g – Nährmittel 40 g – Zucker 20 g – Kartoffeln 400 g
Monatsration:
Bohnenkaffee 60 g – Kaffee-Ersatz 100 g
Echter Tee 20 g – Salz 400 g
Name:
Vorname:
Berlin
Str. / Pl. Nr.
Bei Verlust der Karte kein Ersatz

Stempel des Kleinverteilers (Fleisch)

Stadt Berlin
Lebensmittelkarte
Angestellte
Dezember 1945
Bezirk Schöneberg
Tagesration je Person:
Brot 400 g – Fleisch 40 g – Fett 10 g – Nährmittel 40 g
Zucker 20 g – Kartoffeln 400 g
Monatsration:
Bohnenkaffee 60 g – Kaffee-Ersatz 100 g –
Echter Tee 20 g – Salz 400 g
Name:
Vorname:
Berlin-
Str. / Pl. Nr.
Nicht übertragbar! Bei Verlust kein Ersatz!

Angestellte M3 Dezember 1945
Angestellte M2 Dezember 1945
Angestellte M1 Dezember 1945
Angestellte A Dez. 45

Stempel des Kleinverteilers (Fett)

Stempel des Kleinverteilers (übrige Lebensmittel)

Stadtverwaltung Berlin
Lebensmittelkarte
für sonstige Bevölkerung
Juli 1945
Nr.
Tagesration pro Person:
Brot 300 g – Fleisch 20 g – Fett 7 g – Nährmittel 30 g
Zucker 15 g – Kartoffeln 400 g
Monatsration:
Bohnenkaffee 25 g – Kaffee-Ersatz 100 g
Echter Tee 20 g – Salz 400 g
Name:
Vorname:
Berlin
Str. / Pl. Nr.
Bei Verlust der Karte kein Ersatz

Hausbevollmächtigter:

Stempel des Kleinverteilers

Stempel des Kleinverteilers (übrige Lebensmittel)

Stadt Berlin
Lebensmittelkarte
Sonstige Bevölkerung
— Mai 1946 —
Bezirk
11
Tagesration je Person:
Brot 400 g – Fleisch 20 g – Fett 7 g –
Nährmittel 30 g – Zucker 20 g – Kartoffeln 400 g
Monatsration:
Kaffee-Ersatz 100 g – Echter Tee 20 g
Salz 400 g
Name Vorname
Berlin-
Str./
Nicht übertragbar! Bei Verlust kein E

Sonst. Bev. S 12 Mai 46

Lebensmittelkarten

Bereits am 15. Mai 1945 trat auf Anordnung des sowjetischen Stadtkommandanten die Neuregelung der Lebensmittelversorgung in Kraft. Rund 2 Millionen Lebensmittelkarten wurden ausgegeben.

Das von den Sowjets eingesetzte System der Rationierung wies deutliche Parallelen zu dem im Kriege in der Sowjetunion praktizierten Versorgungssystem auf. Es beseitigte die nationalsozialistische Zuteilungswirtschaft, die nur zwischen Selbstversorgern und Normalverbrauchern unterschieden hatte.

Die Sowjets unterteilten die Normalverbraucher in fünf Gruppen. Funktionäre, Schwerarbeiter, berühmte und privilegierte Künstler und Geistesarbeiter erhielten die Kategorie I, Arbeiter fielen in die Kategorie II, Angestellte in Gruppe III, Kinder in Gruppe IV. Die Lebensmittelkarte V, von den Berlinern auch „Friedhofskarte" genannt, war für Hausfrauen, Nichtarbeitende und ehemalige Parteimitglieder (Pg) gedacht.

Von sowjetischer Seite wurde die Einteilung der Zuteilungen so begründet: Erstmals in der deutschen Geschichte würden die Schöpfer materieller Werte gemäß ihres Anteils am Aufbau versorgt. Arbeiter und Schwerarbeiter, aber auch Wissenschaftler, Ärzte, Leiter von Betrieben und Verwaltungseinrichtungen erhielten deshalb die höchsten Rationen.

Die Einteilung, die körperliche Arbeit bevorzugte, war in jeder Hinsicht ungerecht. Den Alten und Kranken, die nicht in der Lage waren, sich durch Hamsterfahrten oder Schwarzarbeit zusätzliche Lebensmittel zu beschaffen, standen die geringsten Rationen zu.

Hausarbeit galt als unproduktiv, gesellschaftlich wertlos, als private „Nichtarbeit".

In die Gruppe der „nichtberufstätigen Hausfrauen" gehörten aber auch Frauen, die mehrere Kinder zu versorgen hatten. Sie verdingten sich häufig als Trümmerfrauen, um in den Genuß einer besseren Versorgung zu kommen, während die Kinder unbeaufsichtigt blieben. Für die ehemaligen Parteimitglieder war die Eingruppierung in die geringste Versorgungsstufe als physische Strafe gedacht.

Für jeden Berliner bedeutete die Zugehörigkeit zu einer dieser Gruppen endgültig: Entweder man wurde einigermaßen satt oder mußte permanent hungern. Um hier ein Minimum an Gerechtigkeit walten zu lassen, veröffentlichte der Magistrat bis ins kleinste detaillierte Berufsbezeichnungen für die Einstufung der Lebensmittelkarten.

Eine Auswahl der Berufe für Karte I: Arbeiter, die schwere körperliche Arbeiten verrichten, Eisenbahnbau- und Brückenbauarbeiter, Berufs-Holzfäller, berühmte Schriftsteller, Kunstmaler, Bildhauer, hohe geistliche Würdenträger, Oberbürgermeister der Stadt, Lokomotivführer, Richter und Staatsanwälte, Chefredakteure usw. In die Gruppe II gelangten: dauernd beschäftigte Totengräber, Feuerwehrleute, Bauern, die für den Magistrat Kühe halten, Orchestermusiker und das gesamte Rundfunkpersonal. Hausdienstpersonal, Studenten und blinde Invaliden bezogen die Karte III, Kinder erhielten die Rationen der Karte IV.

Alle übrigen Personen mußten sich mit der Karte V begnügen.

Die Zugehörigkeit zu einer bevorzugten Gruppe wurde als Statussymbol benutzt. So stellte sich der populäre Berliner Theaterkritiker Friedrich Luft am 7. Februar 1946 seinen Hörern wie folgt vor: „Luft ist mein Name. Friedrich Luft. Ich bin 1,86 groß, dunkelblond, wiege 122 Pfund, habe Deutsch, Englisch, Geschichte und Kunst studiert, bin geboren im Jahre 1911, bin theaterbesessen und kinofreudig und beziehe die Lebensmittelkarte der Stufe II."

Zwischen den einzelnen Kategorien gab es große Unterschiede.

Die Berechtigten der Kategorie I erhielten täglich 600 g Brot, 400 g Kartoffeln, 80 g Nährmittel, 100 g Fleisch, 30 g Fett, 25 g Zucker.

Die Empfänger der Karte V dagegen nur 300 g Brot, 400 g Kartoffeln, 30 g Nährmittel, 20 g Fleisch, 7 g Fett, 15 g Zucker.

Erst ab dem 1. Januar 1946 wurden für die Karte V Zusatzkarten ausgegeben. Rund eine Million Berliner Hausfrauen, ältere Leute und alle anderen Inhaber der Karte V erhielten zusätzliche Rationen, wodurch sich der Nährwert von bisher 1248 auf 1500 Kalorien erhöhte.

DER KURIER
18.5.1946

Keine Lebensmittelkarten bei unregelmäßigem Schulbesuch

Die Ausgabe von Lebensmittelkarten an schulpflichtige Kinder im amerikanischen Sektor Berlins ist, wie die amerikanische Militärregierung bekannt gab, verboten, wenn keine amtliche Bescheinigung der Schule über regelmäßigen Schulbesuch vorgelegt wird. Der Schulbesuch ist Pflicht für alle Kinder zwischen 6 und 14 Jahren.

So unzureichend die Rationen auch waren, die Lebensmittelkarten waren zum Überleben unverzichtbar. Der Verlust, der nicht ersetzt wurde, hatte unübersehbare Folgen:

1945

Eines Tages ereilte uns das für diese Zeit schlimmste Unglück. Unsere Mutti verlor die gesamten Lebensmittelmarken der Familie. Wahrscheinlich sind sie ihr gestohlen worden. Sie war am Ende. Es war ihr einfach unmöglich, es unseren beiden Männern zu sagen, die Vorwürfe hätte sie zu allem Überfluß nicht ertragen können. Wie nun die Familie ernähren, wie das Ganze vertuschen? Wie sie es gemacht hat, ist mir heute noch nicht klar. Nur daß in dieser Zeit all unsere Ringe, Ketten und was sonst noch einigen Wert hatte, draufgingen. Ohne diese Wertsachen hätten wir glattweg verhungern müssen. Überall versuchte sie, Verbindungen aufzunehmen, um durch Schwarzkäufe Lebensmittel zu bekommen. Sie schaffte es, auch dieser Monat ging herum, und erst nach sehr langer Zeit erzählte sie den Männern davon.

(Frank-Ulrich Reisser)

Heinrich Böll erzählt die Geschichte eines Siebzehnjährigen, der das gesamte Markenpaket seiner Familie beim Anstehen verloren hatte. Voller Verzweiflung stürzt er sich in die eisigen Fluten des Rheins: „Nein, ich habe gedacht, es gibt keine Hilfe und keine Hoffnung, und kein Mensch wird uns die Marken ersetzen, es sind auch zu viele, Vater und Mutter, die beiden Großen, das ganz Kleine und ich, und die Mütterkarte und die Schwerarbeiterkarte von Vater. Es nützt alles nichts, ersäuf' dich, dann haben sie wenigstens einen Esser weniger." Ein farbiger Soldat rettet den Unglücklichen; dem satten Amerikaner muß freilich verborgen bleiben, warum der Junge ins Wasser gehen wollte – „wegen so ein paar Fetzen Papier, die vielleicht nicht mal 'nen Dollar wert sind?"

Die Lebensmittelkarten allein garantierten nichts. Waren die Geschäfte leer, die Vorratslager nicht gefüllt, und war auch durch stundenlanges Anstehen kein Erfolg beschieden, dann blieb nur die nackte Verzweiflung.

Juli 1945

Der Juli ist nun zu Ende, ohne daß wir ein Gramm Fett bekommen hätten, kein Fleisch, kein Gemüse, kein Obst, kein Salz, keinen Essig, keinen Ersatzkaffee, nur das Brot und einen Teil der Kartoffeln und 620 g Zucker, 600 g

Mehl und sieben Suppenwürfel. Wenn für den Winter die Hungersnot prophezeit wird, frage ich, (wie) man das nennt, was wir jetzt haben. Auf den destruktiven Prozeß hin habe ich beschlossen, jetzt noch das zu veressen, was ich an kleinen Vorrätlein habe, ein paar Linsen, grüne Erbsen, weiße Bohnen, Reis und vielleicht sechs Weckgläser – wenn dann wirklich eine noch größere Hungersnot kommt, ist es besser, man geht schnell zugrunde als langsam hinausgezogen.

(Margret Boveri)

DER BERLINER
25.9.1945

Schlangestehen unerwünscht

Die große Aufgabe und die Funktion der Ernährungsausschüsse wurden auf einer Arbeitstagung noch einmal unterstrichen. (...) Zu den Aufgaben der Ausschüsse (...) gehöre auch, das Schlangestehen vor den Geschäften zu beseitigen. Hier entständen (...) nur zu oft Gerüchte, die die Atmosphäre vergifteten. Die Schlangenbildung sei daher als eine politisch unerwünschte Erscheinung zu betrachten.

Die politische Situation spitzte sich in den nächsten Jahren erschreckend zu. Während in den Westsektoren die Ankunft jeder CARE-Paketesendung als Hilfe zur Demokratisierung verstanden wurde, gaben östlich orientierte Zeitschriften Ratschläge gegen Hungergefühle, die allerdings aus der heutigen Sicht gesundheitsgefährdend sind.

FÜR DICH
2.2.1947

Gründliche Ausnutzung
der Nahrungsmittel

Die Mitteilung von der Neueinstufung der Lebensmittelkarten in der russischen Besatzungszone wird sicher bei den Betroffenen große Freude auslösen. Wir sind davon überzeugt, daß alle sich einem herzlichen Dank an die Sowjetische Militärverwaltung anschließen. Trotzdem bleibt die Ernährung (...) eines unserer größten Probleme. Die Lösung wird noch dadurch erschwert, daß es sich (bei vielen Menschen) um fest eingewurzelte Essensgewohnheiten handelt.

FÜR DICH
2.2.1947

Trocken essen:
Alle Speisen, die trocken gegessen werden können, sollen auch trocken gegessen werden, z.B. Brot in Würfel geschnitten, völlig trocken werden lassen und im Munde lutschend und kauend im Speichel völlig auflösen.

Keine dünne Suppen:
Möglichst wenig dünne Suppen kochen, nicht versuchen, durch Wasser das Essen zu verlängern, um den Magen zu füllen. Man verwechselt das Gefühl der Fülle mit dem der Sättigung, belastet den Verdauungsapparat mit völlig nutzloser Arbeit und ist doch gleich wieder hungrig. Man kocht aus Mehl, Grütze und Gemüse lieber kleine Mengen von Brei, die zu dick sind, um ohne weiteres zu rutschen. Diese Breie kann man wie Hartes essen.

Wenig trinken:
Keine Flüssigkeit während der Mahlzeit zu sich nehmen, um die Verdauungssäfte nicht zu verdünnen. Ein Viertelliter Flüssigkeit am Tage genügt im allgemeinen. Salzarm essen, um unnötigen Durst zu vermeiden.

Alles Eßbare in Schränke wegräumen, denn schon beim Anblick von Speisen sondern Mund, Magen und Darm Verdauungssäfte ab, die Hungergefühle hervorrufen und ungenützt abgehen, also körperliche Stoffe einfach verschwenden, wenn keine Mahlzeit eingenommen wird.

Haushalts-Briefe

Bereits im Sommer 1945 bemühten sich amtliche Stellen, Zeitungen und Kleinverlage, mit Hinweisen, Rezepten und guten Ratschlägen die fatale Ernährungssituation in den Griff zu bekommen.

siehe Abb. Seite 34/34

Sparrezepte wurden von Hausfrauen notiert und in Freundeskreisen weitergegeben.

Ich habe in der Hungerzeit immer Rezepte aus der Zeitung ausgeschnitten, und da es keine Hefte o.ä. gab, klebte ich die kleinen Ausschnitte in ein vollgeschriebenes Rechenheft, in dem die letzte Hausaufgabe vom 13.3.1945 stammt.

(Inge Krüger)

Neben Rezeptheften war „Der Haushalts-Brief – Eine laufende Sammlung zeitgemäßer Ratschläge für sparsames Kochen und Wirtschaften", herausgegeben von den hauswirtschaftlichen Beratungsstellen des Magistrats von Groß-Berlin, Abteilung Ernährung, eine unersetzliche Hilfe für die geplagten Frauen.

In loser Folge erschien dieses Blatt doppelseitig im DIN-A4-Format beim Verlag Alfred H. Linde und kostete zunächst 30, später 40 Pfennig.

„Der Haushalts-Brief" bemühte sich, die eingeschliffenen Eßgewohnheiten auf eine sparsame, nachkriegsbedingte Ernährung umzustellen. Besonders wichtig waren Rezepte für bisher wenig oder völlig unbekannte Lebensmittel wie Trockengemüse und -kartoffeln, Maismehl, umgewandeltes Roggenmehl usw.

Es fehlte nicht an Ermahnungen, auch in rüdem Ton, wie bei der Vorstellung neuer Rezepte für Wildgemüse wie Brennesseln, Löwenzahn und Vogelmiere:

> „Es gibt aber leider immer noch Frauen, die abseits stehen und nicht lernen wollen und die uns vorwerfen, daß wir nur deswegen immer und immer wieder von Wildgemüse predigen und schreiben, weil wir nichts Besseres zu bieten haben und weil wir selbst »so eine neumodische Richtung von Grasfressern« vertreten (...)
> Wir sollen uns in einer Zeit, die uns durch Milch-, Käse- und Gemüsemangel von den wichtigsten, für Körperbau und Stoffwechsel bitter notwendigen Kalksalzen aussperrt, auch noch die natürlichen Kalkquellen der wertvollsten Wildgemüse kurzsichtig verschließen?
> Die unscheinbaren Kräuter am Wegrande müssen in unserer Not unsere Helfer werden. Es ist sinnlos, um entbehrte Gemüse aus alter Zeit zu jammern. Das sind ‚Tauben auf dem Dach', die wir zur Zeit noch nicht wieder fangen können. Seien wir froh über die Spatzen, die wir in der Hand halten, über die Wildgemüse, die unsere Lebensretter sein können!"

Ein großes Problem stellte die Einteilung der rationierten Lebensmittel dar. In Berlin wurden die Lieferungen nach Dekaden (d. h. jeweils für 10 Tage) abgegeben. Hungrig stürzten sich viele gleich zu Anfang auf die minimalen Rationen, und am Ende der Dekade war die Speisekammer leer. Auch für diese Fälle enthielt der Haushalts-Brief eine strenge Mahnung an die Hausfrauen:

> „Bei unserer heutigen schwierigen allgemeinen Ernährungslage und bei der Art der Verteilung der uns zugebilligten Lebensmittel

ist es für die Hausfrau nicht immer leicht, die Grundbedingungen einer gesunden Ernährung zu erfüllen und die lebenswichtigsten Nährstoffe wie Eiweiß und Fett gleichmäßig auf viele Tage der Dekade zu verteilen. Die uns zustehenden eiweiß- und fetthaltigen Nahrungsmittel sind mengenmäßig so gering, daß wir in den ersten Tagen nach der Verteilung, unserem natürlichen Eiweiß- und Fetthunger folgend, in Versuchung geraten, größere Portionen von Fleisch und Fett zu uns zu nehmen, als wir es im Interesse unserer Gesunderhaltung verantworten können, um am Ende der Dekade dafür Mangel an diesen Stoffen zu leiden.

Wichtigstes Gebot für die Hausfrau ist daher: wohlüberlegte Planung für den Küchenzettel, genaueste und sparsamste Einteilung der Lebensmittel und sorgsamste Pflege der Dekadenvorräte. Das bietet bei unseren beschränkten Wohn- und Küchenverhältnissen große Schwierigkeiten."

Die Briefe erschienen erstmals im Herbst 1945. Die letzte Ausgabe Nr. 41, die sich mit den „Notrezepten" befaßte, erschien im Mai 1949.

In Frauenzeitschriften finden sich Preisausschreiben und Wettbewerbe, wie mit den geringen Rationen schmackhafte Gerichte zubereitet werden können. Die Beilage „Haushalts-Mosaik" vergab den 1. Preis, dotiert mit 100 RM, für das Rezept „Fischwickel", den 2. Preis mit 75 RM für „Kohlrüben-Kartoffelpuffer" und den mit 50 RM belegten Preis für „zeitgemäßen Kakao", der aus geschälten, getrockneten und gemahlenen roten Rüben bestand.

Einen Sonderpreis (75 RM) erhielt der „jüngste Koch", der Schüler Wolfram Rohde-Liebenau aus Charlottenburg, für die Einsendung „Brotbrei".

Brotbrei

In 3 Liter Wasser werden 1000 Gramm kleingeschnittenes Brot eingeweicht. Diese Masse bringt man zum Kochen, stampft sie mit dem Kartoffelstampfer zu Brei und läßt sie noch 1–2 Minuten kochen. Dann kommt die Variierung. Salzig kann der Brotbrei mit etwas Fett und Thymian abgeschmeckt werden. So glaubt man, er sei mit Leberwurst zubereitet. Auch geringste Mengen geräucherte Wurst oder Speck verleihen dem Brotbrei einen guten Geschmack. Kümmel und Zwiebel oder fein gewiegte frische Kräuter machen es möglich, jeden Abend einen anderen Brotbrei zu erhalten. Hier ist alles in die Hände der Hausfrau gelegt.

Der Brotbrei schmeckt auch süß ganz besonders gut. Zum Beispiel à la Lebkuchen mit Sirup und Zimtaroma.

Man kann den Brotbrei kalt werden lassen und später wieder in der Pfanne aufbraten als Plinsen oder Auflauf.

Auch ein Stück Butter, das nicht entfernt für die Abendbrotschnitten gelangt hätte, ist völlig ausreichend, um zwei Teller Brotbrei schmackhaft zu machen.

Selbst herstellen

Herstellung von Backpulver

25 g Kartoffelmehl
25 g Natron
25 g pulverisierte Weinsteinsäure

Alles mischen und durchsieben. Man rechnet beim Backen 20 Gramm der Mischung auf 500 Gramm Mehl. Diese Menge entspricht einem Päckchen Backpulver und wird genau so verwendet. Man hebt es in verschlossenen Gläsern auf.

Herstellung von Hefe

Ist ein Restchen Hefe vorhanden, so kann man diese „verlängern". 500 Gramm Kartoffeln werden gekocht, gepellt und gerieben und mit 10 Gramm Hefe vermischt. Dazu kommen 2 Teelöffel Zucker, 2 Teelöffel Mehl und etwas warmes Wasser. Alle Zutaten gut mischen und im Sommer in die Sonne, im Winter in die Ofenröhre stellen. Nach 4 Tagen ist die Hefe fertig.

Herstellung von Sauerteig

Hat man keinen Sauerteig zur Hand, kann man ihn selbst zubereiten. Man verwendet dazu immer Roggenmehl. 125 Gramm werden mit lauwarmem Wasser und 15 Gramm Kümmel, der die Säuerung beschleunigt, zu einem dicken Brei verrührt, den man bei Zimmertemperatur sechs Tage mit einem Tuch bedeckt stehenläßt. Zwei Tage vor dem eigentlichen Brotbacken muß der Brei noch einmal aufgefrischt werden. Dazu nochmals 125 Gramm Roggenmehl mit warmem Wasser dazugeben. Am nächsten Tag kann der Sauerteig zum Brotbacken verwendet werden.

Kuchenbacken mit Natron

Doppelkohlensaures Natron, auch Natriumbikarbonat genannt, gibt dem Kuchen einen scharfen, laugenähnlichen Geschmack. Um diesen zu vermeiden, verfährt man folgendermaßen: Das Natron wird mit dem Mehl vermischt und daraus ein Teig bereitet. Dem fertigen Teig rührt man zum Schluß noch 2 Eßlöffel Essig unter. Dann muß der Teig sofort in die bereits gefettete Form gefüllt und in den gewärmten Ofen geschoben werden. Natron und Essig dürfen nie gemischt werden, sonst entweicht die Kohlensäure ungenutzt, und das Gebäck geht nicht auf.

Ersatzstoffe

Mit viel Phantasie versuchten die Hausfrauen, nicht erhältliche Lebensmittel zu ersetzen. Häufig konnten die Speisen nur optisch und nicht geschmacklich verbessert werden.

Ersatz für Rosinen: Ebereschen

Ersatz für Korinthen: reife getrocknete Holunderbeeren

Ersatz für Kapern: unreife grüne Holunderbeeren oder Knospen von Gänseblümchen. Leicht einsalzen, über Nacht stehenlassen, dann mit kochendem Essig übergießen, in weithalsige Flaschen füllen, verkorken und kühl und dunkel aufbewahren

Ersatz für scharfe Gewürze: geschlossene Knospen von Kapuzinerkresse

Ersatz für Essig oder Zitronensaft: Rhabarbersaft

Ersatz für Kakao: Rote Bete roh raspeln, im Ofen braun rösten, durch die Kaffeemühle drehen (2 bis 3mal) und durch ein feines Sieb streichen

Ersatz für Zwiebeln: Bärlauch, der in vielen Gegenden als lästiges Unkraut in Wäldern wächst. Man kann Blätter und Knolle verwenden. Bärlauch wird fälschlich auch Knoblauch genannt

Ersatz für Mandeln und Nüsse: Steine von Pfirsichen, Aprikosen und Pflaumen aufschlagen, die Kerne zerkleinern und verwenden

Ersatz für Zitronat:	Dicke Kürbisscheiben in Zuckerwasser glasig kochen, trocknen lassen, verschlossen aufbewahren, stiftig oder würflig schneiden, wie Zitronat verwenden
Ersatz für Zitronensaft und -säure:	Beeren der Berberitze, eines dornigen Strauchs, der in Parks und Gärten wächst. Die Beeren waschen, mit wenig Wasser weichkochen und den Saft abpressen. Der Saft eignet sich auch zur Bereitung von Gelee und Marmeladen. Die Beeren müssen aber wegen ihres hohen Fruchtsäuregehaltes mit milderen Früchten gemischt werden
Ersatz für Kaffee-Ersatz:	Eicheln vorbereiten und zu Mehl mahlen. Mit anderem Kaffee-Ersatz mischen, da Eichelmehl allein stopfend wirkt

Von falschem Marzipan zu falschem Beefsteak

Viele Rezepte suggerieren Geschmack und Aussehen einer Speise, die man zu Friedenszeiten kannte. Der Einfallsreichtum kann nur bewundert werden.

Falsches Marzipan

125 g	Grieß
125 g	Puderzucker
1 Teel.	Butter
1	gekochte, noch warme Kartoffel
	Mandelessenz

✈ **Alles gut miteinander verkneten und zu „Marzipankartoffeln" verarbeiten.**

Falsches Keksmarzipan

3	Kekse
3	Kartoffeln oder
50 g	Trockenkartoffeln
2 Eßl.	Zucker
	Bittermandel- oder Rumaroma

✈ **Kartoffeln am Tage zuvor kochen und reiben (oder Trockenkartoffeln einweichen und durchdrehen).**
Kekse zerkrümeln und mit Zucker und Aromen zu den Kartoffeln geben. Die Masse muß streichfähig sein und kann zum Füllen von Kuchen verwendet werden. Wünscht man eine dunkle Füllung, 1/2 Tasse Kaffeegrund oder 1 Eßlöffel Kaffee-Ersatz zugeben.

Falsche Mohnfüllung

1 Tasse Kaffeegrund – nicht zu feucht – mit 3–4 tags zuvor gekochten, geriebenen Kartoffeln vermengen und mit Rumaroma und etwas Zucker mischen. Geeignet zum Füllen von Kuchen. Schmeckt auch gut als Brotaufstrich auf gerösteten Brotscheiben.

Falsche Marmelade

1 1/2 Tassen	Wasser
2 Eßl.	Essig
knapp 2 Eßl.	gemahlenen Malzkaffee
1/2	Tasse Zucker
1/2 Eßl.	Mehl
1 Prise	Salz
	Rum-, Zitronen- oder Mandelaroma

→ **Alles aufkochen lassen und als Brotaufstrich oder zur Füllung von Kuchen verwenden.**

Falscher Honig

1 Tasse	Bier
1 Tasse	Zucker
1/2 Tasse	Mehl
1 Prise	Salz

→ **Die Zutaten verrühren, zwei Minuten kochen lassen, während des Erkaltens mehrmals umrühren und als Brotaufstrich verwenden.**

Falscher Honig

1/2 l	Buttermilch oder Molke
200 g	Zucker

→ **Milch mit Zucker vermengen und unter Rühren kochen, bis die Masse streichfähig ist. Die Masse kann aufs Brot gestrichen werden oder als Belag für Kuchen (falschen Bienenstich) verwendet werden. Es können auch Nüsse oder entkernte Bucheckern, zerriebene Kerne von Kirschen, Pflaumen oder Äpfeln dazugegeben werden.**

Falscher Lachs

Eine große Möhre fein raspeln und mit Salz, Pfeffer, gehackter Zwiebel, Petersilie und etwas Öl mischen.

Falscher Kaviar

Aus Gräten und Fischabfällen (ohne Fischköpfe) einen kräftigen Fischsud herstellen. Darin 60 Gramm vorgequollenen Grieß einrühren, aufkochen und ausquellen lassen. Eine kleine Zwiebel und eine eingelegte Gurke würfeln. Wenn vorhanden, 65 Gramm Rogen (Fischeier) untermengen und mit Essig und Zucker abschmecken.

Falsche Sardellensoße

2 Eßlöffel Mehl in etwas Fett anschwitzen, ein nußgroßes Stück kleingehackten Salzfisch hinzugeben, mit Wasser auffüllen und aufkochen lassen. Mit Paprikapulver und einem Schuß Essig verfeinern.

Falsches Schabefleisch (Tatar)

2 große Mohrrüben auf einem Reibeisen fein zerreiben. Mit einer großen, fein geschnittenen Zwiebel vermengen, salzen und mit Pfefferersatz würzen. Frisch und möglichst dick aufs Brot streichen.

Falsche Pfannkuchen

500 g	Mehl
100 g	Zucker
25 g	Hefe
75 g	Fett
	Salz
	Marmelade zum Füllen
	Vanille- und Rumaroma

→ **Aus Mehl, 60 Gramm Zucker, 50 Gramm Fett, Hefe, Aroma und etwas Salz einen Hefeteig bereiten, fingerdick ausrollen und mit einem Glas ausstechen. Die Hälfte der ausgestochenen Teile mit etwas Marmelade belegen, und die anderen Teile darauf festdrücken. Am besten hinterher noch einmal mit dem Glas ausstechen. Diese Pfannkuchen auf dem Backblech aufgehen lassen und schön braun backen. Die fertig gebackenen, noch heißen Pfannkuchen mit Zucker bestreuen.**

Falsche Markklößchen

Aus 4 Löffeln Mehl oder Grieß, der gleichen Menge Semmelmehl und 40 Gramm Fett eine Kloßmasse rühren, hieraus kleine Klößchen drehen und in einer Brühe kurz kochen. Sehr schmackhaft sind auch Brühklößchen nach folgendem Rezept: 1 Pfund gekochte und geriebene Kartoffeln mit 3 Eßlöffeln Mehl und etwas Salz zu einem festen Teig verarbeiten, daraus Klöße formen und in der Brühe 10 Minuten gar kochen. Die Klöße werden ganz locker.

Falsche Mayonnaise

Einen Eßlöffel Öl erhitzen, mit zwei gehäuften Eßlöffeln Mehl verrühren und zu einer Schwitze kochen. Mit 3/8 Liter Gemüse- oder Knochenbrühe auffüllen. Nach Geschmack Essig, Salz und Pfeffer dazugeben. Die erkaltete

Mayonnaise mit einem Eigelb oder Eiersatz und einem weiteren Eßlöffel Öl verfeinern.

Falscher Bienenstich

200 Gramm eingeweichte Erbsen ohne Wasser durch den Fleischwolf drehen und mit der gleichen Menge Zucker und evtl. etwas Fett vermischen. Dieser Belag eignet sich gut für Hefekuchen. Man verteilt die Masse auf den aufgegangenen Blechkuchen, streut etwas Zucker darüber und backt den Kuchen schön goldbraun.

Falsches Pflaumenmus

2 1/2 Tassen Wasser
1 Tasse Zucker
1 Tasse Mehl
1 Tasse Kaffee-Ersatz
Essig nach Geschmack

✈ **Alles gut durchrühren und aufs geröstete Brot streichen.**

Falscher Speck

Blutwurst mit angerührtem Mehl verlängern und gekochte Hörnchennudeln daruntermischen. Die Nudeln sollten optisch den fetten Speck ersetzen.

Falsche Königsberger Klopse

1 Tasse Grieß
1 Tasse Haferflocken
1 Tasse Wasser
1 Ei
20 g Hefe
Salz
1 Eßl. Öl
1 gehackte Zwiebel
1 Teel. Majoran
gehackte Petersilie

✈ **Grieß und Haferflocken in Wasser quellen lassen, mit den anderen Zutaten mischen. Der Teig muß ziemlich fest sein. Kleine Klöße formen, in Semmelmehl wälzen, in 1/2 Liter gesalzenes, kochendes Wasser geben und 20 Minuten ziehen lassen. Die Soße mit 1 Teelöffel Kartoffelmehl andicken und nachwürzen.**

Falsche Bratheringe

Kartoffeln mit der Schale kochen, 2/3 davon pellen und 1/3 mit der Schale durch die Presse drücken oder auf der Reibe zerkleinern. Mit Salz und Pfeffer kräftig abschmecken, zu länglichen, daumendicken „Fischen" formen und in etwas Mehl wälzen. Die Pfanne heiß werden lassen und dann die Heringe braten. Gut aufpassen, denn sie backen schnell an, werden aber nicht braun. Die mit der Schale durchgedrehten Kartoffeln sollen für Farbe sorgen. Wasser, Essig und Zwiebelringe mit Gewürzen aufkochen, über die Heringe gießen und etwa einen Tag durchziehen lassen. Wer über Milch verfügt, kann die Soße noch verfeinern. Die Milch sauer werden lassen, durchquirlen und mit Gurke und kleingeschnittenen Apfelstückchen mischen.

Falsche Bratwürste

Weißkohl gut weich kochen und mit 500 Gramm gekochten Kartoffeln durch den Fleischwolf drehen. 1 Tasse geriebenes Brot, etwas Kümmel, Salz und Pfeffer dazugeben und kleine „Bratwürste" formen. In der Pfanne braten.

Falsche Buletten

Weizenkörner kochen, bis sie etwas weich sind, und durch den Fleischwolf drehen. Mit Salz, Zwiebeln und Majoran würzen, zu Buletten formen, die in geriebener Semmel gewälzt und dann gebraten werden. Die Zugabe eines Eies ist nicht notwendig, die Körner entwickeln ausreichende Klebeeigenschaften und halten gut zusammen.

Falsche Grützwurst

Graupen oder Haferflocken in Brühe garen, gehackte Zwiebel, Salz, Pfeffer, Majoran, Thymian und, wenn vorhanden, etwas kleingewürfelten Speck dazugeben und einkochen lassen.

Falsches Wurstfett

1 Apfel
1 Zwiebel
Salz
Wasser
Mehl
Majoran

✈ **Apfel raffeln, Zwiebel fein schneiden und beides 10 Minuten in Salzwasser kochen. In kaltem Wasser angequirltes Mehl zugeben und durchkochen. Mit Majoran abschmecken.**

DER KURIER
12.4.1946

Kekse aus Kastanien – Butter aus Benzin

Das Institut für Ernährung und Verpflegungswissenschaft lud zu einem Vortrag über „Die gegenwärtige Ernährungslage" ein. (...) Die immer kürzer werdende Nahrungsmitteldecke zwingt uns, zu Produkten zu greifen, die bisher nicht als menschliche Nahrungsmittel benutzt wurden. So arm wie jetzt waren wir noch nie und werden es noch lange bleiben. (...)
Die Veranstaltung des Instituts, zu der die Spitzen der Alliierten Militärbehörden und Pressevertreter aus fast der ganzen Welt erschienen waren, zeigte tatsächlich neuartige Wege für die Ernährung. Die neuen Gerichte (...), die auch probiert werden konnten, schmeckten ausgezeichnet. Zum Beispiel eine Wildkräutersuppe aus Brennesseln, Vogelmiere, Löwenzahn, Giersch und Waldkerbel, ein Salat aus Nachtkerzen, ein Bratling mit nur 30 Gramm Fleischzutaten und Gewürzen aus Wildkräutern, Kekse aus Kastanienmehl und Tee aus Kiefernnadeln.

Viel bewundert wurde ein großer Fettklumpen, der aus Nebenprodukten der Benzinherstellung entstanden ist und als Brat- und Kochfett Verwendung finden kann. Bei besonderer Bearbeitung mit Magermilch kann daraus eine schmackhafte Margarine hergestellt werden. (...)

Falsche Beefsteaks

Dieses falsche Beefsteak ist gewissermaßen der Clou aller „Ersatzgerichte", es ist von einem gestreckten echten deutschen Beefsteak kaum zu unterscheiden. Drei am Vortag gekochte Kartoffeln reiben, den Brei mit einer Scheibe vorher eingeweichtem Brot mischen und Salz, Pfefferersatz und Zwiebel nach Geschmack hinzugeben. Den gut vermengten Teig als flache Klopse mit oder ohne Fett in der Pfanne braten.

Spartips

Fett sparen

1. Man kann auch Quark oder saure Milch verwenden und dadurch etwa die Hälfte der Butter oder Margarine sparen. Ferner spart man Butter, wenn man bei Hefe, Backpulver oder Mürbeteig die Hälfte der vorgeschriebenen Butter durch die gleiche Menge geriebener, am Tage zuvor gekochter Kartoffeln ersetzt.

2. Fett sparen beim Braten. Schneiden Sie eine rohe Kartoffel in der Mitte durch, lassen Sie das vorgesehene Fett in einem Näpfchen zergehen und benutzen Sie dann zum Einfetten der Pfanne das jeweils in das Fett getauchte Kartoffelstückchen.

3. Man schmort eine größere Zwiebel in wenig Fett und läßt sie sich mit dem Fett vollsaugen. Dann legt man die erkaltete Zwiebel auf einen Teller und verwendet sie bei Bedarf zum Ausstreichen der Pfanne.

4. Die Pfanne mit etwas Bienenwachs einreiben.

5. Eine neue, ungebrauchte, kleine Haushaltsbürste auskochen und danach in ein Töpfchen mit Öl tauchen. Mit der Bürste lassen sich Pfannen und Formen fettsparend ausstreichen. Die Bürste nur für diesen Zweck verwenden.

6. Die Fettration reicht länger, wenn die Butter oder Margarine, die zum Aufstreichen für Brotscheiben verwendet werden soll, vorher schaumig gerührt wird.

Semmelmehl sparen

Jeder Hausfrau ist es längst selbstverständlich, mit den zugeteilten Lebensmitteln so sparsam wie möglich umzugehen. Aber haben Sie schon daran gedacht, die Krümel auf Ihrem Brotbrett oder in Ihrem Brotkorb zu sammeln? Statt des fehlenden Semmelmehls – das auch Marken kosten würde – können diese gut zum Panieren genommen werden.

Eier sparen

Man kann häufig ein Ei durch einen Löffel Milch ersetzen.

Gewürze sparen

Lorbeerblätter und Gewürzkörner werden nur kurz mitgekocht, um sie nach dem Trocknen mehrmals zu verwenden.

Gas und Strom sparen

1. Sparen durch Turmkochen. Die Speisen werden angekocht, und die Töpfe auf passenden Ringen übereinandergestellt und weitergekocht. Man kann drei Töpfe übereinanderstellen und braucht dafür nur eine Flamme. Im oberen Topf kann man auch Wasser aufstellen, welches dann als Kaffee- oder Abwaschwasser verwendet wird.

2. Garen in der Kochkiste. Für die Herstellung einer Kochkiste werden gebraucht: entweder eine festschließende Kiste aus Holz oder starker Pappe, etwa 40x40x40 cm, Heu oder Holzwolle zum Auspolstern. Als Ersatz für eine Kochkiste 10–12 Bogen Zeitungspapier verwenden, die kreuzweise übereinandergelegt, einzeln nacheinander um den Topf geschlagen und darüber zusammengelegt werden. Zuletzt das Ganze mit einer dicken Decke umhüllen und zur Seite stellen. Für die Kochkiste gutschließende Töpfe verwenden. Für das Garen in der Kochkiste können nur Nahrungsmittel mit geringem Vitamingehalt und langer Garzeit in Frage kommen. Deshalb gehören Kartoffeln, vor allem aber Obst und Gemüse nicht in die Kochkiste.

3. Garen im Bett. Die meisten von uns, mögen wir noch so arm geworden sein, haben wohl noch ein Federbett und wahrscheinlich auch eine Wolldecke. Wenn wir unser Eintopf- oder Gemüsegericht, besonders aber Reis, Graupen oder Hülsenfrüchte angekocht haben, dann packen wir den gutschließenden Topf in mehrere Bögen Zeitungspapier, außerdem außen herum in eine Wolldecke ein, je dichter, desto besser, dann kommt das Bett an die Reihe. Unter das Federbett gesteckt, gart und quillt das Essen zwei bis drei Stunden weiter und bleibt gut warm.

Wenn wir als Kinder hungrig aus der Schule kamen, und unsere Mutti war nicht zu Hause, dann haben wir zuerst im Schlafzimmer nachgesehen, ob dort etwas „im Bett kochte". Fanden wir den warmen Topf dort, dann war die Freude groß, denn dann gab es Milchreis. Oft mußten wir noch lange warten, bis Mutti kam. Wir träumten dann von dem Märchen, wo der Topf mit dem Hirsebrei überkochte. Ich glaube, es war vom Schlaraffenland.

(Gertrud Fahr)

Mangel-Kochkurse

DER KURIER
31.8.1946

Torten aus Gips, Holz und Blech

Mit Kuchen ist es vorläufig bei uns noch nichts, wir müssen zufrieden sein, wenn wir Brot haben. Aber wir hoffen doch auch hierin auf eine etwas erfreulichere Zukunft. Die jetzigen Konditorenlehrlinge sollen sie uns später als Gesellen und Meister dann versüßen. Aber wie werden sie es können, wo ihnen heute der „Lernstoff" fehlt? Auf einer Fachschau sah man nun die schönsten Erzeugnisse ihrer Kunst, prunkvolle Torten und allerlei leckere Kleinigkeiten. Leider fehlte dem allen der würzige Duft von einst, und sah man näher hin, stellte man enttäuscht fest, daß hier vor allem mit Gips, Holz und Blech, mit Plastilin und anderen Knetmassen „gebacken" war. Beurteilt konnte deshalb auch nur die von den Lehrlingen erreichte Fertigkeit in Formgebung und Garnierung werden. Die Schau sprach von unserem dürftigen Leben, und sie enthüllte den Notstand eines wichtigen Gewerbes, das für seinen Nachwuchs zu wenig Ausbildungsmöglichkeiten hat.

rechte Seite: Haushalts-Brief vgl. Seite 23 ff.

Vom April 1947 bis Januar 1948 besuchte ich die Frauenfachschule des Pestalozzi-Fröbel-Hauses in Schöneberg – eine anerkannte Ausbildungsstätte. Jede „Kochstunde" endete mit der Aufforderung, Lebensmittel in kleinen Mengen mitzubringen, z.B. wir brauchen: 30 g Zucker, 10 g Salz, 60 g Mehl, 15 g Fett usw. Wer kann ein Ei mitbringen? Mit den gesammelten Häufchen – ich sehe vor mir noch auf einem Teller verschieden große Fettstückchen liegen – begann dann unsere nächste Kochstunde.
(Sabine Grabner)

1947 habe ich mein Examen an der Frauenfachklasse des Lette-Hauses abgelegt, nachdem ich von 1946 bis 1947 diese Schule besucht habe. Wenn wir aus mitgebrachten Lebensmitteln Speisen gekocht oder gebacken haben, dann durften wir die Sachen mit nach Hause nehmen. Wurde aus Beständen des Lette-Hauses gekocht, dann aßen wir dort alles auf. Da wir ja oft wegen Stromsperre

Der Haushalts-Brief

Eine laufende Sammlung zeitgemässer Ratschläge für sparsames Kochen und Wirtschaften

Herausgegeben von den hauswirtschaftlichen Beratungsstellen des Magistrats von Groß-Berlin
Abteilung für Ernährung

Wir bringen:

Gerichte aus Kartoffeln: mit Wurst - mit Äpfeln - als Kloß und als Salat - in Soße - - fettlos gebraten
Herbstgemüse: mit und ohne Fleisch - süßsauer - gefüllt - gebacken
Der beliebte Nachtisch: Schlagsahne a. Körnern - Apfel gebacken
Betrachtungen über die hohe Kunst des Würzens - Praktische Ecke

HAUSHALTS-MOSAIK

Wir helfen uns selbst

Kochrezepte

Wir danken allen, die sich an unserem Preisausschreiben beteiligten. Erst traten die Waschkörbe in Aktion. Und dann wir. Zusammen mit unseren Fachkräften haben wir beraten und probiert und wir hoffen, das Richtige getroffen zu haben. Alle Rezepte, die uns außerhalb der „Preisgekrönten" noch gut und brauchbar erschienen, kaufen wir an, um sie Ihnen laufend in unseren folgenden „Haushalts-Mosaiken" zur Nachahmung zu empfehlen. Ihre „Erfinder" werden per Post von uns benachrichtigt.

Nach wie vor aber sind wir an Koch- und Backrezepten interessiert und bitten um Ihre Vorschläge.

Für die Einsendung des jüngsten „Koches" haben wir uns zu einem Sonderpreis entschlossen.

Guten Appetit wünscht Ihnen MOSAIK

KOCHREZEPTE

1. PREIS: 100 RM

Frau Charlotte Gerharty, Hannover, Friedenstraße 10

Fischwickel. Beliebiger Fisch: Kabeljau, Dorsch, Seelachs, grüne Heringe, auch gewässerte Salzheringe werden entgrätet und in Filets zerteilt (Heringe bleiben ganz!), die man mit etwas Fett, Margarine, Öl oder Schlachtfett, etwas gewürfelte Zwiebel, Porree oder Schnittlauch belegt, mit Salz und Pfefferersatz bestreut und zu Rollen aufwickelt die man mit einem Fädchen, Hölzchen oder Rouladenhaltern zusammenhält. In wenig Fett Heringe sogar ohne Fett anschmoren, dann Wasser oder Brühe nach Gutdünken zugießen und etwa ½ Stunde bei zugedecktem Topf gardünsten. Zuletzt die Soße mit Mehl andicken und einen Schuß Essig, einer Prise Zucker und mit Salz abschmecken. Dazu schmeckt Karfoffelbrei am besten.

*

2. PREIS: 75 RM

Frau Ilse Buchholz, Berlin-Spandau, Hasenmark 23

Kohlrüben-Kartoffelpuffer (sehr gut zum Strecken der Kartoffeln!). 4 Kohlrüben werden gewaschen und geschält, 2 Pfund Kartoffeln sauber gebürstet und von schlechten Stellen befreit. Dann reibt man Kohlrüben und Kartoffeln auf einem feinen Reibeisen (keinen Saft abgießen!), gibt Salz, Pfefferersatz, geriebene Zwiebel und einen Eßlöffel Zucker dazu und bäckt aus dieser Masse Puffer, die mit Zucker bestreut und mit Obst, Salat oder Kaffee zu Tisch gegeben werden.

*

3. PREIS: 50 RM

Frau Frieda Kleint, Berlin-Wilhelmshagen, Moltkestraße 7-9

Zeitgemäßer Kakao. Rote Rüben werden geschält und in 1 cm breite Streifen geschnitten. Diese Streifen werden gut und schnell getrocknet — am besten auf warmer Herdplatte — und durch eine Mühle zerkleinert. Dieses Rübenmehl wird in der Pfanne geröstet. Daraus kocht man mit Milch oder Wasser und etwas Zucker, evtl. etwas Zimt- oder Vanillearoma beigeben, ein wohlschmeckendes Getränk, das, mit etwas Mehl verdickt, auch eine gute Suppe ergibt.

nicht kochen konnten, wurden in dieser Zeit die „Friedensrezepte" diktiert. Immer nach Sachgebieten, z.B. Süßspeisen, Salate, Fisch usw. Durchgespielt, wie es in besseren Zeiten wäre, haben wir das nicht. Ich glaube, wir haben gar nicht damit gerechnet, daß es mal anders sein könnte. Wir hatten uns in der Situation, wie sie nun einmal war, eingerichtet. Wir hatten nämlich eine Eigenschaft, die heute leider verlorengegangen ist, wir konnten uns an Kleinigkeiten freuen und waren zufrieden.
(Margot Rothe)

Kochen und Kühlen

linke Seite:
Haushalts-Mosaik
vgl. Seite 25

DER BERLINER
4.8.1945 (Leserbrief)

Elektrisch kochen

Für viele von uns ist die Frage des Kochens ein ganz besonderes Problem. Es gibt Häuser, in denen es nur einen Kochherd gibt, an dem sich die Familien zur Herrichtung ihrer Mahlzeiten ablösen müssen. Wer aber einen Heizofen oder ein Bügeleisen hat, wird sich sicher damit zu helfen wissen, indem man den Heizofen umkippt und auf ihm seine Suppe kocht. Wichtig ist aber darauf zu achten, daß nichts überkocht, sonst gibt es einen Kurzschluß. Auch auf der Bügeleisenplatte läßt sich, wenn man das Bügeleisen gut stützt, eine Mahlzeit herrichten. Diese Methode ist nicht die praktischste, aber wir müssen uns zu helfen wissen, wenn wir keine anderen Möglichkeiten haben.

DER BERLINER
6.9.1945

Tauchsieder aus Rasierklingen

Bis die Gasflammen auf allen Herden ihre Zungen herausstrecken, benutzen die Berliner, die keine Heizplatten zum Kochen besitzen, zur Bereitung ihrer Mahlzeiten elektrische Öfen, Bügeleisen und Tauchsieder. Diese Tauchsieder, die man einst aus dem rar gewordenen Nikolindraht herstellte, konstruiert jetzt ein geschickter Elektrotechniker in Charlottenburg mit Hilfe zweier Rasierklingen.

Sehr problematisch erwies sich das Aufbewahren leicht verderblicher Lebensmittel bei sommerlichen Temperaturen ohne Eis- oder Kühlschrank. Man behalf sich zum Beispiel so:

Die Butterdose oder eine Flasche mit Milch wird in nasse Tücher eingeschlagen oder in ein Netz gesteckt und im Schatten oder in der Zugluft aufgehängt. Wer zuerst nach Hause kommt, taucht das Tuch noch einmal ins Wasser.

Besonders leicht verderbliche Nahrungsmittel wie Fisch oder Fleisch in eine Schüssel mit kaltem Wasser stellen und einen großen, porösen Blumentopf darüber stürzen, dessen Loch im Boden mit einem Korken verschlossen werden muß. In den porösen Wänden des Topfes steigt immer etwas Wasser in die Höhe, und durch die Verdunstung werden die darunter stehenden Nahrungsmittel gekühlt.

Das Ofenloch kann gut als Kühlgerät genutzt werden. Den Feuerungsraum des Ofens gut auswaschen und trocknen lassen. Mit Zeitungspapier auslegen und das Kühlgut hineingeben. Fleisch zwischen zwei Teller legen. Die Zugluft sorgt für Frischhaltung.

Steintöpfe und Zeitungspapier sind zur Frischhaltung gut geeignet. Brot in einen Steintopf legen und mit einem feuchten Tuch zudecken. Zeitungspapier läßt sich zur Frischhaltung von Gemüse verwenden. Frischgemüse fest in Zeitungspapier einwickeln und auf dem Steinfußboden oder in einem offenen Steintopf kühlstellen.

Kühlen durch Salzlösung

In einer großen Schüssel eine Handvoll Salz in Wasser auflösen und ein Päckchen Waschblau zugeben. Das Kühlgut in eine kleine Schüssel geben und in die große Schüssel stellen. Die Speisen werden eiskalt.

Kühlen durch fließendes Wasser

Flaschen mit Milch oder Bier für etwa 10 Minuten in das sacht laufende Leitungswasser legen.

Trocknen und Aufbewahren

Sauerkirschen trocknen

Die fleckenlosen und unbeschädigten Sauerkirschen möglichst mit den Stielen aufhängen (im Schuppen, unter einem Vordach o.ä.) und gut durchtrocknen lassen. Die Stiele entfernen und die getrockneten Kirschen als Mischobst verwenden.

Apfelschalen

Apfelschalen nicht zu dick übereinanderlegen und bei sehr milder Hitze trocknen lassen, weil die Schalen sonst leicht braun werden. Die getrockneten Schalen später für Apfelschalen-Tee verwenden.

Tomaten

Reife Tomaten lassen sich nach Entfernung des Saftes und des weichen Kernfleisches trocknen. Zunächst bei wenig Wärme antrocknen, dann stark trocknen (auf Pergamentpapier im Ofen oder an der Sonne bis zum Dörrwerden). Man verwendet die Dörrtomaten zum Würzen von Gemüse und Fleischbrühe.

Unreife Tomaten

Grüne Tomaten reifen gut nach, wenn man sie in Sägespäne legt. Auch in Seidenpapier einzeln eingewickelt, werden aus grünen Tomaten zu Weihnachten rote Tomaten. Öfter nachsehen und schlechte Früchte aussortieren.

Grüne Bohnen

Bohnen kann man auf eine besondere Art trocknen: Sie werden mit einem Messer der Länge nach gespalten, so daß sie oben noch zusammenhängen. Dann muß man sie 5 Minuten in kochendem Wasser überwellen und auf einem Sieb ablaufen lassen. Man hängt sie danach wie Wäscheklammern über aufgespannte Fäden und läßt sie an der Luft trocken, bis sie völlig trocken sind. Die Bohnen werden in kleinen Säckchen aufbewahrt und sind gekocht besonders schmackhaft.

Pilze

Pilze putzt man sauber und schneidet sie in dünne Scheiben, die auf Fäden aufgereiht an der Luft getrocknet werden. Später in geschlossenen Dosen oder Gläsern aufbewahren. Die getrockneten Pilze können auch durch die Kaffeemühle gedreht werden und als Pilzmehl für Soßen oder Suppen Verwendung finden.

In Essig einlegen

Essiggurken in eine aufgekochte Lösung aus Wasser, Zucker, Essig und Einmachhilfe einlegen. Für Senfgurken werden feste, reife, gelbe Gurken geschält, halbiert, die Kerne entfernt, in große Stücke geschnitten und eingesalzen. Über Nacht stehenlassen und dann in Töpfe schichten. Rote Rüben werden nach dem Kochen abgezogen, kleingeschnitten, mit Kümmel und Meerrettich in Gläser geschichtet. Grüne Tomaten, die nicht reif wurden, mit einem spitzen Messer ringsum durchstechen, 5 Minuten in Essigwasser kochen, dann Einmachhilfe dazugeben und in mit Cellophan verschlossenen Steintöpfen aufbewahren. Geviertelte Zwiebeln in Essigwasser mit etwas Zucker und Gurkengewürz 20 Minuten kochen. Mit Einmachhilfe in Gläser schichten und kühl stellen. In Essig eingelegtes Gemüse hält sich mehrere Wochen.

Sauerkraut

Auf 5 kg Weißkohl rechnet man 50 Gramm Salz. Das Kraut wird fein gehobelt, mit dem Salz sehr gut gemengt und in den Steintopf fest eingestampft. Man kann je nach Geschmack einige Dillstengel, Kümmel oder Zwiebeln dazwischengeben. Auch Weinbeeren oder Apfelscheiben geben zusammen mit einigen Wacholderbeeren einen feinen Geschmack.

Salzbohnen

Auf 5 kg Bohnen rechnet man 100 Gramm Salz. Fein geschnittene Bohnen mit dem Salz gut vermengt in den Topf einstampfen, bis 2 bis 3 cm Flüssigkeit überstehen.

Suppenwürze

Auf 1 kg Gemüse (Lauch, Sellerieblätter, Möhren, Petersilienwurzel) rechnet man 250 Gramm Salz. Man säubert das Gemüse einwandfrei, wiegt es oder gibt es durch den Fleischwolf und vermischt es sehr gut mit dem Salz. Kleine Töpfe oder Gläser werden damit gefüllt und obenauf noch eine Schicht Salz gestreut. Mit Cellophan verschließen. Ebenso kann man Gewürzkräuter wie z.B. Dill und Petersilie oder beliebige Kräutermischungen einsalzen und für Salate, Suppen und Eintöpfe verwenden.

Einkellern

Alle im Keller gelagerten Vorräte bedürfen einer besonderen Überwachung und müssen mindestens jede Woche einmal durchgesehen werden, wobei Anfälliges aussortiert und sofort weiterverwendet wird. Das Einkellern von Kartoffeln muß mit Sorgfalt vorgenommen werden. Die Knollen müssen völlig trocken sein und peinlich ausgelesen werden. Alle beschädigten Kartoffeln werden zum baldigen Verbrauch herausgenommen. Kartoffeln lagert man am besten in den herkömmlichen Kartoffelkisten mit schräg abfallendem Boden. Es gereicht den Kartoffeln nicht zum Schaden, wenn sie in der Nähe von Kohlen gelagert werden, da Kohlenstaub konservierend wirkt. Der Keller muß gut gelüftet, jedoch vor Frost geschützt werden.

Zum Einlagern von Gemüse in Sand eignet sich eine Kellerecke oder eine Kiste. Die verschiedenen Wurzelgemüse wie Möhren, Kohlrabi, Sellerie, Porree werden reihenweise auf eine dicke Unterlage aus Sand aufgelegt und mit einer weiteren Sandlage abgedeckt. Es ist stets frischer und trockener Sand zu verwenden.

Obst legt man auf Horden, mit den Stielen nach oben, so daß die Früchte sich nicht berühren.

Zusätzliche Nahrungsquellen

Hamstern

In Scharen zogen die Berliner ins Berliner Umland. Noch vorhandene Textilien, Bettwäsche und Teppiche wurden aufs Dorf gebracht und gegen Lebensmittel eingetauscht und im Rucksack in die Stadt geschleppt. Wer Glück hatte, bekam ein wenig Butter, Speck, ein Säckchen Kartoffeln oder ein paar Möhren. Die bösen Worte für die raffgierigen Bauern vom „Teppich im Kuhstall" und dem „Silberleuchter auf dem Plumpsklo" hatten hier ihren Ursprung. Die Kluft zwischen dem hungernden Städter und der offenbar wohlgenährten Landbevölkerung wurde immer größer. In der sowjetischen Zone lebten die Kleinbauern jedoch nicht so üppig wie in Bayern oder Schleswig-Holstein. Die sowjetischen Behörden erließen strenge Vorschriften: Wer sein Ablieferungssoll nicht erfüllte oder beim Schwarzhandel erwischt wurde, landete im Gefängnis oder in einem sowjetischen Straflager.

Abb. aus:
Roland von Berlin
24.8.1947

DER KURIER
16.2.1946

Verbotene Lebensmittelaufkäufe

Nach einem Befehl von Marschall Skukow und einer Verordnung der deutschen Verwaltung für Handel und Versorgung ist jedes Aufkaufen von Lebensmitteln in der sowjetischen Zone verboten. Die Landräte, Bürgermeister und Gemeindevorsteher haben jetzt Anweisung erhalten, das Abtransportieren von Lebensmitteln aus ihren Bereichen durch verschärfte Kontrolle unmöglich zu machen.

Wie fast alle Berliner hatten wir in der Mark Brandenburg Verwandte. 1945 fuhren noch keine Züge, und so machte sich meine Mutter, begleitet von ihrer Schwester oder einer Bekannten, mit einem Handwagen auf bis zu einem kleinen Dorf bei Beeskow. Das waren fast 100 km, die sie zu Fuß zurücklegen mußten. Später fuhr dann schon ein Zug bis Scharmützelsee. Einmal wurde meiner Mutter der Koffer gestohlen, und so kam sie mit leeren Händen heim. Was sie nach Hause brachte, waren Kartoffeln, etwas Mehl oder Körner, Quark und ein wenig Butter. Dafür wanderte manches aus unserem Haushalt aufs Land, wie gute Tafelwäsche, Handarbeitsdecken, Schmuck und dergleichen, aber das ging wohl allen so.
(Margot Rothe)

DER KURIER
8.11.1946

Frühstücksbrot Hamsterware?

Die Polizei hat Anweisung erhalten, auch die geringsten Mengen an Lebensmitteln, die sie bei Reisenden in der Provinz vorfindet, zu beschlagnahmen. Es wird berichtet, daß stellenweise den Fahrgästen der Eisenbahn nicht nur Kartoffeln, die mit behördlicher Genehmigung „gestoppelt" oder in Brachlandgärten angebaut worden waren, abgenommen wurden, sondern auch die Brotschnitten und legitimen Vorräte, welche die Reisenden mit sich führten. Das sind keine Maßnahmen mehr, die mit wirtschaftlichen Erwägungen begründet werden können, sondern bedenkliche Schikanen einer übereifrigen Polizei.

Meine Mutter zog also „über Land" mit den wenigen Dingen, die uns noch erhalten geblieben waren, um sie dort gegen Lebensmittel einzutauschen. Es war wenig genug, was die Bauern in der Umgebung (Ludwigsfelde usw.) herausrückten, meist Kartoffeln, Rüben, grüne Tomaten, evtl. mal ein kleines Stückchen Speck. Manchmal wurden diese schwer erkauften Dinge meiner Mutter wieder durch russische Soldaten abgenommen und sie selbst auf die Felder zum Arbeiten geschickt, oder sie verlor sie durch Razzien in den übervollen Zügen. Aber manches konnte sie doch retten und erhielt uns dadurch am Leben,

denn mein Vater litt an Hungerödemen und großer Schwäche. Oft kam meine Mutti mit den vollen Zügen gar nicht mit und wanderte die weiten Wege ins Umland zu Fuß. Wenn ich heute beim Autofahren die Namen der Dörfer lese (Philippsthal, Sputendorf usw.), staune ich immer über die Riesenentfernungen, die sie mit schlechtem Schuhwerk und Hunger im Bauch zurückgelegt hat!
(Ingeborg Deutsch)

DER KURIER
12. 6. 1946

Eine Reporterin berichtet über das leidige Problem, daß Erdbeeren in Massen in Werder verfaulen, weil der Transport nach Berlin nicht klappt.
„Ich suchte gestern einige befreundete Obstbauern auf, um mich zu informieren, wie man dieses kostbare Gut wenigstens in kleinen Mengen bekommen könnte. Ich erfuhr, daß die Sammelstellen keine Spankörbe haben und deshalb nicht erwarten können, daß die Obstbauern ein bestimmtes Ablieferungssoll erfüllen. Man gab ihnen deshalb den Wink, soviel wie möglich freihändig zu verkaufen.
Mißtrauisch oder besser gesagt vorsichtig stieg ich mit fünf Pfund Erdbeeren ein, die mir am Bahnhof prompt beschlagnahmt wurden. Mein Hinweis, daß kleine Mengen der Beschlagnahme nicht unterlägen, (...) genügte nicht. Ich mußte mit vielen anderen Frauen den Weg zu einem Schuppen antreten, in welchem ein sehr robuster Mann (Typ: Berliner Zentralmarkthallenarbeiter) die kostbaren Schätze stapelte. Es gab viele Tränen und sehr häßliche Worte seitens der fleißigen Frauen, die seit früh um vier Uhr unterwegs waren, um wertvolle Vitamine dem Gatten und den Kindern für den Frühstückstisch bringen zu können.
In der Nähe des Schuppens standen Kinder von 4 bis 14 Jahren, die sich eine Freude daraus machten, jeden, dem es gelungen war, sich durchzumogeln, zu denunzieren und mit großem Hallo an die Häscher auszuliefern.

DER KURIER
20.5.1946

Wo blieb der Spargel?

In wenigen Tagen wird der letzte Spargel in Beelitz abgeerntet, sofern er nicht auf dem Felde blieb und verkommen ist. Die berechtigten Erwartungen der Berliner, mit diesem Gemüse, dessen Ertrag in diesem Jahr besonders reichlich war, sind nicht in Erfüllung gegangen, obwohl die Provinzialverwaltung Bezirk Brandenburg (...) 205 Tonnen Spargel für Berlin freigegeben hatte. (...) Der Berliner Magistrat, der so eifrig in der Bekämpfung des Schwarzhandels ist, hat mit der Unfähigkeit, den Spargel rechtzeitig nach Berlin zu bringen, diesem einen, wenn auch wahrscheinlich unbeabsichtigten, Auftrieb gegeben. Viele Schwarzhändler und Selbstverbraucher haben mehr Initiative als die Behörden entwickelt und sich auf eigene Faust Spargel aus Beelitz geholt. Die Beelitzer mußten verkaufen, um ihre Erzeugnisse nicht verderben zu lassen. So kam es, daß man in Berlin Spargel für 10 RM das Pfund „hintenherum" kaufen konnte, was der ehrlich arbeitenden Bevölkerung natürlich unmöglich ist.

DER TAGESSPIEGEL
28.3.1947

Kartoffelrazzia auf dem Bahnhof

Einige hundert Zentner Kartoffeln und große Mengen anderer Lebensmittel wurden auf dem Bahnhof Jüterbog bei einer großen Razzia beschlagnahmt. Hunderte von Berlinern wurden dabei von deutschen Polizisten durchsucht, wobei es zu Tätlichkeiten kam. Viele der Betroffenen behaupten, daß die Polizisten nur für einen Teil der beschlagnahmten Waren eine Quittung ausgestellt haben.

Die Versuchung war groß. Wer irgendwie Zugriff auf Lebensmittel hatte, überwand alle Skrupel und legte sich – statt zu teilen – ein Vorratslager an. Fast täglich wurde darüber in der Presse berichtet. So meldete „Der Kurier" vom 30.12.1945, daß die Kriminalpolizei von Lichterfelde-West in einer Wohnung ein umfangreiches Lager mit Lebensmitteln aller Art entdeckt habe. Bei der überraschenden Haussuchung fanden die Beamten größere Mengen Konserven, Fleisch, Fett, Milch, Käse und größere Mengen Zucker, Mehl, Bohnenkaffee, Eipulver, getrocknetes Obst usw. vor.

Nur selten gelang es, Warenlager der weitverzweigten Schmugglerringe auszuheben. Die meisten Mitwisser verzichteten im eigenen Interesse auf einen Hinweis an die Behörden.

Im Januar 1946 aber wurde die Behörde fündig: Vom Bezirksamt Wedding wurde ein geheimes Lebensmittelgroßlager der Firma Hoffmann, Berlin N, Prinzenallee 51 (Margarine Hoffmann) aufgedeckt, in dem sich gewaltige Mengen von Lebensmitteln aller Art befanden. Unter anderem wurden 4800 kg Nährmittel, 6000 kg Zucker, 4250 kg Magermilchpulver, 300 kg Fett, 14 550 kg Kandis und 105 Flaschen Alkohol aufgefunden und beschlagnahmt. Der Fall wurde mit besonderer Empörung in der Presse aufgegriffen, weil ein Teil dieser Lebensmittel im Laufe der Zeit bereits verdorben war.

Die Behörden versuchten, kriminellen Machenschaften durch Änderungen der Vorschriften entgegenzutreten: So wurde im Bezirk Charlottenburg im Juni 1946 bekanntgegeben, daß künftig Anträge von Lebensmittelverteilern und Gaststättenbetrieben auf Anerkennung von Schwund nicht mehr berücksichtigt würden.

– Roland von Berlin – 6.7.1947 –

Magie der Bescheinigung

Eine Frau hatte Hunger – das kommt öfter mal vor. Aber diese Frau handelte nach dem alten Spruch, daß der Hunger den Geist schärft. Sie setzte sich also an die Schreibmaschine, spannte einen Friedensbogen ein und schrieb: „Gegen diesen Schein geben Sie an das Kinderheim X ein halbes Pfund Milchpulver, zwei Pfund Zucker, ein Pfund Fett und zwei Pfund Haferflocken." Obendrüber schrieb sie „Stadt Berlin" und als Unterschrift einfach: „Der Bezirksrat i. A."

Mit diesem Schreiben ging sie (...) zu verschiedenen Geschäftsleuten und bekam ohne weiteres die „ihr zustehenden" Waren ausgeliefert. Einer bemerkte es schließlich (...), aber selbst der Richter hatte Humor und verdonnerte die Frau nur zu drei Monaten Gefängnis, die Geschäftsleute hatten es ihr wirklich zu leicht gemacht.

DER TAGESSPIEGEL
7.8.1947

Die Ratten waren schuld

Die Inhaberin eines Milchgeschäftes, der das Ernährungsamt wegen persönlicher Unzuverlässigkeit den Verkauf gesperrt hat, sollte die noch im Laden befindliche Menge Milchpulver dem Ernährungsamt zurückgeben. (...) Vor dem Amtsgericht bekundete sie, die ursprünglich noch vorhandenen 160 Pfund Trokkenmilchpulver, die vierzig Eier und die anderen hochwertigen Kindernahrungsmittel seien restlos von den Ratten aufgefressen worden.

– Roland von Berlin – 12.10.1947 –

Die nahrhafte Grenze

In Dänemark gelang ein Fang.
Ein Deutscher ging dort in die Schlingen,
Dem's sechsundzwanzigmal gelang,
Ins Land der Butter einzudringen.

Ein Schmuggler? Nein, beileibe nicht,
Der kühne Grenzenüberschreiter
Wollt' drüben nur ein Stammgericht
Mit Dänenspeck, na und so weiter ...

Und da im Staate Dänemark
Nichts faul, so macht' man gute Miene.
Der Mann bekam den fetten Quark
Aus einer Polizeiterrine.

Gesättigt schickte man ihn dann
Heim in das Land der dürren Weiden.
Was halten Sie von diesem Mann?
Ich glaub', er ist nur zu beneiden.

Karl Blanckmeister

Schwarzmarkt und Schiebereien

Fast in jedem Bezirk Berlins gab es einen „Schwarzen Markt". Die bekanntesten befanden sich rund um den zerstörten Reichstag, am Potsdamer Platz, am Bahnhof Zoo, in der Knesebeckstraße, in der Brunnenstraße, am Schlesischen Bahnhof und am Fehrbelliner Platz.

Die Gegend um den alten Reichstag war so populär, daß die Schaffner der Autobusse und Straßenbahnen, die hier in der Nähe vorbeifuhren, die betreffende Haltestelle ganz offiziell als „Schwarzen Markt" ausriefen.

In der Dämmerstunde begegneten sich hier die kleinen und großen Schwarzhändler. Sie flanierten, standen hier und dort ein Weilchen in lässig-müder Haltung und sondierten erst einmal das Terrain. Im Vorbeigehen wurden Tauschangebote geflüstert: Filzpantoffeln gegen Brot, Schweizer Schmelzkäse gegen Ami-Zigaretten, Eipulver gegen Süßstoff. Angebote und Tauschwünsche aus allen Ecken: Zigaretten, echter Tee, Damenstrümpfe, Kämme, Bohnenkaffee, Dachpappe, echte Silberbestecke. Nach Schätzungen beteiligten sich 85% aller Berliner aktiv am Schwarzen Markt.

Abb. aus: Roland von Berlin 26.10.1947

Als Preisorientierung galten amerikanische Zigaretten, die auf wunderbare Weise den Schwarzen Markt überschwemmten. Wurde nach Reichsmarkwährung gehandelt, dann betrugen die Preise für Lebensmittel oft das Hundertfache der amtlichen Preisfestsetzungen der Rationenzuteilungen. Auf dem Schwarzmarkt kostete im Frühjahr 1947 1 Pfund Butter 250–300 RM, 1 Pfund Mehl zwischen 25–60 RM, ein Dreipfundbrot 30–50 RM, ein Pfund Zucker etwa 90 RM und eine Weihnachtsgans 1400 RM. Zum Vergleich: Ein ungelernter Arbeiter hatte monatlich 200 RM in der Lohntüte, Angestellte ca. 240 RM, und leitende Angestellte verdienten bis zu 500 RM.

Während die kleinen Leute aus tiefster Not handelten, um ihr Überleben zu sichern, blieben die großen Schieber im Hintergrund. Diebesgut wurde verscheuert, entwendete Lebensmittelmarken kamen aus Behörden und Ämtern, Postangestellte ließen Pakete aus dem Ausland mitgehen, Deutsche und Angehörige der Besatzungsmächte arbeiteten Hand in Hand.

DER KURIER
10.5.1946

Schwarzmarkt

Was bleibt mir anderes übrig? Ich traf die junge Frau auf einem öffentlichen Platz, bei dessen Namen man unwillkürlich an Schwarzhandel denkt. Sie trug zwei Brote in ihrer Tasche.
„Sehen Sie", begann sie zögernd und etwas mißtrauisch, „ich wohne in Kleinmachnow, einem sogenannten Randgebiet von Berlin. Wir bekommen dort nicht die Berliner Verpflegungssätze, wir rechnen nämlich zu den Selbstversorgern.
Woher wir uns selbst versorgen sollen, habe ich bis heute nicht herausgefunden, denn Land oder auch nur einen Garten besitzen die wenigsten von uns. Wissen Sie, was es heißt, einen Mann, der täglich zehn Stunden in Berlin arbeiten muß, und drei Schulkinder mit 250 Gramm Brot pro Kopf satt zu machen? Was bleibt mir anderes übrig, als auf den Schwarzen Markt zu gehen? (...)
Ich hasse den Schwarzen Markt und seine dunklen Existenzen, und doch gehöre ich selbst dazu. (...) Ich habe mein Leben lang keine Gesetzeswidrigkeiten begangen, aber wenn meine Kinder nachts im Bett weinen, weil sie vor Hunger nicht einschlafen können, denn treten alle moralischen Bedenken vor meiner Pflicht als Mutter zurück."

DER KURIER
24.7.1946

Schwund bei der Behala

Im März dieses Jahres unternahm die Polizei Haussuchungen bei mehreren Hafen- und Bodenmeistern, Arbeitern und Angestellten der Berliner Hafengesellschaft (Behala). Es wurde dabei eine erhebliche Menge an Lebensmitteln gefunden. Interessant waren die Begründungen (vor Gericht), woher diese Annehmlichkeiten des Lebens stammten: Der eine hatte alles aufgespart, der andere sie von seinem Sohn geschickt erhalten, ein dritter hatte nur kleine Restchen in den Waggons zusammengefegt, und wieder einem anderen hatten die Alliierten alles geschenkt. Gestohlen aber hatte keiner.

DER KURIER
20.4.1946

Vorsicht! Du kaufst den Tod!

Die Berliner Kriminalpolizei richtet eine dringende Warnung an die Berliner Bevölkerung. Einer Dahlemer Firma wurden acht Sack Weizenmehl zu je 40 Kilogramm in Papiersäcken mit der Aufschrift „N. F. Armee" gestohlen. Dieses Mehl wurde der Firma zu Zwecken der Seuchenbekämpfung zur Verfügung gestellt und ist hochgradig giftig. Vor Ankauf und Verarbeitung wird dringend gewarnt, da der Verdacht besteht, daß die gestohlene Ware auf dem Schwarzen Markt auftauchen wird. Der Genuß führt unmittelbar zum Tode.

DER KURIER
14.6.1946

Wasser statt Milch

Auf dem Potsdamer Platz wurde der 35 Jahre alte Klempner Kurt M. festgenommen, als er „Büchsenmilch" für 50 Mark verkaufte. Er hatte leere Büchsen mit Wasser gefüllt und verlötet.

DER TAGESSPIEGEL
4.1.1947

Sie bestahl Kinder

Die 35jährige Erna K. hatte in vielen Fällen Kinder im Alter von drei bis fünf Jahren bestohlen. Sie lockte die Kinder unter einem Vorwand in einen Hausflur und zog ihnen Schuhe, Strümpfe, Mäntel und Jacken aus. Auch Lebensmittelkarten erbeutete sie, die sie ebenso wie die Kleidungsstücke auf dem Schwarzen Markt verkaufte. Die Diebin wurde vom Schöffengericht Berlin-Mitte zu vier Jahren Gefängnis wegen fortgesetzten Diebstahles verurteilt.

Kleingärten

Bereits im Oktober 1945 wurde eine Verordnung erlassen, die Eigentümer und Nutzer von privaten Grundstücken verpflichtete, alle Flächen für den Anbau von Gemüse und Hackfrüchten zu nutzen.

Darüber hinaus wurden Parks, Brachland, städtische Flächen, Grünanlagen und Ruinengrundstücke zu Anbauflächen erklärt. Als „Grabeland" konnten diese Flächen an die Berliner vergeben werden, um durch den Anbau von Gemüse und Kartoffeln die Nahrungsmittelknappheit zu vermindern.

Das Berliner Stadtgebiet verwandelte sich in einen riesigen Garten, 1947 bauten etwa 27% aller Haushalte Gemüse und Kartoffeln an. Allerdings entsprachen die Erträge nicht den Erwartungen. Saatgut, Gartengeräte und die notwendige Erfahrung fehlten.

> *Wir hatten das Glück, einen Garten zu haben, so gab es im Herbst reichlich Äpfel, Birnen und Pflaumen. Manches davon benutzten wir als Tauschmittel. Mein Vater sagte immer: „Der Garten hat uns das Leben gerettet."*
> *(Hermann Reschke)*

Im Herbst jedes Jahres wurden von Gartenzeitschriften Preisausschreiben und Wettbewerbe für Gemüse ausgeschrieben.

– Gärtnerzeitung – 1947 –

rechte Seite aus:
Ernährungshilfe
Wildgemüserezepte
vgl. Seite 61 ff.

Im Vorjahre regten wir durch einen Wettbewerb die Steigerung der Erträge beim Gemüseanbau an. Der große Erfolg zeigte uns, daß die Berliner es verstanden haben, aus dem „märkischen Sand" Riesenfrüchte hervorzuzaubern. Die Erfahrungen des Vorjahres werden zu einer weiteren Steigerung führen, und so rufen wir die Kleingärtner und Brachlandnutzer zu einem neuen Wettbewerb auf.

Wir setzen folgende Preise aus:

Für die größte im Kasten oder im Kleingarten gezogene Tomate 100.– RM, für die nächstkleinere je 50.– und 30.– RM. Die gleichen Preise werden ausgesetzt für die größten Kohlrabiknollen und den größten Wirsingkohlkopf. (...)

Die Pflanzen bleiben Eigentum des Erzeugers. Sie sind in unserem Verlagshaus abzuliefern und können nach Feststellung des Gewichts wieder mitgenommen werden.

Bei der Einlieferung sind die Unterschriften zweier Zeugen beizubringen, die bestätigen, daß die Pflanzen in einem Kleingarten oder auf Brachland unter Angabe der genauen Lage gezogen worden sind. Berufsgärtner sind zum Wettbewerb nicht zugelassen.

Ernährungshilfe

NR. 4/5

Wildgemüse als Zusatznahrung

Die Natur liefert uns während des ganzen Jahres eine zusätzliche Nahrung: die Wildgemüse, die vor allem durch ihren Gehalt an den lebenswichtigen Schutz- und Wirkstoffen, sowie an Mineralsalzen das Bedürfnis nach frischem Gemüse und nach frischen Kräutern besonders gegen Ende des Winters und bei Beginn des Frühjahrs befriedigen. Die Wildgemüse sind äußerst reich an Würzstoffen und verdienen auch deshalb immer mehr Eingang in den Speisezettel der Hausfrau, weil sie kein Garten- oder Ackerland zum Anbau und keine Pflege beanspruchen, sondern nur geerntet zu werden brauchen.

Allgemeine Regeln für die Verwendung von Wildgemüse.

Für die Verwendung in der Küche kommen vor allem folgende Wildgemüse in Betracht:

Breitwegerich	Hederich	Sauerampfer
Brennessel	Huflattich	Schafgarbe
Gänseblume	Löwenzahn	Taubnessel
Gänsefuß (Fuchsschwanz)	Melde	Vogelmiere
Geißfuß (Giersch)		

Wildgemüse sind am saft- und gehaltreichsten und am wohlschmeckendsten vor dem Blühen, aber auch während und nach der Blüte lassen sich schmackhafte Gerichte daraus herstellen.

Verlag Naturkundliche Korrespondenz · Berlin-Kleinmachnow

VNK

Alle Wildgemüse müssen sorgsam und sauber gesammelt werden, ohne sie dabei zu pressen oder zu drücken.

Sie werden kurz und gründlich in kaltem Wasser gewaschen (nicht im Wasser liegen lassen, damit sie nicht auslaugen!) und müssen im Durchschlag oder Sieb abtropfen oder im Tuch trocken geschwenkt werden.

Wildgemüse werden am besten roh zu Salaten oder als Würze an Suppen, Tunken, Kartoffel- und Hülsenfruchtgerichte, Eintopfgerichte, Brotaufstriche usw. verwandt.

Zu gegarten Gerichten (am besten dämpfen oder dünsten) wird 1/3 bis 1/4 des Gemüses roh zurückbehalten und zum Schluß feingehackt an die fertige Speise gegeben. Das Gericht darf dann nicht mehr kochen, damit die wertvollen Vitamine und Nährsalze möglichst vollwertig erhalten bleiben.

Wildgemüse darf ebenso wie Gartengemüse niemals abgebrüht werden.

Es wird nur gerade so viel Flüssigkeit an das Gericht gegeben wie unbedingt nötig ist. Gemüsewasser darf niemals weggegossen werden.

Die meisten Wildgemüse haben einen ausgeprägten Eigengeschmack, darum darf das Hinzufügen von Salz und Essig nur vorsichtig erfolgen.

Bei sehr kräftig schmeckenden Gemüsen (z. B. Schafgarbe) oder etwas bitteren Gemüsen (z. B. Löwenzahn) empfiehlt sich eine Mischung mit milderen Gemüsen, z. B. mit Vogelmiere, Melde oder auch Spinat.

Um die Nährstoffe weitmöglichst zu erhalten, müssen die Garzeiten genau beachtet werden. Die Kochzeit darf nicht länger als nötig ausgedehnt werden.

REZEPTE für die Verwendung von Wildgemüse

Die in den Rezepten angegebenen Garzeiten sind stets vom Beginn des Kochens an gerechnet, die Zutaten in der Reihenfolge ihrer Verwendung angegeben.

SALATE:

Zutaten: Feingewiegtes oder in Streifchen geschnittenes Wildgemüse, Salz, Zucker oder Süßstoff nach Geschmack, Essig oder ungesüßter Rhabarbermost oder Ebereschensaft oder saure Milch, gehackte Kräuter nad Geschmack.

Zubereitung: Die sorgfältig vorbereiteten zarten Blätter zerkleinern, in eine große Schüssel geben, mit Salz und evtl. Zucker bestreuen, eine der angegebenen Säuren überträufeln (Vorsicht bei der Verwendung, besser später nachwürzen), Kräuter überstreuen, den Salat mit zwei Löffeln locker durcheinandermengen, abschmecken, anrichten. Alle Blattsalate erst kurz vor dem Gebrauch anmengen, da sie durch zu langes Stehen an Aussehen und Geschmack verlieren.

Abänderung: Sauerampfer enthält so viel Eigensäure, daß ein Säurezusatz meist nicht erforderlich ist.

SUPPEN:

Zutaten: 1 Eßlöffel Fett, 100 g feingewiegtes Wildgemüse, 1 Liter Flüssigkeit (Wasser oder Gemüsebrühe oder Knochenbrühe oder Fleischbrühe), Salz, eine Prise Zucker, 2 Eßlöffel Mehl, 1/8 Liter Wasser, 50 g feingewiegtes Wildgemüse.

Zubereitung: Fett im Topf heiß werden lassen, das feingewiegte Wildgemüse darin dünsten, mit Flüssigkeit auffüllen. Salz und Zucker hinzufügen. Mehl mit Wasser verquirlen, unter Rühren in die kochende Suppe gießen, aufkochen lassen, rohes Gemüse hinzufügen, abschmecken.

Garzeit: 1/4 bis 1/2 Stunde je nach Jahreszeit.

Abänderung: Das Fett kann weggelassen werden. Das Gemüse wird dann in die kochende Flüssigkeit geschüttet und die Suppe weiter wie angegeben fertiggestellt.

Statt Mehl kann auch jedes andere Dickungsmittel verwandt werden, das entweder angerührt (z. B. feine Getreideerzeugnisse) oder trocken eingestreut (z. B. grobe Getreideerzeugnisse) wird. Eine roh angeriebene Kartoffel bindet ebenfalls.

Ein Zusatz von süßer oder saurer Milch oder Buttermilch oder Molke verbessert die Suppe.

Sehr schmackhaft wird eine Kartoffelsuppe mit reichlichem Zusatz von Brennessel oder Sauerampfer.

GEMÜSE:

Zutaten: 1 Eßlöffel Fett, Zwiebel oder Lauch nach Geschmack, 2 Eßlöffel Mehl, 750 g feingewiegtes Wildgemüse, Flüssigkeit nach Bedarf, Salz, 250 g feingewiegtes Wildgemüse, gehackte Kräuter.

Zubereitung: Fett heiß werden lassen, Zwiebel- oder Lauchwürfel darin bräunen, Gemüse dazugeben, falls nötig mit Flüssigkeit auffüllen, garkochen, das restliche Wildgemüse und die Kräuter hinzufügen, abschmecken.

Garzeit: 1/4 bis 1/2 Stunde je nach Jahreszeit.

Abänderung: Das Fett kann weggelassen werden, das Gemüse wird dann im eigenen Saft gegart. Die Reihenfolge der Verwendung der Zutaten bleibt die gleiche.

Zum Andicken kann statt Mehl eine rohe Kartoffel an das Gericht gerieben werden.

Vorschläge für weitere Gerichte mit Wildgemüsen

Hülsenfruchtsuppe mit Breitwegerich.

Kohlrübeneintopf mit Brennesseln.

Grützebrei mit verschiedenen Wildgemüsen.

Kräuterplinsen.

Wildgemüse-Rouladen mit Fleisch- oder Grützefüllung.

Bratlinge mit Sauerampfer.

Kartoffelpuffer mit Vogelmiere.

Grüner Kartoffelbrei.

Kartoffelklöße mit Gänsefuß.

Kartoffelsalat mit verschiedenem Wildgemüse gemischt.

Herausgeber: Zentrale für Drogen und Wildfrüchte, Berlin-Dahlem.

Siko-Druck - Berlin SO 36, Oranienstr. 189 - 50 000 - 1. 3. 46

– Sie – 28.7.1946 –

Erntezeit am Großen Stern

Victoria auf der Siegesäule
Fühlt sich jetzt sichtlich nicht mehr wohl.
Statt Festparaden aufzubauen
Bau'n die Berliner feste Kohl.

So wandeln sich die Zeitenläufe,
Auch dieses Bild wird zum Symbol:
Der Kohlkopf ist für uns was Festes,
Der Göttin Säule aber hohl.

Erfrischend wirkt das Vitamin
von Pflücksalat und munt'rem Grün,
Belebend auf des Körpers Säfte
und auch auf uns're Geisteskräfte.

Man teilt es ein von A bis E,
Das Wichtigste ist wohl das C.
Wer einen kleinen Garten hat –
Hat Sorgen, aber auch Salat.

Privilegien

Die Masse der Berliner hungerte. Einige Personen jedoch waren durch besondere Umstände etwas besser gestellt. So erhielten Überlebende der Konzentrationslager oder ehemalige politische Häftlinge zusätzliche Lebensmittel. Andere schafften es, etwa durch Beziehungen zu den Alliierten ihre Situation zu verbessern. Oder man spürte Lücken in der Verteilung der Rationen auf, nutzte schlau und gerissen Verbindungen aus oder organisierte Tauschhandel und Hamstertouren, um zu überleben.

linke Seite:
Rückseite der Wildgemüserezepte aus: Ernährungshilfen
vgl. Seite 61 ff.

Mein Vater (KZ und Strafbataillon) war nach 1945 Leiter einer Konsumfabrik in Hohenschönhausen (Ostsektor), wir wohnten in Kreuzberg (Westsektor). Er bekam im Osten ein Pajokpaket, meine Großmutter von jüdischen Freun-

den aus Amerika ein CARE-Paket. Damals fielen manchmal Ostern und Weihnachten auf einen Tag.
Und dann habe ich gelernt, daß auch Glückseligkeit noch eine Steigerungsstufe hat. Wir bekamen die Nachricht, daß uns 8 Zentner Briketts zur Verfügung stehen, abzuholen in Lichtenberg. Alle Kohleempfänger, die im Westsektor wohnten, bekamen eine Bescheinigung, nach der sie berechtigt waren, Kohlen aus dem Ost- in den Westsektor zu bringen. Viele warme Abende waren angesagt. Die Bescheinigung enthielt keine Mengenangaben und war auch zeitlich nicht begrenzt, für preußische Verhältnisse einfach unglaublich. Zum Glück für mich. In Lichtenberg hatte ich beobachtet, wie Briketts von jungen Leuten aus fahrenden Zügen geklaut wurden. Briketts, die als Reparationsleistungen in Richtung UdSSR unterwegs waren. Ein, zwei Leute sprangen auf, warfen Kohlen herab, die unten von Freunden oder Angehörigen aufgesammelt und abtransportiert wurden. Freunde und ich schlossen uns an und haben so manchen Zentner Kohlen in den Westsektor gebracht. Mit Bescheinigung von russischer „Kommandantur", also völlig legal.
Organisieren war auf allen Gebieten angesagt. Da mein Vater „wer" war, hatten wir als einzige im Haus Telefon, das von irgend jemandem immer besetzt sein mußte. Plötzlicher Anruf von meinem Vater: „Sohnemann, du mußt sofort nach Hohenschönhausen zur Brotfabrik Herzkönig und drei Brote abholen oder sofort nach Friedrichsfelde und 5 Liter Wurstsuppe (in Milchkannen) in Empfang nehmen." Die strapaziöseste Aktion war der Transport (zu Fuß) von drei Rollen Dachpappe von Hohenschönhausen nach Britz zu unserem Schrebergarten (unserer Tabakfarm).
(Gerd Rust)

Mit meinem Notabitur konnte ich nach 1945 nicht studieren, mußte aber meine Familie durchbringen, denn mein Vater war von den Russen getötet worden. Durch Verbindungen kam ich zum Berliner Rundfunk, Abteilung Landfunk. Der Sender unterstand damals den Russen, die Übertragungswagen hatten auch russische Kennzeichen und durften überall unkontrolliert passieren. Um an Lebensmittel heranzukommen, mußte man sich viel einfallen lassen. So wurde kurzfristig eine Tour, z.B. zu einer Konservenfabrik oder einer Zigarettenproduktion nach Sach-

sen oder Brandenburg anberaumt. Man sprach vor, fand begeisterte Aufnahme, weil sich „der Landfunk für diesen Betrieb" interessierte. Ein fingiertes Interview wurde geführt und die Sendung versprochen. Beim Abschied wurde dann von der Leitung des Betriebes gefragt, womit man sich erkenntlich zeigen könne. Und so landeten im Ü-Wagen einige Stangen Zigaretten oder ein Zentner getrocknete Erbsen. Die Zigaretten konnten vertauscht werden, die Erbsen machten manche Familie satt.
Aber was nun, wenn der Betrieb nachfragte, wann denn nun die Sendung zu hören sei? Da blieb nur die Ausrede: Der Kontrolloffizier habe das Band nicht freigegeben, und so konnte nicht gesendet werden. Weil alle Sendungen zensiert werden mußten, fiel der Betrug nicht auf – aber einige Familien mußten nicht hungern.

(H. Svendson)

Schon im Juni 1945 konnte ich mein Praktikum in der Diätküche des Städtischen Krankenhauses Tempelhof fortsetzen. Natürlich war ich durch meine Tätigkeit begünstigt. Ich mußte zwar sämtliche Lebensmittelkarten abgeben, weil ich in Vollverpflegung war, aber in einer Krankenhausküche hungert man nicht. Die Ration für den Abend bekam ich mit nach Hause, ebenso mußte ich mir an meinem freien Tag, weil ich sonntags gearbeitet hatte, meine Mittags- und Abendration abholen. So manches Mal gab mir unsere Küchenleiterin eine kleine Extra-Portion mit. Selbstverständlich nur, soweit sie es verantworten konnte, aber in einem Großbetrieb wirtschaftet es sich natürlich anders als im kleinen Familienhaushalt.

(Margot Rothe)

Überaus glücklich berichtet im Sommer 1945 die 16jährige Christa Ronke, daß ihre Mutter und später sie selbst als Serviererin arbeiten kann.

Tagebuch 1945

Mutti arbeitet für 2 Wochen in der Harnackstraße, wo eine amerikanische Offiziersmesse aufgemacht werden soll. Dort hat sie gutes Essen; darf aber nichts mitbringen. Ich hole sie immer ab und kann dann auch irgendwelche Köstlichkeiten schnell in den Mund stecken.

Wir haben einen schweren Entschluß gefaßt, ich werde auch dort arbeiten. Tausende warten auf solch eine Chance. Ich werde also bis zur Versetzung (Ostern) mit der Schule aussetzen und dann die Klasse noch mal besuchen. Dafür werde ich im Winter satt und warm bei den Amerikanern ‚Serviererin' spielen.

Nun bin ich schon zwei Wochen in der amerikanischen Offiziersmesse als Serviererin tätig. Die Arbeitszeit ist von 6 bis 14 oder von 14 bis 22 Uhr. Einen freien Tag gibt es nicht. Abends arbeite ich wegen der schönen Musik am liebsten. Ein Pianist spielt auf dem Flügel; oft Gershwin, den wir gar nicht kannten. Es sind drei schön eingerichtete Speisesäle mit je drei Serviererinnen, die aber auch noch in der Küche helfen müssen. Wir sind 62 deutsche Angestellte. (...) Mutti arbeitet in der Küche, und ich gieße im Saal Kaffee, Tee oder Kakao ein.

Und das Essen für die Deutschen ist tatsächlich auch sehr gut. Soviel Fleisch, Gemüse, Butter, Kuchen, Eis kenne ich doch seit Jahren nicht mehr. Kaffee, echten Kaffee, trinken wir nur noch mit Zucker und Sahne!

Ich habe mich nun daran gewöhnt, Serviererin bei den ehemaligen Feinden zu sein. So wesensfremd sind sie uns eigentlich gar nicht, und manche Offiziere sind auch sehr freundlich. Heute mußte ich einer kranken Frau Major das Mittagessen in die Wohnung bringen. Sie war recht nett und schenkte mir eine Rolle Drops. Die Amerikanerinnen tragen übrigens nur sogenannte Nylonstrümpfe. Die sind hauchdünn und machen so schöne Beine. Ich bin die Jüngste in der Messe und werde von den Offizieren "Coffee-Christel" genannt. Meine Kolleginnen sind fast alle sehr nett, und keine einzige ist von Beruf Serviererin. Das Essen für die Deutschen ist schlechter geworden; ich nasche aber manchmal heimlich. Besonders gut schmeckt mir die Peanutbutter, die es ja bei uns nie gab. Wir haben auch in der Küche noch Gelegenheit, heimlich ein kleines Päckchen mit Marmelade, Kuchen oder ein bißchen Butter zu packen. Ich bin dann oben und unten immer ziemlich dick, wenn ich die Messe verlasse. Wenn man täglich zusehen muß, wie gutes Essen weggeworfen wird, während im Nebenhaus die Menschen fast verhungern, möchte man am liebsten noch mehr herausnehmen: Doch die Kontrollen werden immer strenger. Neulich rutschte mir in meinem ausgeleierten Strumpf ein Päckchen Marmelade das Bein herunter, und ich bekam eine ‚Beule' am Unterschenkel. Hat aber kein Ami gemerkt.

Gestern war ein schrecklicher Tag! Mutti ist entlassen worden. Ein Aufseher sah, wie sie ein Stück Kuchen einpackte, und heute darf sie nicht mehr wiederkommen. Nun ist sie auf unsere kalte Bude und karges Essen angewiesen. Trotzdem werde ich weiterhin sehr vorsichtig versuchen, Kleinigkeiten aus der Messe mitzubringen.
(Christa Ronke)

Die Grundstoffe

Sammeln in freier Natur: Wildkräuter und -früchte

Bereits am 18. Juni 1945 wurde mit einem Rundschreiben des Magistrats der Stadt Berlin – Abteilung für Volksbildung – an alle Schulen zu einer Sofort-Aktion zum Sammeln von Kräutern und Wildfrüchten aufgerufen.

„Die Ernährungs- und Gesundheitslage erfordert dringend die sofortige Ausnutzung aller entsprechenden Rohstoffe, insbesondere auch durch Schulsammlungen von Wald- und Wildfrüchten und von Garten- und Wildkräutern. Die Verarbeitungen werden gewerblich und als Selbsthilfemaßnahmen der Hausfrauen in Form von Tee, Marmelade und Saft erfolgen." Am Schluß des Rundschreibens findet sich der Satz:

„Wir helfen! Wir werben für Selbsthilfe!
Auch das ist antifaschistischer Kampf!"

Das Institut für Ernährung und Verpflegungswissenschaft in Berlin Dahlem gab in regelmäßiger Folge Anleitungshefte zum Sammeln von Wildfrüchten und Kräutern heraus. Rezeptvorschläge finden sich für Ebereschen, Hagebutten, Eicheln, Kastanien, Bucheckern, Berberitzen, Mehlbeeren und für die Verwertung von Fallobst. Die Verfasser wiesen jedoch vorsorglich darauf hin, daß „bei der Verwendung von Wildgemüse im Haushalt eine leichte Geschmacksumstellung erforderlich ist".

siehe Abb.
Seite 53/54 und Seite 71

– Zeitungsnotiz – 1945 –

Disteln und Brennesseln als Wildspinat

Wer hätte wohl je gedacht, daß Disteln unser Gemüseersatz sein würden! Artischocken – ja, die sicher gern. Aber Disteln? Eine Gän-

Wildgemüsesuppe

100 g	Wildgemüse (z.B. Brennessel, Giersch, Vogelmiere)
1 l	Wasser
1	halb gar gekochte Kartoffel
1	kl. Zwiebel
	etwas Fett

→ **Die Zwiebel in Fett dünsten, die kleingeschnittene Kartoffel und das gewaschene, gedämpfte, fein zerkleinerte Wildgemüse dazugeben. Kurz aufkochen und mit Salz und Pfeffer abschmekken. Die Suppe hat viele Vitamine und Mineralstoffe, schmeckt aber etwas streng.**

Disteln als Gemüse

Die oberen Teile der Disteln vorsichtig (mit Handschuhen) pflücken, 40 Minuten kochen und dann durch die Fleischmaschine treiben, würzen und evtl. mit gerösteter Zwiebel servieren.

Melde-Gemüse

500 g Melde
200 g Spinat
etwas Zwiebel
Fett zum Anbraten

→ **Melde und Spinat gründlich waschen, klein hacken oder durch den Wolf drehen. Zwiebel mit Fett andünsten und das Wildgemüse dazugeben. Wenn vorhanden, geröstete Brotwürfel darübergeben.**

Springkraut als Spinat

Springkraut, eine zarte Pflanze, ist vor hundert Jahren aus Asien zu uns eingewandert und hat sich zu einem lästigen Unkraut ausgeweitet. Die jungen Pflanzen sammeln, die Stengel, die siebenmal soviel Stärke wie der Gartenspinat enthalten, mitverwenden. Man kann den Geschmack verändern, indem in

sehaut läuft über den Rücken. Die Stacheln werden ja die Zunge zerstechen! Doch weit gefehlt. Wer kann heute von der „Gemüsezuteilung" auf dem Papier leben, und noch dazu, wo die Hälfte der Bevölkerung keine Kartoffeln zum Mittagessen hat. – Da muß es heißen: Hinaus in die Natur und zusätzliche Nahrungsmittel sammeln! Wer Gemüse pflückt in Wald und Feld, braucht nicht anzustehen und spart Geld.

DER TAGESSPIEGEL
3.7.1947

Vorsicht mit Melde

In einigen östlichen und südlichen Berliner Bezirken, besonders in Neukölln und Friedrichshain, wurde an einigen hundert Patienten die sogen. Meldekrankheit festgestellt. Die Patienten haben starke Ödeme im Gesicht und am Körper, und sie zeigen an den Stellen, die dem Licht ausgesetzt sind, graurote, teilweise auch mit Ekzemen verbundene Verfärbungen. Alle Patienten haben große Mengen Melde, insbesondere wilde Melde, bei wenig anderer Nahrung gegessen. Es soll sich um eine ausgesprochene Hungerkrankheit handeln, die bisher nur bei chinesischen Bettlern beobachtet wurde. Ansteckend scheint die Meldekrankheit nicht zu sein.

Ich bin dann mit meinem Sohn „Wildpflanzen" sammeln gegangen. Leider taten das zu viele Menschen. Meist fanden wir nur ältere Brennessel-Pflanzen. Aber wir nahmen sie trotzdem mit. Die Nesseln wurden mit kochendem Wasser übergossen, dann fein gehackt oder durchgedreht. Zu den eingeweichten und gekochten Trockenkartoffeln und Trockenmöhren wurden sie dann dazugegeben und einige Zeit mitgekocht. Junge Brennesseln schmecken recht gut. Doch die alten waren sehr streng im Geschmack, und mein Sohn mochte sie nicht gerne essen.
(Gertrud Paruschke)

– Anzeige in einer Gärtnerzeitung – 1946 –

Die Ölmühle in Berlin-Wannsee, Am Sandwerder 26, nimmt Samen von Ölpflanzen wie Hederich, Ackerhahnenfuß, Ölrettich, Bucheckern, Königskerzen, Salatkresse, Sonnenblumen an und preßt daraus feinstes Speiseöl.

Wir haben im Wald Bucheckern gesammelt. Es dauerte sehr lange, bis man einen kleinen Eimer voll hatte. Für 7 Kilogramm der kleinen dreieckigen Waldfrüchte gab es in der Ölmühle einen Liter Öl.

(Lotti Fuchs)

DER TAGESSPIEGEL
22.7.1947

Beerensammler-Ausweis

Wer Pilze, Wildgemüse, Tee- oder Heilkräuter sammeln will, braucht dafür einen Ausweis der Zentrale für Drogen- und Wildfrüchte. (...) Für die Berliner Stadtforsten muß neben dem Ausweis ein Ergänzungsschein bei dem zuständigen Forstamt besorgt werden.

kleinen Mengen dazugegeben werden: Sauerampfer, zwei bis drei Rhabarberblätter, eine Handvoll Giersch, ein kleiner Strauß junger Holunderblätter, Lindenblätter oder Akazienblätter. Auch wenig Beifuß, Schafgarbe, Gundermann und Liebstöckel als Gewürz verbessern den Wildspinat. Nach dem Kochen wird das Mischgericht durch die Fleischmaschine gedreht. Zwei rohe Kartoffeln (sofern noch vorhanden) darangeben, ein paar Löffel gekochter Grütze dazugeben, und ein wohlschmeckendes, nahrhaftes und billiges Gericht steht auf dem Tisch.

Frische Farnblätter

Farnblätter können sehr gut als Ersatz für Weißkohlblätter verwendet und gefüllt wie Kohlrouladen zubereitet werden.

Wildgemüsebratlinge

500 g	Wildgemüse
200 g	Grütze oder Schrot
1/2 l	Wasser
20 g	Mehl
	Salz
1	Zwiebel
3 Eßl.	Brot- oder Semmelbrösel
	Fett zum Braten

→ **Grütze in Wasser ausquellen lassen, das vorbereitete, gewiegte Wildgemüse in 1–2 Eßlöffel Wasser 5 Minuten dünsten, mit den übrigen Zutaten zu der ausgequollenen Grütze geben, abschmecken, Bratlinge formen, in geriebenem Brot wenden, von beiden Seiten hellbraun braten. Die Bratlinge können auch auf dem Blech gebraten werden.**

Frischkost

Dazu eignen sich Löwenzahn, Brennesseln, Breit- und Spitzwegerich, Sauerampfer, Kresse, zarter Huflattich, Gänseblümchenblätter, Vogelmiere, Schafgarbe usw. Möglichst milde und kräftig schmeckende Sorten mischen. Kräuter sehr gut und schnell waschen, feinstreifig schneiden, mit Salattunke vermengen (Essig, Salz, Zucker). Kräftig schmeckende Kräuter mit etwas Milch oder Buttermilch anrichten. Sauerampfer immer ohne Essig.

Gänseblumensalat

2 Tassen	Gänseblumenblätter und Blüten
2 Tassen	in Würfel geschn. Pellkartoffeln
2 Teel.	gehackte Petersilie
1 Eßl.	Öl

→ **Die jungen Blätter und Blüten waschen, zerpflücken und mit den Zutaten mischen. Den Salat eine Stunde kühl stellen.**

Nachtkerzensalat

Die Nachtkerze, auch wilder Tabak genannt, macht sich als Unkraut auf Trümmerhalden breit. Die Pfahlwurzel dieser Pflanze, vor der Blüte geerntet, ergibt einen schmackhaften und nahrhaften Salat. Mit Essig und Öl angemacht, schmeckt die Wurzel nach Schinken.

Hagebuttenmus

Reife Hagebutten waschen, halbieren und entkernen. Ohne Flüssigkeit in einer Steingut- oder Porzellanschüssel 4–5 Tage zugedeckt stehen lassen. Die Hagebutten werden dadurch weicher und brauchen nicht so lange gekocht zu werden. Nach diesen Tagen mit Wasser bedeckt weichkochen und durch ein Sieb streichen. Den Fruchtbrei aufkochen und mit Zucker mischen (auf 1/2 Kilogramm Hagebuttenmark nimmt man 100 Gramm Zucker). Das Mus heiß in vorbereitete Gläser füllen.

Brot und Salz

Brot war das wichtigste Nahrungsmittel in den Hungerjahren. Das in Fabriken oder beim Bäcker um die Ecke gebackene Brot entsprach jedoch nie den Wünschen der Berliner. Es war schwer wie Blei, klitschig, bröckelte, zeigte Risse und war schlecht verdaulich. Eine Untersuchung der Versuchsanstalt für Getreideverwertung stellte 1947 fest, daß 10% der untersuchten Brote als ungenießbar und 63% als mangelhaft bezeichnet werden mußten. Nur 27% der Brote waren von befriedigender Qualität.

1945

Stalinschnitten nannte man Brotscheiben, die man auf der Herdplatte anröstete, weil das Brot, das man als Normalverbraucher zugeteilt bekam, so naß war, daß es schon am nächsten Tag schimmelte und ungenießbar wurde.
(Clara von Arnim)

Der Not gehorchend, wurde dem Brotmehl Futtergetreide, auch Kastanien- oder Eichelmehl zugesetzt. Hafermehl machte das Brot fest und klitschig, weil es kaum backfähig war. Der hungrige Städter machte seinem Ärger durch Leserzuschriften und Anzeigen an die Behörden Luft. Die Bäcker seien Betrüger, sie würden Getreide entwenden und in dunklen Kanälen verschwinden lassen. Die Bäckerinnung protestierte energisch und wies darauf hin, daß sie amtlich gezwungen sei, höhere Brotausbeute durch Zusatz von Wasser zu erreichen.

Brot war immer so knapp, daß ich von Brot träumte. An unserer Ecke im Wohngebiet war ein Schwarzer Markt, ich weiß nur, daß dort jede Menge Brot verschoben wurde. Wo jemand so viel Brot herhaben konnte, war mir damals unerklärlich.
(Liselotte Michel)

Gab es über mehrere Tage kein frisches Brot, mußten Rundfunk und Zeitungen die aufgebrachte Volksseele dämpfen.

DER TAGESSPIEGEL
10.1.1947

Falsche Tauschgerüchte

Die Gerüchte, daß im Bezirk Wedding auf die Brotmarken der 2. und 3. Dekade Kartoffelflocken oder -schnitzel aus gegeben werden, entbehren jeder Grundlage, teilt die Abteilung Ernährung des Bezirksamtes mit. Sie weist darauf hin, daß die Brotversorgung des Bezirks gesichert ist.

Weißbrot und Schrippen erhielten im allgemeinen nur Kinder bis zu 6 Jahren und Kranke mit amtsärztlichem Attest und einem Bezugsschein des zuständigen Ernährungsamtes.

DER TAGESSPIEGEL
22.4.1947

Neue Schrippenart

Auf die 50 Gramm-Brotmarken soll von 1. Mai an eine neue Art von Schrippen abgegeben werden. Diese Schrippen werden zur Hälfte aus hellem Roggenvollmehl und zur anderen Hälfte aus kanadischem Weizenmehl bestehen. Sie dürfen ohne ärztliche Bescheinigung abgegeben werden.

– Roland von Berlin – 31.8.1947 –

Das gute Frühstück

„Sie müßten natürlich auch mehr essen, nicht wahr?" fragte ich neulich einen guten Bekannten, weil er so blaß und spitz aussah.

„Ach", meinte er, „ich esse ja nicht viel, dafür aber gut. Stört es Sie übrigens, wenn ich jetzt etwas frühstücke?"

Sprach's und biß herzhaft in – eine Scheibe trockenen Brotes.

Es war weiß, also – in der 3. August-Dekade – schwarz (gekauft) und hatte sicherlich eine ganze Menge gekostet. Ein teures Frühstück war es also unzweifelhaft.

Ob es aber wohl zwischen Nordpol und Südpol viele Menschen gibt, die etwas trockenes Weißbrot als ein gutes Frühstück bezeichnen ...?

– Roland von Berlin – 21.9.1947 –

... Das ist die Frage

Stöbre ich bei meinem Antiquar,
finde manchmal ich ein Buch, das rar.
Auch die Preise sind durchaus erschwinglich,
wenn man sie vergleicht mit dem, was dringlich
anzuschaffen man für wichtig hält,
denn man braucht für alles sehr viel Geld.

Und man rechnet um: Statt dieses Goethe
könnte man bekommen gut zwei Bröte,
statt der Weltgeschichte bestenfalls
drei Pfund Zucker oder ein Pfund Schmalz.
Und wenn Geistesnahrung auch sehr wichtig,
Ohne Erdenbrot schmeckt sie nicht richtig.
Andrerseits sind Bücher schön zu lesen,
wenn das Brot nebst Schmalz schon längst gewesen.
Dieses ist nur für den Augenblick,
jene spenden noch nach Jahren Glück.

Und so wird man hin und her gerissen:
Hie Gefräßigkeit und hie Gewissen.
Allerdings ist diese Frage heute
die entscheidende für alle Leute,
doch so jäh gestellt vor das Problem,
findet man's besonders unbequem.
Ja – man muß auf Bücherglück verzichten,
um sich kartenmäßig aufzurichten.
Ach, wie übel ist es, wird der Geist
vorzugsweise materiell gespeist!

Lili Lorsch

DER BERLINER
12.1.1946

Ehemalige Wehrmachtshelferin beschlagnahmt Brote

Eine ehemalige Wehrmachtshelferin, die 23jährige Elisabeth Sch., gab sich auf dem Schwarzen Markt am Reichstag unter Vorzeigung ihres früheren Dienstausweises als Kriminalbeamtin aus. Sie beschlagnahmte in einem Fall sieben Brote, die eine Frau auf dem Schwarzen Markt erstanden hatte. Die Geschädigte erkannte die Betrügerin wieder, und so konnte jetzt ihre Festnahme erfolgen.

Brotklöße

800 g	Brot
80 g	Grieß
1/2 l	kochendes Wasser
	Salz
etwas	gedünstete Zwiebel
1 Eßl.	frische o. eingesalzene Petersilie

→ **Brot in kleine Würfel schneiden, mit dem Grieß mischen, mit dem kochenden Wasser übergießen, etwa 10 Minuten weichen lassen, Masse mit Gabel gut durcharbeiten, übrige Zutaten zugeben, abschmecken, mit nassen Händen mittelgroße Klöße formen, in kochendes Salzwasser geben und 10 Minuten bei schwachem Feuer garen lassen.**

Semmelschmarren

200 g	Weißbrot
1/4 l	Wasser
Prise	Salz
10–20 g	Eipulver
40 g	Mehl

→ **Weißbrot in Wasser mit einer Prise Salz weich werden lassen, in ein Sieb geben und ausdrücken. Eipulver mit etwas Wasser anrühren, quellen lassen und mit dem Einweichwasser und**

Wenn weder Fett, Wurst noch anderer Brotaufstrich vorhanden war, verwendete man das Brot als Brotsuppe. In Suppenform ließen sich die dürftigen Rationen gut strecken. Auf diese Weise konnte auch trockenes, altes und schlecht schmeckendes Brot als Magenfüller zubereitet werden.

Wir sind damals viel und gern ins Theater gegangen, diese machten ja bald wieder auf. Als „Konfekt" für die Pause röstete mir meine Mutti dann (falls vorhanden) kleine Brotbröckchen zum Knabbern.

(Lotti Keim)

dem Mehl verrühren. Eine große Pfanne leicht einfetten, das Weißbrot hineingeben, den Teig darübergießen und auf schwachem Feuer bräunen. Ist der Schmarren auf einer Seite gut, mit einem Messer zerschneiden und die Stücke unter Wenden fertig backen. Obst, Obstsaft oder Zucker darübergeben.

Brotsuppe

100 g	Brot
	Salz, etwas Pfeffer
20 g	Butter
1/2 l	Wasser

➔ **Das in Streifchen geschnittene Brot, ein wenig Salz und Pfeffer sowie die Butter auf zwei Teller verteilen, mit siedendem Wasser übergießen. Statt Pfeffer ist auch Ingwer ein ausgezeichnetes Gewürz. – Eine andere Art der Zubereitung: Die Brotstreifchen in der Butter mit je 1 Messerspitze Kümmel und Salz braten und dann das kochende Wasser auffüllen.**

Apfel-Brotsuppe

1 l	Wasser
250 g	altes Brot
500 g	Äpfel
100 g	Zucker
30 g	Butter (wenn vorhanden)
1 Stange	Zimt

➔ **Brot, zerschnittene Äpfel und Zimt in Wasser zerkochen lassen, durch ein Sieb streichen, noch einmal etwas Wasser zugeben, die übrigen Zutaten zugeben und tüchtig durchkochen.**

Keksauflauf

Aus der Kekszuteilung läßt sich eine sättigende Mahlzeit herstellen, wenn die Kekse im Fleischwolf gemahlen werden. Wenn das nicht fein genug ist, kann man sie noch durch die Kaffeemühle drehen. Mit diesem Mehl macht man einen Auflauf, der kaum Zucker braucht, weil schon die Kekse leicht gesüßt sind. Eingeweicht und dann gekocht, geben die Kekse auch eine gute Morgensuppe.

Brot mit Streusel

250 g	Milchbrot
50 g	Marmelade
40 g	Butter
40 g	Zucker
40 g	Mehl
1/2 Päck.	Vanillezucker

➔ **Das Milchbrot in Scheiben schneiden und mit Marmelade bestreichen. Die Butter erwärmen. Zucker, Mehl und Vanillezucker mischen, die Butter zufügen, zu Streuseln verarbeiten und auf die bestrichenen Weißbrotscheiben streuen. Backen und frisch verzehren.**

Süßer Brotbratling

1	dicke Scheibe Schwarzbrot
3 Eßl.	Mehl
4 Eßl.	Flüssigkeit

➔ **Das Schwarzbrot würfeln und rösten, Mehl und Flüssigkeit miteinander verquirlen, über das Brot gießen und abbacken. Mit Zucker bestreuen und mit Obsttunke als Nachtisch geben.**

Pikante gebratene Brotscheiben

200 g	Brot
1/8 l	Brühe
1 Prise	Paprika
20 g	Mehl
30 g	Bratfett

➔ **Sehr harte Brotrinde abschneiden oder einkerben. 1/2 Teelöffel gekörnte Brühe oder Brühpaste in kochendem Wasser auflösen. Die Brotscheiben damit anfeuchten, mit ein wenig Paprika bestreuen, in Mehl wenden und auf**

beiden Seiten knusprig braten.
Verfeinerungen: die angefeuchteten Schnitten mit Fischpaste oder geriebener Zwiebel bestreichen, bevor sie in Mehl gewendet werden, oder mit gebratenen Zwiebelringen, Speck- und Apfelscheiben belegen. Ein paar Tomaten, einige Scheiben Gurke oder Rote-Rüben-Salat mit geriebenem Meerrettich dazu essen.

Märkisches Käsebrot

Eine Scheibe grobes Brot mit Butter bestreichen, mit Scheiben von heißen Pellkartoffeln belegen und würzen.

Hausbrot

2 kg	Roggenmehl
1 Teel.	Salz
110 g	gekochte, geriebene Kartoffeln vom Vortag
95 g	Hefe
3/4 l	warmes Wasser

→ **Das Mehl wird mit Salz und Kartoffeln gemischt, in eine Schüssel geschüttet und in der Mitte eine Vertiefung gemacht, in die man die mit warmem Wasser aufgelöste Hefe gießt. Der Teig wird mit dem Wasser durchgearbeitet und muß, gut zugedeckt, an einem warmen Ort aufgehen. Dann füllt man ihn in eine gefettete Kastenform, die aber nur halb gefüllt werden darf. In der Form noch einmal eine Stunde gehen lassen und dann bei guter Mittelhitze backen.**

Ich bekam von zu Hause für den ganzen Arbeitstag zwei Scheiben Brot mit. Ein bißchen Salz dazwischengestreut, wenn es hoch kam, Zucker. Wenn es ganz hoch kam, dann war Fleisch drauf. Was wir an Fleischzuteilung bekamen, hat meine Mutter zusammen mit dem Essen gekocht. Das hat sie dann herausgenommen und in dünne Scheiben geschnitten. Das bekam ich dann aufs Brot. Auf meiner Arbeitsstelle, einem Blumenladen in der Mauerstraße in Berlin-Mitte, hatte ich einen ollen Küchenwecker, den ich auf die Hälfte meiner Arbeitszeit einstellte. Wenn er dann klingelte, aß ich meine zwei Scheiben Brot.
Man las und hörte oft, daß sich Leute wegen des Essens erschlugen. Zank deswegen war in den Familien ziemlich häufig. Sogar unsere Großeltern, die seit fast fünfzig Jahren in Liebe verbunden gewesen waren, hatten deswegen Kummer. Eines Abends, als sie zu Bette gingen und der Opa sein Nachthemd anzog, fiel ein Stück Brot herunter. Er hatte es sich ganz heimlich abgeschnitten und unter den Arm geklemmt, um es nachts zu essen. Hunger tut eben weh.

(Frank-Ulrich Reisser)

Jeden Sonntag gingen wir in die Kirche an der Taborstraße in Kreuzberg. Es waren viele alte Menschen und Frauen, die ganz armselig aussahen. Es wurde viel geweint, der Mann war gefallen oder vermißt, die Kinder krank, das alles belastete die Menschen schwer. Wurde dann am Ende des Gottesdienstes das „Vaterunser" gebetet, dann klang das zunächst ganz monoton. Aber an der Stelle „Unser täglich Brot gib uns heute" ging ein Schluchzen und Weinen durch den Raum, daß es einem das Herz umdrehte. Der Hunger und der Wunsch nach einem Stück Brot waren momentan wichtiger als das himmlische Seelenheil.

(Charlotte Kelm)

DER TAGESSPIEGEL
23.1.1947

Salz mit Schönheitsfehlern

Die Feststellung Friedenauer Kaufleute, sie hätten Kalisalz anstelle von Speisesalz erhalten, nahm die „Arbeitsgemeinschaft der Medizinalberufe im FDGB" zum Anlaß, das Hauptemährungsamt um einen Umtausch dieses Salzes zu bitten. Wie uns vom Hauptemährungsamt versichert wurde, handelt es sich jedoch nicht um Kalisalz, sondern um ein besonders fein ausgemahlenes Steinsalz aus der Saline Friedrichshall in Württemberg. Es wird von der amerikanischen Besatzungsmacht als ihr Anteil an der Salzversorgung Berlins geliefert. Die schwarzen Körnchen im Salz seien lediglich ein „Schönheitsfehler", und die Ware sei keinesfalls gesundheitsschädlich.

Kartoffelbrot

300 g	Mehl
150 g	rohe, mit der Schale geriebene Kartoffeln
200 g	Nährhilfe-Pulver
50 g	Kaffee-Ersatz
	Salz
1/2 Päck.	Backpulver oder
2 gestr. Teel.	Hirschhornsalz

➜ **Hirschhornsalz mit Flüssigkeit wie Wasser, Molke oder Gemüsewasser anrühren und alle Zutaten zu einem festen Teig verrühren. Ca. 1 Stunde backen. Dieses Brot sättigt und schmeckt gut. Es kann in dünne Scheiben geschnitten und wie Pumpernickel gegessen werden.**

– Roland von Berlin – 6.7.1947 –

Salzballade eines Junggesellen

Mir mangelt es an vielen Dingen.
Nie komm' ich mit den Marken aus.
Ich kann ein Liedchen davon singen.
Doch eines hab ich stets im Haus.

Um eines bin ich nie verlegen.
Es hängt mir beinah schon zum Hals.
Es ist schon gar nicht mehr ein Segen.
Ach, hätt ich alles so wie – Salz!

Mein Salzstandard ist unvergleichlich.
Ich halte da wohl den Rekord.
Hab ich sonst nichts – Salz hab ich reichlich.
Salz ist mein einziger Komfort.

Ich salz' die Suppe mir am Morgen.
Ich streue Salz aufs Abendbrot.
Ich könnte Salz sogar verborgen.
Doch scheint kein Mensch um Salz in Not.

Noch nie hab' ich am Baum gelesen,
Daß jemand Salz eintauschen will.
Ich wär sofort bei ihm gewesen:
„Hier hast du Salz, mein Freund! Sei still!"

Ich hab' im Laufe der Dekaden
Schon siebzehn Tüten Salz erspart.
Ich nehm' das Salz jetzt schon zum Baden.
Ich pudre mir damit den Bart.

Ich kann mein Salz gar nicht verbrauchen.
Ich mache daraus Fensterkitt.
Ich wollt's schon in der Pfeife rauchen
Und nahm mir Salz bei Glatteis mit.

Ich weiß, die Suppen schmecken weichlich,
Ist nicht 'ne Prise Salz dabei.
Mir aber hat man schon zu reichlich
Versalzen meinen Lebensbrei.

Ich schwitze Salz. Und wenn ich weine,
Sind meine Tränen salzgefüllt.
Ich habe auch schon Nierensteine,
Und Salz ergab das Röntgenbild.

Und auch die Steuern sind gesalzen,
Gesalzen ist, was man sich sagt.
Kein Mensch kann heut mehr richtig – balzen.
Die Seele ist vom Salz zernagt.

rechte Seite:
Nahrungsquellen in Wald
und Feld
vgl. Seite 61 ff.

Auch für den größten Salzgenießer
Wird Wohltat schließlich nur Verdruß.
Ach, wär sie doch ein bißchen süßer,
Die Suppe, die man löffeln muß!

Kurt R. Neubert

Brotaufstrich

– Für Dich – 3.11.1946 –

Ein besonders schwieriges Kapitel für die Hausfrau ist die Frage des Brotaufstrichs, besonders wenn sie ihren Angehörigen Brote in die Arbeitsstätten mitgeben muß. Fett, Wurst, Fleisch, Käse stehen

45 Wiederaufbau
ft 3 der deutschen Ernährung

Zusätzliche Nahrungsquellen in Wald und Feld

usgegeben vom Jnstitut für Ernährung
erpflegungswissenschaft Berlin-Dahlem

Institut für Ernährung
und
Verpflegungswissenschaft
<u>Abt.: II/1 Frl.Weichan</u> Fr.6.115746

Berlin-Dahlem, den 23. Oktober 1946
Thielallee 69/73
Fernruf: 76 1942
Dö.

Herrn
Herbert K ö p p
<u>Berlin - Charlottenburg 4</u> Gerviniusstraße 19

<u>Betr.:</u> Ihre Anfrage vom 13. Oktober 1946.

Eichelmehl enthält außer Gerbsäure keine schädigenden Bestandteil Deshalb bestehen auch keinerlei Bedenken gegen eine Verwendung zum Binden und Dicken der Speisen. Es ist jedoch darauf hinzuweisen, daß ein dauernder Gebrauch sich auf die Verdauung ungünstig auswirken kann. Di Gerbsäure verursacht nämlich eine Verminderung der Gleitfähigkeit im Darm und als Folge davon sind häufig Verstopfungserscheinungen festzustellen. Gegen eine Verwendung als Eichelkaffee ist nichts Nachteilige einzuwenden. Die Bedeutung des Eichelmehles ist nährwertmäßig gering.

I.A.

Weichan

entweder gar nicht oder nicht in genügender Menge zur Verfügung. Wir müssen uns deshalb immer wieder neue Wege erdenken, um die Brote wohlschmeckend und sättigend zu gestalten.

Pfadfinderpaste

1 Teel.	Fett
1	mittelgroße Zwiebel
4 Eßl.	Hefeflocken
	Wasser oder Milch

➔ **Zwiebel in Fett goldgelb rösten. Die Hefeflocken in Wasser anrühren und an die geröstete Zwiebel geben. Unter ständigem Rühren 15 Minuten kochen. Vom Herd nehmen. Entweder mit Fertiggewürz (Schloßgewürz oder Gulaschgewürz) oder 2 Teelöffeln Tomatenpüree würzen. Auch eine Prise Zucker oder Paprika kann Geschmack verleihen. Wer gehamstert hat, nimmt echte oder falsche Worcestersoße.**

Zwiebel-Brotbelag

Daß Zwiebeln sehr gesund sind, weiß jedermann. Daß sie aber zu trockenem Brot sehr gut schmecken, sollten Sie einmal probieren: Sie bestreuen das trockene Brot mit kleingehackten Zwiebeln und streuen dann je nach Geschmack geriebenen Majoran, Pfefferersatz oder Salz darauf.

Falsche Mettwurst

	Getreidekörner
1 Stk.	Sellerie
	Salz
	Tomatenmark
	Muskatblüte (Ersatz)

➔ **Die Körner mit Sellerie und Salz kochen und lange genug ausquellen lassen. Halb erkaltet durch den Wolf drehen, mit den anderen Zutaten mischen und abschmekken. Aufs Brot streichen. Man kann die Masse fertig abgeschmeckt auch noch braten und erkaltet aufs Brot legen.**

Brotaufstrich mit Wildgemüse

20 g	Fett
40 g	Mehl
1/4 l	Wasser oder Brühe
	Salz
2 Eßl.	geriebene Semmeln oder Brot
3 Eßl.	feingewiegtes Wildgemüse
1	feingewiegte Zwiebel

➔ **Dicken Mehlbrei herstellen, geriebene Semmeln zugeben, Wildgemüse und Zwiebel zufügen und abschmecken.**

Liptauer Käse

50 g	Margarine
50 g	Zwiebel
1 Prise	Kümmel, Zucker, Paprika, Salz
1 Eßl.	Senf
200 g	Quark

➔ **Die Margarine sahnig rühren, feingewiegte Zwiebel, Kümmel, Paprika, Zucker, Salz, Senf und den möglichst durchgestrichenen Quark mit der Margarine vermischen. Bergartig angerichtet mit dem Messer verzieren.**

Meine Tante arbeitete in einem Milchgeschäft und durfte die Reste aus den riesigen Schüsseln mit Quark mit nach Hause bringen. Sie machte daraus die phantasievollsten Brotaufstriche. Sie strich den Belag dünn auf Brote und verzierte mit einer Gabel die Oberflächen. Da gab es Kreise, Schlangenlinien und Gitter, was wir Kinder immer besonders schön fanden. Später wurde auch die Käsetorte so verziert.

(Nelly Kelm)

linke Seite:
Gutachten über Eichelmehl
vgl. Seite 84

Quarkaufstrich

Grundmasse:

3–4 Eßl. Milch
125 g Quark oder Buttermilch

→ **Den Quark durch ein Sieb streichen und mit der Flüssigkeit glattrühren.**

Dann mit verschiedenen Beigaben mischen:

Tomatenquark:

2–3 Teel. Tomatenmark
etwas geriebene Zwiebel oder Lauch
Salz und Zucker nach Geschmack

Rettichquark:

1 Eßl. geriebenen Rettich, Salz

Sauerkrautquark:

125 g Sauerkraut
1 kl. Zwiebel
Kümmel, Salz

→ **Sauerkraut fein wiegen, geriebene Zwiebel zugeben und abschmecken.**

Quark mit roten Rüben:
Roh geriebene rote Rüben mit etwas Meerrettich, Basilikum oder Kümmel mischen.

Spar-Quark

1/2 l Wasser
2 Eßl. Grieß
250 g Quark
Zwiebel oder Schnittlauch
Salz

→ **Grieß in kaltem Wasser anrühren und etwa 1/2 Stunde stehenlassen. Den Rest des Wassers zum Kochen bringen. Grieß einlaufen lassen, gar kochen und salzen. Der Grieß dickt beim Erkalten sehr stark nach. Den Quark mit dem kalten Grießbrei und Zwiebel oder Schnittlauch mischen. Man kommt so mit der halben Quarkmenge aus, und der Geschmack ist vom ungestreckten Quark nicht zu unterscheiden.**

Kartoffel-Zwiebel-Aufstrich

4 gekochte Kartoffeln vom vorigen Tag reiben, den Brei mit einer reichlichen Portion vorher gebräunter Zwiebeln vermengen, Salz, Pfeffer, etwas Senf hinzufügen. Ist der Aufstrich zu fest, mit etwas Milch oder Molke verdünnen.

Hülsenfrucht-Aufstrich

250 g Hülsenfrüchte (Erbsen oder Bohnen, evtl. auch halb und halb)
20 g Fett
1 Zwiebel
1 Eßl. feingewiegte Kräuter
evtl. 1–2 Scheiben Wurst
1 roh geriebener Apfel

→ **Hülsenfrüchte tags zuvor einweichen, mit dem Einweichwasser am nächsten Tag garen, Masse durch ein Sieb streichen, mit feingewiegter, in Fett gedünsteter Zwiebel und Salz vermengen, mit Kräutern abschmecken oder geröstete Wurst oder roh geriebenen Apfel zugeben.**

Das beliebteste Rezept der Nachkriegszeit war zweifellos das „falsche Schmalz", auch „Schummelschmalz" oder „Stalinbutter" genannt, und die „falsche Leberwurst", die lediglich das Gewürz Majoran mit der echten Leberwurst gemein hatte. Jede Familie oder Hausgemeinschaft hatte ihr Geheimrezept. Zur Grundsubstanz gehörten eine dicke Mehlpampe, frische Hefe oder Hefeflocken, Zwiebeln, Salz und viele Gewürze.

Wir waren sechs Geschwister und hatten immer Hunger. Wenn wir nach der Schule unsere Schwestern aus dem Kindergarten abholten und die Treppe heraufstürzten, galt der erste Blick dem Küchentisch. Dort hatte unsere Mutti für jedes Schulkind 2 Scheiben und für jedes Kindergartenkind 1 Scheibe Brot hingelegt. Und dann stand da ein kleiner grauer Steintopf mit der Aufschrift „Schmalz". Wir mußten den Inhalt ganz dünn auf das Brot schmieren, damit es reichte. Erst Jahre später haben wir gemerkt, daß echtes Schmalz ganz anders schmeckt als der gekochte, gesalzene Hefe-Grießbrei.

(Ute Klein)

Für das Frühstück im Kindergarten bekamen meine Schwester und ich eine Scheibe Brot mit Leberwurst mit. Die Stulle wurde in die Umhängetasche gepackt, und so zogen wir los. Ich fürchtete mich schon, bevor wir um die nächste Ecke bogen, weg vom Blickfeld der Mutter, weil sich oft folgendes ereignete. Überfallartig stürzte sich meine Schwester auf meine Tasche, riß mein Brot heraus und vor mir herrennend, stopfte sie das Brot in sich hinein, und ich lief heulend, wütend und hilflos hinter ihr her. Heute kann man sich dieses unruhige, ziehende Hungergefühl gar nicht mehr vorstellen, dieser Zustand, von dem man nicht wußte, wann und womit oder ob er überhaupt befriedigt werden konnte. Diese ständige Gier rief dann solche Handlungen bei uns Kindern hervor, obwohl wir uns sehr mochten und uns ganz gewiß nicht wehtun wollten.

(Brunhild Tausch)

Falsches Schmalz mit Öl

Einem Eßlöffel Öl setzt man drei bis vier Eßlöffel Mehl hinzu, verdünnt das Ganze mit einem Viertelliter Wasser, schmeckt mit Salz und Majoran ab, kocht die Masse auf, bis sie dick ist (etwa 10 Minuten).

Falsches Schmalz ohne Öl

Kleingeschnittene Zwiebeln in 1/4 Liter Wasser geben, zwei Eßlöffel Grieß hinzu und alles gut durchkochen lassen. Mit Salz, Pfeffer und Majoran abschmecken.

Falsche Leberwurst

30 g Fett
1 kl. Zwiebel
50 g Hefe
2 Eßl. Semmelmehl oder Haferflocken
1/8 l Wasser
Kümmel oder Majoran

➔ **Fett und Zwiebel dünsten, Hefe zerbröseln, mit den anderen Zutaten aufkochen lassen und kräftig abschmecken. Es kann auch ein halber geriebener Apfel zugesetzt werden. Mit viel Majoran gewürzt, erinnert die Masse an Leberwurst.**

Streckbutter

20 g Fett
20 g Mehl
4 Eßl. Milch
40 g Butter

➔ **Aus Fett, Mehl und Milch eine Mehlschwitze herstellen. Die Butter sahnig rühren und löffelweise in die Masse geben. Kräftig mit Selleriesalz abschmecken.**

Brotaufstrich mit Hefepulver

50 Gramm Grieß, Maisgrieß oder durch die Kaffeemühle gedrehte Gerstenflocken trocken gelblich rösten, mit 1/2 Liter Wasser ausquellen, mit Salz und Kräutern würzen und 75 Gramm geröstetes Nährhilfe-Pulver daranrühren, ohne kochen zu lassen.

Brotbelag aus Äpfeln und Meerrettich

Äpfel und Meerrettich reiben und vermischen.
Auf Röstbrot streichen.

Kaffeeaufstrich

1 Tasse gemahlener Kaffee-Ersatz
1 Tasse gekochten Kaffee (Ersatz)
2 Eßl. gebräuntes Mehl
2 Eßl. Zucker

➔ **Zutaten mischen, aufkochen, bei gelindem Feuer so lange stehen lassen, bis das Mehl ausgequollen ist.**

Kaffeeaufstrich mit Zuckerrüben

1 Tasse	gekochten Kaffee
1 Tasse	geriebene Zuckerrüben
2 Tassen	gemahlener Kaffee-Ersatz
2 Eßl.	Mehl
	Aroma

➔ **Zuckerrüben mit dem Wasser gar kochen. Kaffee-Ersatz mit dem Mehl mischen und unter die Masse rühren. Kochen und ausquellen lassen. Mit Pflaumenmusgewürz oder Pfefferkuchengewürz abschmecken.**

Melasseaufstrich

1 Tasse	Melasse
1 Tasse	Kaffeegrund (Ersatzkaffee)
1 Tasse	Mehl
	Zimtersatz
	Süßstoff

➔ **Mehl in Wasser glattrühren und mit den übrigen Zutaten mischen, aufkochen lassen und würzen.**

DER KURIER
17.12.1945

Brotaufstrich

In einer Pressekonferenz, von der Zentralverwaltung für Handel und Versorgung berufen, wurden interessante Ausführungen über verschiedene Gebiete der Lebens- und Genußmittelversorgung in der sowjetischen Zone übermittelt. (...) Daß der Bevölkerung der sowjetischen Zone seit dem 1. November tagtäglich 30 g Brotaufstrich auch nachträglich zustehen, ist bekannt. Dieser soll auch in Kürze zur Ausgabe gelangen, und zwar in Form zweier verschiedener natürlicher Produkte. In dem einen Fall ergibt die Verwendung von Molke unter Beifügung von Zucker eine Art milchigen Kunsthonig. Im zweiten Fall handelt es sich um ein auch in Pulverform zu beziehendes Erzeugnis, bestehend aus einer Gelierung von erhitztem Roggenmehl und entöltem Raps unter Zufügung von Zucker. Dieses Erzeugnis enthält etwa 40% Eiweiß. Es kann nach Belieben unter Hinzufügung von Wasser und Zucker gestreckt werden. Da es geschmacklich neutral ist, besteht die Möglichkeit, durch Hinzufügung von Aroma den Geschmack beliebig zu variieren.

DER KURIER
30.1.1946

Lt. Meldung vom 30. Januar wurde die Ausgabe von Brotaufstrich ab 1. Februar 1946 eingestellt. Der Grund: Klagen wegen unterschiedlicher Behandlung der Bevölkerung.

– Roland von Berlin – 31.8.1947 –

Der Brotaufstrich

Dieses würzige Gemisch
nennt sich prima Brotaufstrich,
frei verkäuflich ohne Marken,
äußerst dienlich zum Erstarken.

Er besteht aus Raps und Mohn,
was bekanntlich, wie man schon
oft gehört in unsren Tagen,
äußerst dienlich für den Magen.

Weil das Vieh ihn ließe stehn,
ist man reich damit versehn,
denn der Mensch läßt sich belehren,
was ihm dienlich zu verzehren.

Wenn er auch nicht immer schmeckt,
wird dank ihm das Fett gestreckt,
oder auch die Marmelade –
ein Behelfsgeschenk der Gnade.

Außerdem ist er an sich
sparsam, dieser Brotaufstrich,
weil er niemand tut verführen,
allzu dick ihn aufzuschmieren.

Mancher geht sogar zu weit
im Gebrauch der Sparsamkeit,
läßt sich nicht von ihm verlocken
und verspeist die Stulle trocken.

Lilli Lorsch

Getreide und Mehl:
Getreide – ganze Körner

Eine zusätzliche Mahlzeit bot ein Säckchen selbstgestoppeltes Getreide. Allerdings war der Aufwand beträchtlich: Zu Fuß, per Fahrrad oder mit dem Zug mußten viele Kilometer ins Berliner Umland zurückgelegt werden, um ein reifes Kornfeld zu finden. Der richtige Zeitpunkt war wichtig. Erst wenn die Bauern das Getreide geerntet hatten, durfte die hungrige Großstadtmeute sich auf das Feld stürzen, um die liegengebliebenen Ähren aufzusammeln. Mühsam und für die Großstädter ungewohnt war auch das Entspelzen der Körner.

siehe Abb.: Es muß nicht immer Weizenmehl sein vgl. Seite 89

Zum Frühstück: Auf einem abgeernteten Feld wurden Ähren gestoppelt. Die Ähren kommen in einen Sack und werden getreten oder geschlagen, bis sich die Körner lösen. Dann kommen Körner und Hacheln in eine weite flache Schüssel, und die Hacheln werden beim Schütteln

Müsli

8 Eßl.	Haferflocken oder Schrot (Rückstand beim Sieben von selbstgemahlenem Mehl)
1/4–3/8 l	Wasser oder Milch
200 g	Obst oder Möhren, Kohlrabi o.ä.
1–3 Eßl.	Zucker oder 1 Tabl. Süßstoff (aufgelöst)

➔ **Haferflocken oder Schrot mit der Flüssigkeit über Nacht einweichen, am nächsten Morgen mit dem zerkleinerten Obst oder Gemüse vermengen, mit Zucker oder Salz abschmecken.**

Würzige Frühstückssuppe

1 Eßl.	Mehl
4 Eßl.	Hefepulver
4 Eßl.	Grieß, Graupen oder Haferflocken
1 1/2 l	Wasser

➔ **Mehl und Hefepulver in etwas Fett goldbraun anrösten, Grieß o.ä. dazugeben, durchrösten, mit Wasser auffüllen, ausquellen lassen und mit gewiegter Petersilie anrichten.**

Quellkörner

Die ganzen Körner, die 24 Stunden eingeweicht werden müssen, ergeben eine gesunde, sättigende Mahlzeit. Am besten quillt man sie in der Kochkiste aus. Wenn die Körner 5–10 Minuten gekocht sind, schlägt man den Topf in mehrere Schichten Zeitungspapier ein und stellt ihn in die Kochkiste. Die Körner müssen genügend Flüssigkeit haben, damit sie quellen können. Mit Salat oder Gemüse ergeben sie ein sättigendes Gericht.

der Schüssel ausgeblasen. Die Körner werden dann in Omas Kaffeemühle grob durchgemahlen. Das Schrot in Wasser weichkochen. Für die Frühstückssuppe kann man (würzig) Brühwürfel oder (süß) etwas Milch und Süßstoff dazugeben.

(Lothar Wenzel)

Von dieser Zeit in Erinnerung geblieben ist mir das Frühstück, mit dem wir Kinder und die Kaninchen (!) aufgepäppelt wurden. Auf den Feldern gesammelte Getreidekörner wurden auf dem Ofen geröstet, in einer Kaffeemühle gemahlen, mit heißem Wasser übergossen, das war Malzkaffee. Meine Mutter aromatisierte ihn mit etwas Milch und einer Spur Zucker. Wir Kinder bekamen jeden Morgen einen Teller mit Brotbröckchen, über die ein Schluck von diesem „Kaffee" gegossen wurde. (Die Kaninchen bekamen das Ganze als Brei serviert.) Alle entwickelten wir uns prächtig mit diesem „Kraftfutter".

(Gisela Adib)

DER TAGESSPIEGEL
30.7.1947

Gestoppelt und bescheinigt

Wer in diesem Jahre Getreide erarbeitet oder gestoppelt hat und es bei einer Mühle umtauschen will, muß ihr eine Bescheinigung von dem Bürgermeister des Ortes vorlegen, in dem das Getreide erworben wurde. Aus ihr muß hervorgehen, daß es sich um freie Spitzen, um erarbeitetes oder gestoppeltes Getreide handelt.

Oskar hatte Verbindungen zum Lebensmittellager im Haus Friedland (heute Hertie). Von dort bekam er vom Fußboden aufgefegtes Mehl, sogenanntes Fußmehl. Wir freuten uns darüber und kochten eine schöne Klütersuppe. Sie war jedoch einfach nicht herunterzubekommen. Sie schmeckte zu sehr nach Dreck. Mir wird noch heute schlecht, wenn ich daran denke.

(Frank-Ulrich Reisser)

Schrotklöße

1/2 l	Milch oder Brühe
100 g	Grieß
150 g	Schrot
	Eiaustauschmittel
	Salz

→ **Die Flüssigkeit wird zum Kochen gebracht und das angerührte Schrot mit dem Grieß zusammen hineingegeben. Man läßt die Masse so lange ausquellen, bis sie sich vom Topfboden löst. Nach dem Abkühlen gibt man das Eiaustauschmittel hinzu und schmeckt die Masse gut ab. Man formt nicht zu große Klöße, die man in kochendem Salzwasser gar ziehen läßt.**

Böhmische Knödel

500 g	Mehl
1 Fl.	Selters
2	Brötchen
	Salz, Gewürz

→ **Mehl sieben, mit Selterswasser und gewürfelten, gerösteten Brötchen vermengen, Teig gut schlagen, würzen, abschmekken, mit dem Löffel Knödel abstechen, in kochendes Salzwasser geben, 10–15 Min. ziehen lassen. Man kann auch den ganzen Teig ins kochende Wasser geben, 3/4 Stunde langsam kochen lassen, beim Herausnehmen gut abtropfen lassen und in Scheiben geschnitten anrichten.**

Mehlknöpfchen

250 Gramm Mehl mit etwas Wasser zu einem zähen, festen Teig verarbeiten und ca. 20 Minuten ruhen lassen. Wasser aufkochen, mit zwei Teelöffeln kleine Klöße von der Masse abstechen und in das sprudelnde Wasser geben und ca. 5 Minuten ziehen lassen. Paßt gut zu Apfelmus oder Brennesselgemüse.

Maismehl

Im amerikanischen und britischen Sektor wurde anstelle von Weizen- und Roggenmehl häufig Maismehl ausgegeben. Die Berliner bezeichneten dieses Nährmittel als „Hühnerfutter" und konnten sich schwer damit anfreunden. Teilweise bestanden 17% der Mehlbestandteile des Brotes aus Maismehl. Das in den Bäckereien hergestellte Maisbrot war feucht, klebrig und lag schwer im Magen.

Die Lieferungen aus den USA sollen auf einen Übersetzungsfehler zurückzuführen sein. Auf die Frage der zuständigen amerikanischen Besatzungsoffiziere an die deutschen Verwaltungsbeamten, was die Bevölkerung am dringendsten brauche, hatten sie geantwortet: Korn! Brotgetreide fehlt uns am meisten. Der Dolmetscher hatte „Korn" mit „corn" übersetzt, was im Englischen umgangssprachlich tatsächlich „Getreide" bedeuten kann, in Amerika aber normalerweise für „Mais" verwendet wird. So wurde in großen Mengen Mais statt Getreide nach Deutschland geliefert.

– Der Haushalts-Brief – August 1947 –

Maisvollmehl, Maisgrieß und geröstetes Maismehl, wie sie zur Zeit in Berlin ausgegeben werden, zeichnen sich gegenüber anderen

Maiserzeugnissen durch hohen Fettgehalt aus. Maiserzeugnisse sind sehr quellfähig, also sehr ergiebig. Die gelbe Farbe gibt den Speisen ein appetitliches Aussehen.

Maissuppe

1/2 Liter Wasser oder Milch aufkochen, durch eine Spritztüte mit abgerissener Spitze 2 Eßlöffel Maisgrieß einrieseln lassen und unter ständigem Schlagen mit dem Schneebesen verteilen. Danach etwa 15 Minuten quellen lassen. Mit Salz, grünen Kräutern oder mit Zucker oder Süßstoff abschmecken.

Quarktorte aus Maisgrieß

Maisgrieß hat sich wenige Freunde erworben. Wir können aus ihm aber ein wohlschmeckendes, der beliebten Quarktorte ähnliches Gebäck bereiten. Wir stellen uns irgendeinen Knetteig her und füllen mit ihm eine Springform als Tortenboden. Dann wird eine Tasse Maisgrieß in vier Tassen Molke zwei Stunden gequollen, anschließend werden zwei bis drei Eßlöffel Zucker und eine Prise Salz hinzugefügt und zu einem Brei verkocht, der abkühlen muß. Nach Untermischung von einem Teelöffel Backpulver wird die Masse in eine Springform getan und abgebacken.

Eierkuchen aus Maismehl

60 g	Maismehl
65 g	Weizenmehl
1/4 l	Flüssigkeit (Wasser, Molke, Milch)
	Prise Salz

➔ **Alles verrühren, quellen lassen und mit wenig Fett in der Pfanne backen.**

Maisplätzchen mit Schuß

In kochendes Wasser oder Magermilch, nach Geschmack mit Zucker, Aromen, Zimtersatz, Pfefferminz und einem Gläschen Schnaps gewürzt, schüttet man soviel Maismehl, daß daraus ein fester Teig entsteht, den man abkühlen läßt und zu einer Wurst formt. Hiervon schneidet man fingerdicke Scheiben, wälzt sie in Mehl und backt sie in wenig Fett auf beiden Seiten in der Pfanne braun. Über die fertigen Plätzchen streicht man etwas Obstmus oder bestreut sie mit Zucker.

Maismehlhügelchen

250 g	Maismehl
3 Teel.	Backpulver
75 g	Zucker
5–6 Eßl.	Flüssigkeit
1 Prise	Salz
	Aroma

➔ **Maismehl mit Backpulver sieben und mit den übrigen Zutaten vermischen. Der Teig darf nicht zu fest sein. Auf ein gefettetes Blech mit 2 Teelöffeln Teighügelchen aufsetzen, mit den Händen etwas nachformen und bei starker Hitze etwa 15 Minuten backen.**

DER TAGESSPIEGEL 30.12.1947

Entbittern mit Wasser

Auf Nährmittelkarten werden jetzt oft Maismehl und Maisgrieß verteilt. Diese Erzeugnisse haben häufig einen bitteren Geschmack. Die Ursache dafür ist, daß die Eigenfette der Maiserzeugnisse, wenn sie mit Luft und Licht in Berührung kommen, ranzig werden. Wie das Institut für Ernährung und Verpflegungswissenschaft mitteilt, kann die Hausfrau den bitteren Geschmack wenigstens teilweise selbst beseitigen. Das Maismehl muß eingeweicht werden (...). Nach 12 Stunden wird das Wasser (...) abgegossen. Der Nährstoffverlust (...) ist verhältnismäßig gering.

Kartoffelwalzmehl

Ein erhebliches Problem stellte die Lagerung der Kartoffelernte dar. Um die Vorräte vor dem Verderben zu schützen, wurden Trockenkartoffeln industriell hergestellt. Anstelle von Roggen- oder Weizenmehl gab es auf Abschnitte der Lebensmittelkarten häufig Kartoffelwalzmehl, mit dem sich die Berliner schwertaten. Eine Fülle von Rezepten wurde in den Tageszeitungen verbreitet, um dieses Produkt den Hausfrauen „schmackhaft" zu machen.

Kartoffelwalzmehl bestand aus gargedämpften und zerkleinerten Kartoffeln, die auf dampfgeheizten Rollen dünn ausgewalzt, getrocknet und danach vermahlen wurden.

Mit Kartoffelwalzmehl gebundene Gemüsesuppe

Das Kartoffelwalzmehl in heißes Wasser einsieben und gut verquirlen, damit sich keine Klumpen bilden. 30 Gramm Kartoffelwalzmehl reichen für 1/2 Liter fertige Gemüsesuppe zum Andicken.

Kartoffelklöße aus Kartoffelwalzmehl

750 g roh geriebene Kartoffeln
375 g Kartoffelwalzmehl
1 Teel. Salz

➔ **Die roh geriebenen, ausgedrückten Kartoffeln mit Kartoffelwalzmehl und Salz vermischen, wobei man so viel von dem vorher ausgedrückten Kartoffelwasser hinzufügt, wie zur Geschmeidigmachung notwendig ist. Der Teig soll aber ziemlich fest sein. Eventuell gibt ein Löffel Grieß eine besonders gute Bindung. In kochendem Salzwasser ziehen die Klöße in kurzer Zeit gar.**

Falsche Schokoladensuppe

1/2 l Wasser
40 g Zucker
60 g Kartoffelwalzmehl

➔ **Der Zucker wird ganz leicht angefeuchtet, unter Umrühren hellbraun geröstet, das Walzmehl kommt dazu und wird ebenfalls angeröstet. Mit Wasser auffüllen und alles zusammen kurz aufkochen. Mit Salz abschmecken. Als Einlage Röstbrotwürfel oder als Beikost Röstbrot.**

Hafermehl

Als Ersatz für Weizenmehl wurde Hafermehl produziert. Hierbei wurde das Äußere des Haferkerns mitgemahlen. Der Geschmack war etwas bitter und nicht süßlich angenehm wie bei Haferflocken. Hafermehl hatte einen hohen Eiweiß- und Fettgehalt, mußte jedoch

Fleischklößchen mit Hafermehl

4 1/2 Eßl. vorgequollenes Hafermehl
1/4 l Wasser
1–2 Eßl. Büchsenfleisch oder feingewiegte Wurst

→ **Hafermehl zu einem festen Brei kochen, Fleisch oder Wurst untermischen. Mit nassen Händen kleine Klößchen formen und in kochendem Wasser garen.**

mindestens 15 Minuten vorgequollen werden. Es eignete sich als Kindernahrung und sättigende Morgensuppe.

Gestreckte Marmelade mit Hafermehl

1/2 l Wasser
1 Prise Salz
3 Eßl. Zucker
4 Eßl. Hafermehl
1–2 Eßl. Marmelade

→ **Wasser, Salz, Zucker und vorgequollenes Hafermehl aufkochen und 15 Minuten ausquellen lassen. Die Marmelade zugeben und gut durchmischen. Ist die Marmelade sehr süß, kann mit Zucker gespart werden.**

Einlaufsuppe

1/2 l Knochen- oder Gemüsebrühe
30 g umgewandeltes Roggenmehl
4–5 Eßl. Wasser
Salz, Muskatersatz
frische oder getrocknete Kräuter

→ **Aus Mehl, Salz, Gewürzen und Wasser einen dünnen Pfannkuchenteig herstellen. Den Teig durch einen Durchschlag in die kochende Brühe geben und 3 Minuten ziehen lassen.**

Roggenmehl

Traditionell wurde Roggenmehl in der häuslichen Küche kaum verwendet. In Friedenszeiten verbrauchten Bäckereien das dunkle Mehl für die Herstellung von Schwarzbrot und Pumpernickel. In den Nachkriegsjahren gab es jedoch bei der Nährmittelzuteilung überwiegend Roggenmehl, mit dem sich die Hausfrauen schwer anfreunden konnten. Es schmeckte bei der Zubereitung von Suppen, Mehlspeisen oder Kuchen etwas kratzig und bitter. In Zeitschriften und Rezeptheften wurde deshalb die Umwandlung in küchenfertiges und geschmacksneutrales Mehl propagiert.

Umwandlung von Roggenmehl zu Roggenküchenmehl

Man benötigt dazu tiefe und recht breite Töpfe, tiefe Stielbratpfannen, Fettauffangschalen oder Backbleche mit Rand. Das Gefäß bis zu einem Viertel (höchstens einem Drittel) seiner Höhe mit Roggenmehl oder Roggenschrot füllen und auf die Kochstelle (Kohle, Gas, Strom) setzen. Das Erhitzen des Mehles unter ständigem Umrühren mit einem geeigneten Holzlöffel oder Schwenken oder Umschütteln durchführen. Mehl oder Schrot werden bis zu einer Temperatur von etwa 140 Grad Celsius erhitzt. Ohne Thermometer kann man mit dem Handrücken feststellen, ob die richtige Temperatur erreicht ist: Den Handrücken kurz und leicht auf das erwärmte Mehl drücken. Wird das Mehl als zu heiß für den Handrücken empfunden, so ist der richtige Wärmegrad erreicht.

Salzige Brotaufstriche aus Roggenmehl

Zunächst eine Grundmasse aus 1/4 Liter Wasser und 30 Gramm umgewandeltem Roggenmehl herstellen. Wasser zum Kochen bringen und das kalt angerührte Mehl einrühren, aufkochen, 3 Minuten ausquellen und unter dauerndem Schlagen erkalten lassen. Mit Tomatenmark, verschiedenen Kräutern, Zwiebeln und Thymian, Fleisch- oder Fischresten verfeinern.

DER KURIER
24.7.1946

Specksoße aus geröstetem Mehl

Leiter und Personal von Großküchen, Krankenhäusern und Werkküchen werden zu Lehrgängen eingeladen, um mit neuen Rezepten und Ersatzstoffen bekannt gemacht zu werden.
„Der Geruch nach Schinken, (...) ist ein frommer Betrug zugunsten des besseren Geschmacks. Hier werden nämlich Soßen aus geräuchertem Mehl probiert. Geräuchertes Hafermehl, Weizenmehl, Kartoffelwalzmehl, geräuchertes Roggenmehl steht in kleinen Schalen bereit. Für den Privatgebrauch läßt es sich leider kaum herstellen, weil die Mengen zu klein sind, um eine Schlächterei mit Rauchfang deswegen in Anspruch nehmen zu können. Wer aber in den nächsten Wochen in einer Gaststätte eine Soße vorgesetzt bekommt, die so angenehm nach geräuchertem Speck schmeckt, erinnere sich an die heutige Lektüre."

Fruchtsoße

3/10 l	Wasser
8 g	umgewandeltes Roggenmehl
1/16 l	Fruchtsaft oder Heißgetränk
	Salz
	Zucker

➔ **Die Hälfte des Wassers mit Zucker und Salz aufkochen. Das mit dem restlichen Wasser angerührte Roggenmehl einquirlen, aufkochen und 2 Minuten ausquellen lassen. Den Fruchtsaft zum Schluß zugießen.**

Weizenmehl

Große Freude herrschte bei den Hausfrauen, als man – übrigens auf Kartoffelmarken – Weizenmehl kaufen konnnte. Hieraus konnten Kuchen, Pfannkuchen, Weißbrot und Brötchen „wie in Friedenszeiten" gebacken werden. Besonders beliebt waren die Lieferungen aus Kanada.

Mehlklöße

250 g	kanadisches Weizenmehl
3 Teel.	Backpulver
1 Prise	Salz
1/4 l	Molke oder Wasser

➔ **Alles zu einem festen Teig verkneten. Kleine Klöße formen und 20 Minuten in Salzwasser kochen.**

Selbstgemachte Nudeln

400 g	Weizenmehl
1/4 l	Wasser
1 Prise	Salz
wenn möglich	
1 Teel.	Fett

➔ **Man gibt das Mehl auf die Tischplatte, drückt in die Mitte eine Vertiefung und gibt unter Umrühren das lauwarme Wasser, Salz und zuletzt das Fett zu, knetet einen festen Teig, den man etwa 30 Minuten ruhen läßt. Der Teig wird dünn ausgerollt und auf einem großen Brett oder der Tischplatte zum Trocknen ausgelegt. Dann rollt man ihn zusammen und schneidet ihn in feine Streifen. Die Nudeln gibt man in die kochende Brühe, läßt sie bei kleinem Feuer etwa 20 Minuten gar ziehen. Um Gas oder Strom zu sparen, ist es ratsam, die Nudeln nur einmal aufkochen zu lassen und sie dann zum Ausquellen in die Kochkiste zu stellen. Vor dem Anrichten gehackte Petersilie zugeben.**

Püfferchen

250 g Weizenmehl
1/2 Päck. Backpulver
Salz
Wasser
Bratfett

→ **Das Mehl wird mit Backpulver und Salz vermischt und mit Wasser oder Milch zu einem dicken Teig angerührt. Die erhitzte Pfanne wird mit etwas Fett ausgestrichen. Aus dem mit einem nassen Eßlöffel abgestochenen Teig brät man in der zugedeckten Pfanne die Püfferchen. Als Beilage Gemüsesalat.**

Plinsen – friedensmäßig

250 g Mehl
4 Eier
40 g Zucker
30 g Hefe
1/4 l Milch
Rosinen und Gewürze

→ **Alle Zutaten verrühren, quellen lassen und in der Pfanne backen.**

Plinsen – 1946

125 g Mehl
125 g Kartoffeln oder Quark
1 Ei
1 aufgelöste Süßstofftablette
50 g Hefe
Aromastoff

→ **Alle Zutaten verrühren, quellen lassen und in der Pfanne backen.**

DER KURIER
28.11.1945

Der Lagebericht eines leitenden britischen Stabsoffiziers der Alliierten Kontrollkommission in Deutschland stellt fest, die Ernährung sei immer noch krisenhaft. Die Ernährungsprobleme seien besonders abhängig von der Einfuhr von Weizen.

Eichelmehl

siehe Gutachten über Eichelmehl Seite 72 und Rezepte Abb. Seite 90

Bereits im Herbst 1945 erschienen in Zeitschriften die ersten Hinweise, daß die Lebensmittel im kommenden Winter noch knapper sein würden. Neben Wildgemüse erinnerte man sich an die Verwendung von Eicheln als Mehlersatz. Das Verfahren, aus den gesammelten Eicheln gebrauchsfähiges Mehl herzustellen, war jedoch äußerst zeitraubend und umständlich. Zunächst mußten bei trockenem, sonnigem Herbstwetter einwandfreie dicke, runde Eicheln gesammelt werden. In einer eisernen Pfanne wurden die Eicheln geröstet, bis die äußere harte Schale platzte und man von den Eichelkernen die innere dünne, braune Haut abziehen konnte.

Um den Eicheln die unangenehme Gerbsäure zu entziehen, die nicht nur die Zähne dunkel färbte, sondern auch Verstopfung hervorrufen konnte, und um den typischen Eichelgeschmack zu mildern, wurden sie nun eine Stunde lang gewässert. Das Wasser wurde braun, die Eicheln bekamen einen weißlichen Schimmer, der sich aber später wieder abwaschen ließ. Nach dem Trocknen konnten die Eicheln durch den Fleischwolf zu Eichelmehl vermahlen werden.

Jeden Sonntagabend wird bei uns zum ‚Tanz der Eicheln' gebeten. Jeder, der die Woche über mitessen will, ist dazu geladen. Abwechselnd hat immer einer Dienst: Er röstet, teilt aus, sammelt die fertig geschälten Eicheln und verbrennt die harten Eichelschalen im knisternden Feuer. Die anderen helfen beim Entschälen, schauen zu und hören zu. Es wird dabei nämlich etwas vorgelesen, oder es werden Rätsel geraten, Lieder gesungen und Erlebnisse erzählt. Nicht erlaubt ist – Murren über die Arbeit.

(Erika Lüders)

Eichelkeks

3–5	gekochte Kartoffeln
1 1/2 Tassen	Eichelmehl
1 Eßl.	Zucker
1 Teel.	Ersatzkaffee
etwas	Mehl
1/2 Päck.	Backpulver

→ **Die Zutaten gut verrühren, evt. etwas Milch dazugeben. Ausrollen und Kekse ausstechen. Bei Mittelhitze backen.**

Eichelblutwurst

4 Tassen	Magermilch oder Molke
1 Tasse	Eichelmehl
2 rohe	Kartoffeln
1	kleingehackte Zwiebel
	Salz, Pfeffer, Majoran
500 g	Weißbrot

→ **Milch zum Kochen bringen, Eichelmehl einrühren und 10 Minuten kochen lassen. Mit den roh geriebenen Kartoffeln binden. Mit Gewürzen scharf abschmekken. Weißbrot in kleine Würfel schneiden und in ein schmales, hohes Glas füllen. Die Eichelmasse darüber gießen, so daß das Brot fest umschlossen ist.**
Zwölf Stunden stehenlassen.
Durch die dunkle Farbe des Mehls und die hellen Weißbrotwürfel erinnert die Masse an Blutwurst mit Speckstückchen.

Erbsen mit Eicheln

Man nimmt nur die halbe Menge Erbsen zum Eintopf und gibt ebensoviel Eichelmehl dazu. Der Geschmack der Erbsen bleibt erhalten, und die Hälfte der Hülsenfrüchte wird gespart.

Eichelkaffee

Eicheln pellen und zur Entbitterung einweichen, aufkochen und in Scheiben schneiden. Tagelang trocknen lassen, dann rösten und mit der Kaffeemühle mahlen und wie Getreidekaffee benutzen.
Mit anderem Kaffee-Ersatz mischen, da Eicheln allein stopfend wirken.

Das Institut für Ernährung und Verpflegungswissenschaft in Berlin-Dahlem antwortete auf eine Anfrage am 23. Oktober 1946:

Eichelmehl enthält außer Gerbsäure keine schädigenden Bestandteile. Deshalb bestehen auch keinerlei Bedenken gegen eine Verwendung zum Binden und Dicken der Speisen. Es ist jedoch darauf hinzuweisen, daß ein dauernder Gebrauch sich auf die Verdauung ungünstig auswirken kann. Die Gerbsäure verursacht nämlich eine Verminderung der Gleitfähigkeit im Darm, und als Folge davon sind häufig Verstopfungserscheinungen festzustellen. Gegen eine Verwendung als Eichelkaffee ist nichts Nachteiliges einzuwenden. Die Bedeutung des Eichelmehles ist nährwertmäßig gering.

Gemüse:
Verschiedene Gemüse

– Roland von Berlin – 3. 7.1947 –

Materieller Frühsommerseufzer

Einmal möcht ich wieder spargeln gehn,
Einmal wieder rohen Schinken sehn,
Einmal wieder Butter drüber gießen,
Und ein Möselchen dazu genießen.

Einmal wieder Krebse aus der Schüssel langen,
Nach dem ersten Dutzend dann von vorn anfangen,
Weil man dann ja erst in Übung ist
Und den Schmaus nur nach den Scheren mißt.

Singt der Lenz aus allen Zweigen,
Soll das Schicksal mir mal zeigen,
Wenn ich wohlgefüllt und satt,
Daß das Leben doch zwei Seiten hat.

Willi Bald (hoffentlich)

Das Berliner Umland war traditionell bekannt für artenreichen und hochwertigen Gemüseanbau. Gleich nach Kriegsende begannen Männer und Frauen in Werder und Oranienburg, wieder Kohl, Rettiche, Möhren, Bohnen, Erbsen, Spinat und Salat anzubauen. Auch der Spreewald wäre traditionell ein wichtiger Lieferant für Kohl, Sauerkraut, Gurken und Meerrettich gewesen. Doch stellten Vermarktung, Lagerung und besonders die fehlenden Transportmöglichkeiten ein großes Problem dar. Tonnenweise verdarb Gemüse auf den Feldern, weil weder Pferdefuhrwerke noch Lastwagen noch Güterzüge vorhanden waren. Die Berliner empörten sich, wenn kein Blättchen Salat auf den Markt kam, aber in Werder und Strausberg Gemüse verdarb und umgepflügt oder verfüttert wurde.

DER BERLINER
20.11.1945

Gemüse und Zwiebeln

Die ersten Gemüsekähne aus Sachsen sind in Berlin Westhafen angekommen. (...) An alle Berliner werden in Kürze auch wieder Zwiebeln zur Verteilung kommen.

Spinat aus Radieschengrün

	Radieschengrün
1 Eßl.	Fett
3 Eßl.	Mehl
	Salz, Pfeffer
1/2	Hering

➔ **Radieschengrün waschen, kurz aufkochen, abgießen und durch den Wolf drehen oder fein wiegen. Fett zerlassen, Mehl anschwitzen, mit Abkochwasser auffüllen und ausquellen lassen. Das Radieschengrün dazugeben und mit Pfeffer und Salz abschmecken. Den feingewiegten Hering daruntermischen.**

Zwiebelgemüse

250 g	Zwiebeln
30 g	Öl
20 g	Mehl
1/2 l	Brühe
	Paprika, Salz, Petersilie

➔ **Die Zwiebeln schälen, in Scheiben schneiden, harte Wurzelansätze zurücklassen. In dem erhitzten Öl die Zwiebeln dünsten, die Ringe herausnehmen. Mehl im Fett lichtgelb werden lassen, siedende Brühe auffüllen, die Zwiebeln dazugeben und kochen. Mit Salz und Paprika abschmecken und mit Petersilie bestreut zu Kartoffeln auftragen. Auf das kochende Gemüse können ein Stück Wurst, Fleischreste oder ein Stück Fischfilet gelegt werden.**

Nachkriegsallerleisuppe

2 l	Wasser
50 g	Fett
1	Kopfsalat
1 Tasse	Sauerkraut
	Blätter von 2 Rettichen
	Blätter von einem Blumenkohl
3	große Kartoffeln
je 1	Möhre, Zwiebel, Stange Lauch
1 Eßl.	Mehl
10 g	Hefe
	Salz

✈ **Zwiebel kleinschneiden, in dem Fett anrösten, Mehl darüberstäuben, braun werden lassen, mit Wasser ablöschen und Salz und Hefe zugeben. Kartoffeln schälen und würfeln, Gemüse, Blätter und Sauerkraut fein hacken und zusammen mit den Kartoffeln in die Brühe geben. Etwa 40 Minuten kochen lassen.**

Gemüsefrikadellen

Einige gekochte Kartoffeln, etwas eingeweichte Semmel, verschiedenes gekochtes Gemüse nach Wahl, etwas Zwiebel und Petersilie werden durch den Wolf gedreht und gut miteinander vermischt. Dann würzen Sie die Masse mit Salz, Pfeffer, Kümmel und Senfkörnern, formen daraus Klopse und dünsten diese in wenig Fett. Wer hat, kann auch noch etwas Fleisch, ebenfalls durchgedreht, dazugeben.

Gemüseeintopf mit Grütze

Einen sehr schmackhaften Gemüseeintopf erhalten Sie unter Verwendung von Grütze. Sie weichen etwa 125 Gramm Grütze in kaltem Wasser ein, kochen alles halb gar, geben 1 Kilogramm gewaschenes, kleingeschnittenes Gemüse hinzu und etwas später 375 Gramm in kleine Würfel geschnittene Kartoffeln. Mit Salz abschmecken.

Sellerie-Kartoffeln

Sie drehen 2 bis 3 Sellerieknollen und 2 Pfund gekochte Kartoffeln durch den Wolf und vermengen die Masse mit einer Tunke aus 2 Tassen Wasser, etwas Weizenmehl, Essig, Zwiebeln, Salz und Pfeffer. Die Speise kann kalt oder warm gegessen werden und schmeckt auch gut zu Brot.

Gebratene Selleriescheiben

500 g	Sellerie
20 g	Mehl
1	Ei
40 g	Semmelbrösel
40 g	Fett

✈ **Sellerie- oder Kohlrabischeiben, paniert und gebraten, sind ein guter Ersatz für Fleisch. Das vorgekochte Gemüse in Scheiben schneiden, in Mehl, Ei und Semmelmehl wenden und in Fett knusprig braten.**

Rote Gemüsesuppe

Kleingeschnittenes Gemüse (Möhren, Bohnen, Erbsen, Kohlrabi, auch Kohlstrünke) zerkleinern und mit wenig Wasser dünsten. Eine rohe Kartoffel reiben und dazugeben. Durchkochen lassen und zum Schluß eine geraffelte, rohe rote Rübe und etwas Kümmelpulver unterziehen. Einen Eßlöffel Milchpulver auflösen, einige Tropfen Essig dazu und in die Mitte des Tellergerichtes geben.

Russensuppe nannte man eine Gemüsesuppe, die aus Kartoffeln, Pastinaken und roten Rüben bestand.
(Jörg Herrmann)

rechte Seite:
Es muß nicht immer Weizenmehl sein
vgl. Seite 77 ff.

DER TAGESSPIEGEL
29.6.1947

Ohne Kraut auf die Waage

Die Zuteilung von frischem Gemüse muß in vollem Gewicht ausgegeben werden. Kraut dürfen die Händler (...) nicht anrechnen. Wenn sie z.B. Radieschen oder Möhren bundweise verkaufen, soll das Kraut extra abgewogen werden.

Wie teilt man die Rationen ein? „FÜR DICH" will gern Ihr Helfer sein!

Hier abtrennen und aufbewahren!

Es muß nicht Weizenmehl sein!

Immer wieder hören wir Hausfrauen klagen, daß sie mit den zugeteilten Mehlsorten nicht zurechtkommen, daß das Gebäck nicht geraten ist. Hohe Kuchen, wie Napfkuchen oder in der Kastenform gebackene, geraten mit diesen schweren Mehlsorten in den wenigsten Fällen, jedoch halbhohe Kuchen in der Springform lassen sich aus Roggenmehl sehr gut herstellen. Wir weisen dabei besonders auf den wohl allseitig bekannten Kaffeekuchen hin, bei dem das Mehl durch den Zusatz von Kaffeegrund gelockert (und nebenbei auch gestreckt) wird. Für diejenigen Hausfrauen, die ihn noch nicht kennen sollten, geben wir das Rezept noch einmal bekannt. Wer mit dem Brot nicht auskommt und gezwungen ist, aus Roggenmehl selbst Brot zu backen, dem sei gesagt, daß es unmöglich ist, mit Hefe oder gar mit Backpulver ein halbwegs genießbares Brot herzustellen. Man braucht hierzu unbedingt Sauerteig, den es beim Bäcker gibt.

Nudeln

125 g Kartoffeln, 250 g Roggenmehl, etwa 10 Eßlöffel Wasser (bei der Verschiedenheit des Mehls läßt sich die Flüssigkeitsmenge nie genau bestimmen), etwas Salz. — Die tags zuvor gekochten Kartoffeln werden gerieben, mit Mehl und Salz zu einem festen Teig verarbeitet und ausgerollt. Man läßt die Platten trocknen, aber nicht hart werden, rollt sie und schneidet 1 cm breite Streifen.

Hamburger Klöße

250 g Gerstenmehl oder halb Gersten- und halb Roggen- oder Weizenvollmehl, Salz, Wasser. — Das Mehl wird in eine Schüssel gesiebt, mit Salz gemischt und mit so viel kochendem Wasser verarbeitet, daß es eine feste Masse ergibt. Man sticht die Klöße mit einem nassen Löffel ab und gibt sie in kochendes Wasser. Man läßt sie bei kleinem Feuer ohne Deckel langsam kochen, bis sie hochsteigen, und gibt eine pikante Tunke oder in etwas Fett gebratene Zwiebel darüber.

Hafermehlkeks

250 g Hafermehl, 3 Teelöffel Backpulver, 2½ Eßlöffel Zucker, 5 Eßlöffel Wasser, Milch oder Molke, ½ Eßlöffel Fett, Aroma. — Aus diesen Zutaten bereitet man einen festen Teig, rollt aus und sticht mit Konfektformen oder einem Glas Kekse aus, die man bei Mittelhitze hellgelb bäckt. An Stelle von Hafermehl kann man auch je ⅓ Hafer-, Gersten- und Weizenvollmehl nehmen.

Kaffeekuchen

3 Tassen Roggenmehl, 1 Tasse Kaffeegrund, 1 Päckchen Backpulver, 75 g Zucker, Aroma, Wasser, etwas Salz. — Das mit dem Backpulver gesiebte Mehl wird mit Zucker, Salz, Aromen und Wasser zu einem zähflüssigen Teig verrührt und gut geschlagen. Man gibt den Teig in eine Springform, deren Boden eingefettet ist, und bäckt etwa 45 bis 50 Minuten. Nach dieser Zeit probiert man mit einer Stricknadel oder einem anderen dünnen, spitzen Gegenstand, ob der Kuchen gar ist. Wenn Teig an der Nadel hängenbleibt, muß der Kuchen noch einige Minuten backen.

Pikante Torte

500 g Roggenmehl, 25 g Hefe, ⅛ l Molke, 1 Teelöffel Zucker, 1 Teelöffel Salz. — Das Mehl in eine Schüssel sieben, die zerbröckelte Hefe in eine Vertiefung geben, mit Molke und wenig Mehl und Zucker breiig rühren, warmstellen und aufgehen lassen. Zum restlichen Mehl Salz hinzugeben und alles gut verkneten. In gefettete Springform geben, noch einmal aufgehen lassen und dann 50 Minuten backen. Nach dem Erkalten ein- bis zweimal durchschneiden und mit folgender Masse füllen: 2 Eßlöffel Mehl, ⅛ l Wasser, 1 bis 2 Eßlöffel Senf, geriebene Zwiebel, Fett, Salz, etwas Suppenwürze. Fett und Zwiebel werden gedämpft, das Mehl, Senf und Wasser damit verrührt und zu einer dicken Masse gekocht. Zum Schluß mit Salz und Suppenwürze, je nach Geschmack auch mit einer Prise Zucker abschmecken. Auch mit ausgequollenem Grieß und feingewiegtem Hering ist eine sehr schmackhafte Füllung zu bereiten.

Roggenbrot

1 kg Roggenmehl, 3 bis 4 Eßlöffel Sauerteig, ½ Eßlöffel Salz, ½ bis ¾ l Wasser. — Der Teig wird abends angesetzt. Man gibt Mehl und Salz in eine große Schüssel, macht in der Mitte eine Vertiefung und rührt ½ l lauwarmes Wasser ein. Am Rande läßt man das Mehl stehen. Der Sauerteig wird zu einem Brei angerührt und mit dem angerührten Mehl vermischt. Man streut Mehl vom Rand darüber und läßt den Teig an mäßig warmem Ort zugedeckt stehen. Am andern Morgen wird der Teig mit dem restlichen Mehl durchgeknetet und, wenn nötig, noch etwas Wasser hinzugegeben. Der Teig kommt in eine gefettete Form und muß aufgehen. Backzeit etwa 45 Minuten.

Selbstgebackene Brötchen

125 g Hafermehl, 125 g Weizenmehl, 15 g Hefe, ⅛ l Molke, etwas Salz. — Das Mehl wird in eine Schüssel gesiebt, die Hefe mit Molke breiig gerührt, mit Mehl und Molke zu einem Teig verarbeitet und gut abgeschlagen. An warmem Platz läßt man den Teig zu doppelter Höhe aufgehen, schneidet ihn dann in gleichmäßig große Stücke und formt Brötchen, die man beiderseitig in der Mitte einkerbt. Man legt sie auf ein gefettetes Blech, läßt sie nochmals aufgehen und bäckt sie bei Mittelhitze 25 bis 30 Minuten.

Salzstangen mit Kümmel

250 g Mehl, ½ Päckchen Backpulver, etwas Wasser oder Molke, Kümmel, Salz, Eigelbfarbe. — Das mit dem Backpulver gesiebte Mehl wird mit etwas Salz und der Flüssigkeit zu einem festen Teig verarbeitet. Man rollt ihn aus und schneidet 15 cm lange Streifen und rollt dieselben. Man kann die Streifen auch in der Mitte längs schlitzen und ein Ende durchziehen. Man bestreicht sie mit etwas verdünnter Eigelbfarbe und bestreut sie mit Salz und Kümmel. Backzeit etwa 25 Minuten.

Frau Lisel

Zeichnungen Wendorff

Mit Kochtopf und Kelle

BITTE PROBIEREN SIE EINMAL, WIE EICHELN SCHMECKEN

Zeichnungen Wendorff

In der letzten Zeit gingen so viele Anfragen über die Verwendungsmöglichkeit von Eicheln bei uns ein, daß wir uns entschlossen haben, einige Rezepte zu veröffentlichen.

Manche Hausfrau wird fragen, kann man die bitteren Eicheln denn wirklich genießen? Ja, liebe Hausfrau, sie schmecken sogar recht gut, wenn sie richtig vorbereitet werden. Vor allen Dingen sind sie sehr nahrhaft. Außer 6 Prozent Fett, was dem Fettgehalt des Hafermehles entspricht, enthalten die Eicheln noch 62 Prozent von Stickstoff freie Substanzen, wie Stärke und Zucker.

Bei den Eicheln ist es wie bei den Aepfeln und Pflaumen: Die ersten, die abfallen, sind madig, und man sollte sie deshalb für menschliche Ernährung nicht sammeln. Man nehme nur große und ganz gesunde Früchte, die im Oktober gesammelt werden. Um für den Winter einen Vorrat zu haben, bewahrt man sie in einem ungeheizten, trockenen Raum auf. Im Frühjahr keimen die Eicheln, aber die Keime werden nicht entfernt, da sie wegen ihres hohen Vitamingehaltes besonders wertvoll sind. Um sie gebrauchsfähig zu machen, schüttet man so viel Eicheln in eine Pfanne, daß der Boden bedeckt ist, deckt die Pfanne zu und stellt sie aufs Feuer, doch dürfen die Eicheln nicht braun oder gar schwarz werden. Nach einer Weile springt durch das Verdampfen der Flüssigkeit die Schale mit lautem Knall auf und läßt sich nun leicht entfernen. Dann legt man die Eicheln eine Stunde in kaltes Wasser, dem man auf je 2 Liter einen Teelöffel Schlemmkreide zufügt; aber nicht etwa mit Pfefferminzgeschmack! Nach dem Wässern wäscht man die Eicheln ab und läßt sie wieder trocknen. Dann werden sie durch den Wolf gedreht und sind gebrauchsfertig.

Süße Eichelsuppe

1½ l Wasser oder halb Wasser, halb Molke, 5 Eßlöffel Eichelmehl, 5 Eßlöffel Mehl, Zucker, evtl. halb Süßstoff, Aroma. Das Wasser wird zum Kochen gebracht und das Eichelmehl eingestreut. Dann rührt man das Mehl mit einigen Eßlöffeln Wasser an, gibt es zu der Suppe und läßt sie 10 Minuten kochen. Zum Schluß fügt man Zucker und Aroma hinzu und schmeckt mit einer Prise Salz ab.

Sättigender Brei mit Eicheln

¾—1 l Wasser zum Kochen bringen, 1 Tasse Eichelmehl und 1 Tasse Mais, Grieß, Grütze oder Haferflocken einrühren und einige Minuten kochen lassen. Dann stellt man das Gericht zum Garen in die Kochkiste. Man kann den Brei gesüßt reichen mit gekochtem Obst oder Fruchtsaft, oder gesalzen zu Gemüse Fleisch oder Fisch, oder als selbständiges Gericht mit in etwas Fett gebräunter Zwiebel.

Eintopf mit Eicheln

500 g Möhren oder anderes Gemüse, 10 g Fett, 2 Eßlöffel Mehl, 1½ l Wasser oder Brühe, 6 Eßlöffel Mehl, 6 Eßlöffel Eichelmehl, frische oder getrocknete Kräuter, evtl. Sellerie, Salz. — Die Mohrrüben werden gereinigt gewürfelt und in dem Wasser gekocht. Dann bereitet man aus Fett und Mehl eine braune Schwitze vermengt sie mit dem Gemüse und läßt aufkochen Dann streut man unter Umrühren das Eichelmehl ein und läßt es in dem Gericht ungefähr 10 Minuten garquellen. Nach Belieben kann man auch Fleischklößchen einlegen. Zum Schluß würzt man mit Kräutern, am besten Sellerie, und schmeckt mit Salz ab.

Eichelpudding

50 g Mais- oder Weizengrieß, 1 Tasse Eichelmehl, 2 Eßlöffel Zucker, ½ l Milch, Wasser, Kaffee oder Molke, Aroma. Man läßt die Flüssigkeit zum Kochen kommen, läßt Grieß, Eichelmehl und Zucker einlaufen und kocht die Speise 10 Minuten. In eine ausgespülte Form geben und nach dem Erkalten stürzen. Dazu wird Fruchtsaft oder Vanillesoße gereicht.

Bratlinge mit Eichelmehl

100 g Fleisch, 200 g Pellkartoffeln, 150 g Eichelmehl, Zwiebel, etwas Bratfett. Die geschälten Kartoffeln werden zerdrückt, mit dem Eichelmehl und mit dem gehackten rohen oder gekochten Fleisch sowie Zwiebel und Salz zu einem festen Teig verarbeitet. Mit nassen Händen formt man Bratlinge und brät sie mit wenig Fett in stark erhitzter Pfanne. An Stelle von Fleisch kann man auch Wurst, Fisch, Hering oder Pilze verwenden.

Eichelmakronen

150 g Mehl, 150 g Kartoffeln, 200 g Eichelmehl, 125 g Zucker, 25 g Fett, Mandelaroma, etwas Wasser, etwas Backpulver. Die genannten Zutaten werden zu einer festen Teigrolle verarbeitet, in Scheiben geschnitten und auf ein bemehltes Backblech gelegt. Man backt sie schön hellbraun bei nicht zu starker Hitze.

Frau Lisel

Möhrensuppe

375 g Möhren
1 1/2 l Wasser
1 Zwiebel
3–4 roh geriebene Kartoffeln
10 g Fett
Salz
1 Eßl. eingesalzene Kräuter

➔ **Die geraffelten Möhren mit der Zwiebel in Fett andünsten, mit kochendem Wasser auffüllen, mit roh geriebener Kartoffel binden und abschmecken.**

Mohrrübeneintopf mit Wurst

500 g Mohrrüben
400 g Kartoffeln
100 g Jagdwurst oder Gehacktes
Salz, Petersilie, Zwiebel

➔ **Die Kartoffeln werden geschält, die Mohrrüben geschabt und beides mit dem Gurkenhobel oder einem Messer in feine Scheiben geschnitten. Mit Wasser und etwas feingewiegter Zwiebel bringt man das Gericht aufs Feuer, schneidet die Wurst in feine Streifen dazu oder zerpflückt das Gehackte hinein. Mit Salz und etwas Pfeffer abschmecken und etwa 10 bis 15 Minuten kochen lassen. Zum Schluß Petersilie zufügen.**

Rohkostkugeln

125 g Quark
250 g Möhren
1 Eßl. Meerrettich
4 Scheib. Pumpernickel
40 g Butter
Salz

➔ **Vorbereitete Möhren reiben, den Quark durch ein Sieb streichen, die Butter sahnig rühren, löffelweise Quark, Möhren, Meerrettich zugeben, mit Salz abschmecken. Ist die Masse zu weich, mit 1 Eßlöffel Haferflocken binden. Kleine Kugeln formen und in geriebenem Pumpernickel wälzen.**

Gefüllte Möhrenplinsen

150 g Mehl
250 g Möhren
etwas Zwiebel
Salz
Bratfett

➔ **Die Möhren werden geschabt und dann gerieben, ebenso die Zwiebel. Ein Eßlöffel Mehl wird mit der entsprechenden Menge Wasser zu einer dicken Tunke gekocht und mit den geriebenen Möhren, Zwiebeln und etwas Salz zwei bis drei Minuten aufgekocht. Aus dem übrigen Mehl bereitet man mit Salz und Wasser oder Milch einen Plinsenteig, reibt die gut erhitzte Pfanne mit Fett aus und backt die Plinsen, belegt sie auf der einen Hälfte mit dem Gemüse und klappt die andere Hälfte darüber.**

Man kann aber auch jedes andere Gemüse verwenden, ebenso eignet sich dieses Gericht zur Resteverwertung.

Mischgericht von grünen Bohnen, Möhren und Kohlrabi mit Kartoffelnudeln

250 g grüne Bohnen
250 g Kohlrabi
250 g Möhren
50 g Mehl
30 g Fett
Salz, Petersilie, Bohnenkraut

Kartoffelnudeln:
1 kg gekochte Kartoffeln
100–150 g Mehl
1 Ei oder Eiaustauschmittel
Salz

➔ **Die durchgepreßten, gekochten Kartoffeln werden mit Salz und Mehl wie zu Kartoffelklößen durchgearbeitet, etwas Majoran darangegeben und aus der Masse Würstchen geformt, die auf dem Blech gebacken werden. Das Gemüse wird geputzt und geschnitten und alles zusammen mit Wasser oder Brühe bedeckt gegart. Zu dem Fett gibt man Mehl, macht eine Einbrenne und verkocht es mit dem Gemüse.**

linke Seite:
Eichelrezepte
vgl. Seite 84 ff.

Verwendung von ausgewachsenem Salat

Ausgewachsenen (geschossenen) Salat waschen, verlesen und in kleine Stücke zupfen. 1 Teelöffel Fett zerlassen, Salat hinzufügen und durchdünsten. Zwei Eßlöffel Mehl darübersieben, mit Flüssigkeit auffüllen, durchkochen und ausquellen lassen. Mit Salz und Pfeffferersatz abschmecken. Über gerösteten Brotwürfeln anrichten.

Porreestangen mit Käsesoße

200 g	Porreestangen
30 g	Fett
1 1/2 Eßl.	Mehl
1 Eßl.	geriebener Käse
	Salz, Pfefferersatz

➔ **Porreestangen gründlich waschen, in 10 cm große Stücke schneiden und gar dämpfen. Fett zerlassen, Mehl dazugeben und mit dem Gemüsewasser auffüllen. Mit Salz und Pfeffer abschmecken und zum Schluß den geriebenen Käse untermengen und über die Porreestücke geben.**

DER TAGESSPIEGEL
2.7.1947

Radieschen statt Kalbskeule

Der Ernährungsausschuß (...), der sich noch immer mit der Untersuchung der Verhältnisse auf dem Schlacht- und Viehhof beschäftigt, hat festgestellt, daß dort 999 Arbeiter und Angestellte beschäftigt werden. Bei den wenigen Schlachtungen braucht man sie allerdings nicht, und so wird etwa die Hälfte jetzt mit Gemüseanbau beschäftigt.

Kohl

DER BERLINER
4.4.1946 (Leserbrief)

Als ich vor einer Woche auf dem Lehrter Bahnhof in Berlin einen Bekannten abholte, mußten an der Sperre sämtliche Reisenden des Zuges ihr Gepäck vor deutschen Polizeibeamten leeren. Da war z.B. eine ältere Frau, welche aus ihrem Rucksack Kartoffeln, vier Kohlköpfe und ein paar Mohrrüben auf den Boden schütten mußte. Da waren zwei Polizeibeamte, wo der eine zu dem anderen sagte: „Mensch du, Kohl, da wird sich meine Frau aber freuen. Das haben wir schon lange nicht mehr gegessen." Ich will nicht etwa den ganzen Polizeiapparat schlechtmachen, aber das dürfte dennoch zu weit gehen.

Bayerisches Kraut

250 g Weißkohl
1/2 Eßl. Fett
Zwiebelwürfel
1/2 Eßl. Zucker
Essig
1 rohe, geriebene Kartoffel
Kümmel

→ **Zwiebelwürfel in Fett rösten und den feinstreifig geschnittenen Kohl, Rippen und Strunk feingeschnitten mitverwenden, zugeben und durchdünsten. 1 Tasse Wasser und Kümmel zugeben. Zucker bräunen, mit Essig oder Molke ablöschen und zum Kohl geben. Zum Schluß die roh geriebene Kartoffel zugeben. Mit Salz und Pfefferersatz würzen.**

Krautsalat mit Apfelschalen

Größere Mengen Apfelschalen (ohne schlechte Stellen) in ganz feine Streifen schneiden und mit etwas warmem Essig übergießen. Die gleiche Menge Weißkohl ebenfalls feinstreifig schneiden und mit den Schalen vermischen. Mit Salz und Pfeffer, nach Geschmack auch Kümmelpulver, abschmecken. Den Salat eine Stunde durchziehen lassen.

Krautwickel

1 mittelgroßen Weißkohl
1 Zwiebel
100 g Grütze oder Schrot
frische oder getrocknete Pilze
1 saure Gurke

→ **Die Blätter des Weißkohls ablösen und kurz überbrühen. Die Grütze weich kochen, mit den Pilzen und der in kleine Würfel geschnittenen Gurke mischen und mit Salz und Pfeffer würzen, den Teig in die Kohlblätter füllen, zubinden und in wenig Wasser dünsten.**

Kohlrollen mit Brotfüllung

200–250 g Brotreste
1/4 l Brühe oder Magermilch
1–2 Eßl. Grieß oder Grütze
Zwiebel oder Lauch
frische oder getrocknete Kräuter
Paprika usw. nach Geschmack

→ **Das Brot in kleine Würfel schneiden und mit der kochenden Flüssigkeit übergießen, die es ganz aufsaugen muß. Dann verrührt man es gründlich mit den übrigen Zutaten. Die Masse darf nicht zu feucht sein. In Kohlblätter füllen und gar schmoren.**

Grünkohlsuppe

250 g Grünkohl
3/4 l Brühe
50 g Speck
25 g Graupen
200 g Kartoffeln

→ **Grünkohl heiß waschen, durch den Wolf drehen und mit Brühe und gewürfeltem Speck ankochen. Die Graupen einstreuen und zuletzt die in Würfel geschnittenen rohen Kartoffeln zufügen. Alles zusammen garen.**

Sauerkraut

Wir wohnten damals in Charlottenburg. Auf dem Hof baute ein Mieter Tabak an und ich u.a. Weißkohl. Da wir im Parterre wohnten, konnte ich gut aufpassen, daß nicht so viel gestohlen wurde. Den Kohl habe ich dann mit etwas Salz eingestampft. Das Sauerkraut habe ich dann gekocht und aus Mehl und Trockenei einen Nudelteig her-

gestellt. Das Sauerkraut sehr fest ausgedrückt und anschließend sehr fein gehackt. Das Kraut habe ich dann unter den Teig gerührt. Diesen Teig mit dem Messer fein abgeschabt und in kochendes Wasser gleiten und 10 Minuten ziehen lassen. Diese Nudeln entweder mit einer braunen Soße aus Mehlschwitze und gebratener Zwiebel anrichten oder, wenn genug Fett da war, knusprig in der Pfanne braten. Aus gekochtem Sauerkraut, Mehl und Trockenei habe ich auch einen Teig bereitet und daraus auf der Pfanne Puffer gebacken.
Beides schmeckt etwas verfeinert auch heute noch sehr gut. Meine Enkel haben es mit Tomatensoße ausprobiert.
(Johanna Köpp)

Sauerkrautklöße

250 g	Sauerkraut
250 g	tags zuvor gekochte Kartoffeln
250 g	roh geriebene Kartoffeln
200 g	Mehl
2–3 Eßl.	Grieß
	Salz
	evtl. etwas Kümmel

➔ **Sauerkraut grob wiegen, roh geriebene Kartoffeln gut abtropfen lassen (abgesetzte Stärke wieder zugeben), alle Zutaten vermengen, abschmekken, mit nassen Händen Klöße formen, in kochendes Salzwasser geben und 15–20 Minuten auf kleinem Feuer garen lassen.**

Minutenkraut

500 g	Sauerkraut
20 g	Fett
evtl. 1	Zwiebel

➔ **Das Sauerkraut etwas zerschneiden, Zwiebel in Fett andünsten, Sauerkraut zugeben, unter schnellem Wenden heiß machen und anrichten.**

Sauerkraut-Kürbis-Eintopf

750 g	Kürbis
500 g	Sauerkraut
evtl.	
250 g	Lauch oder etwas Zwiebel
20 g	Fett
1 kg	Kartoffeln
250 g	rote oder
100 g	grüne Tomaten
	Salz, Petersilie, Wasser oder Brühe

➔ **Kürbis würfeln, Sauerkraut und Lauch schneiden, in dem Fett das Gemüse andünsten und mit Flüssigkeit auffüllen. Später die geschälten, gewürfelten Kartoffeln zugeben, dann die geviertelten Tomaten garen, abschmecken und mit Petersilie anrichten.**

Wintersalat

1 Tasse	Sauerkraut
1	Möhre
1–2 Eßl.	feingehacktes Möhrenkraut
3 Eßl.	feingeschnittene Apfelschalen
3 Eßl.	gehackte Petersilie
1 Tasse	Molke
etwas	Zucker und Salz

➔ **Sauerkraut fein wiegen, die geriebene Möhre und die übrigen Zutaten hinzufügen.**

– Roland von Berlin – 2.11.1947 –

Zeitgemäße Frage

Etwas Wintervorrat schaffen ist jetzt Trumpf. Überall gehen die Gespräche darum. Neulich belauschte ich in der S-Bahn eines:
„... dann stampfst du den Kohl, füllst alles in einen Steintopf.

Wenn er voll ist, dann legst du einen Teller drauf, den du mit einem Stein beschwerst."

Das löste die überraschende, nur in unserer Zeit mögliche Gegenfrage aus: „Und wovon esse ich?"

Kohlrüben

Die Kohlrübe war das typische „Hungergemüse" des 1. Weltkrieges. Millionen Deutsche überlebten recht und schlecht, indem sie morgens, mittags und abends Gerichte aus Kohlrüben aßen. Der strenge Geschmack blieb vielen in grausiger Erinnerung. In der Zeit nach dem 2. Weltkrieg mußten die Hausfrauen wieder mit Phantasie und vielen Tricks versuchen, diesem Gemüse ohne eine gehörige Portion Speck, Wurst oder Sahne einen angenehmen Geschmack zu geben.

Als ich als 20jähriger im September 1945 aus amerikanischer Kriegsgefangenschaft in mein Elternhaus am nördlichen Stadtrand von Berlin heimkehrte, freute sich meine Mutter, daß ich den Krieg überlebt hatte, und sie fügte hinzu: „Aber ich habe nichts zu essen für dich, hier gibt es kaum Lebensmittel!" Am nächsten Tag zog ich mit meiner 16jährigen Schwester los, durch den Wald an ein märkisches Gut, das jetzt von Soldaten der Roten Armee bewirtschaftet wurde. Bewaffnete Posten bewachten die Felder. Wir schlichen uns durch niedriges Unterholz an ein Feld mit Futterrüben, warteten, bis die Posten weiter entfernt waren, und gruben eilig einige der erst halbgroßen Rüben aus. An einer anderen Stelle wühlten wir ein paar Kartoffeln aus dem Boden. Die für die Zubereitung erforderlichen Lorbeerblätter stammten von den zur Dekoration aufgestellten Lorbeerbäumen bei einer Picasso-Ausstellung im notdürftig hergerichteten Weißen Saal der noch nicht gesprengten Berliner Schloßruine im Herbst 1945.

(Felix Krusen)

Kohlrübengericht (schmackhaft zubereitet)

1 1/2 kg	Kartoffeln
1	Kohlrübe
1	große Zwiebel
2 Eßl.	hell geröstetes Mehl
	Salz
etwas	Fett oder Öl
	gehackte Petersilie oder Selleriegrün

Die geschälte Kohlrübe grob raspeln, die feingeschnittene Zwiebel in Fett glasig dünsten, 1 Tasse Wasser oder Brühe angießen und mit der geraspelten Kohlrübe im geschlossenen Topf dünsten lassen. Zur Bindung drei grob geraspelte Kartoffeln mit 1 1/2 Liter Wasser dazugeben. Wenn alles weich ist, fügt man das in Wasser glattgequirlte Mehl hinzu, läßt es aufkochen und noch 10 bis 20 Minuten ziehen. Salz und das Grüne dazugeben; wer es liebt, kann auch gestoßenen Kümmel dazugeben. Anstatt mit Kümmel und gehacktem Grün kann man das Gericht zum Schluß mit einem Löffel leicht gebräuntem, zerlaufenem Zucker ab schmecken.

Eintopf aus Futterrüben

Die Futter- oder Runkelrüben werden geschält, klein geschnitten und in reichlich gesalzenem Wasser mit allen noch vorhandenen Gewürzen (Kümmel, Gewürzkörner, Lorbeerblatt, Pfefferersatz) gar gekocht. 2 Kartoffeln werden fein gerieben und zum Schluß einige Minuten mitgekocht, wodurch das Gericht seinen wässerigen Charakter verliert. Um den ungewohnten Geschmack der Futterrüben, der sich doch sehr von dem der Kohl- oder Steckrüben unterscheidet, zu überdecken, werden reichlich feingehackte Garten- oder Wildkräuter zugefügt.

Rettich-Eintopf mit Kohlrüben

30 g	Fett oder Speck
500 g	Rettich
750 g	Kohlrüben
750 g	Kartoffeln
	Flüssigkeit nach Bedarf
	Salz

✈ **Das geputzte, kleingeschnittene Gemüse wird in dem zerlassenen Fett angedünstet. Man füllt mit der Flüssigkeit auf und läßt es halb gar kochen. Dann fügt man die in Würfel geschnittenen Kartoffeln hinzu, kocht sie gar und schmeckt mit Salz ab. Man kann etwas rohen Rettich in den Eintopf reiben.**

Kohlrübensalat

Eine kleine Kohlrübe wird gewaschen, geschält, dann auf einer Raffel gerieben, mit Salz, Zitronensaft, einer Prise Zucker und einem Löffel Öl angemacht. Der Salat muß gut durchziehen.

Kohlrübenbrei

Die Kohlrübe mit ihrem strengen Geschmack ist nicht jedermanns Sache. Zur Abwechslung empfiehlt sich deshalb folgende Zubereitung: Sie kochen zu ungefähr gleichen Teilen getrennt Kohlrüben und Kartoffeln, drehen beides durch den Fleischwolf, mischen alles gut miteinander, schmecken mit Salz ab und servieren dann den Brei mit aufgestreuten, gerösteten Zwiebeln. Der Kohlrübengeschmack tritt bei diesem Gericht, das wie gelber Kartoffelbrei aussieht, stark in den Hintergrund.

Kohlrüben wie Sauerkraut

Die geschälten und geputzten rohen Kohlrüben werden mit dem Fruchtritzer geraspelt, mit reichlich Salz eingesalzen und im Steintopf eingestampft. Dann wird die Kohlrübenmasse abgedeckt, mit Holzbrett und Feldsteinen beschwert und etwa vier Wochen stehengelassen. Durch die Gärung bekommen die Kohlrüben einen sauerkrautähnlichen Geschmack und sind danach auch entsprechend in der Küche zu verwenden.

Gedörrte Kohlrüben

Die Rüben roh in feine Schnitzel schneiden und im Bratofen bei gelinder Hitze unter häufigem Umwenden so lange dörren, bis sie sich vollkommen trocken und brüchig zeigen. Man bewahrt sie in Leinensäckchen hängend an luftigen Orten auf. Die Schnitzel können für Suppen oder Gemüsegerichte verwendet werden.

Kürbis

Ein ausgereifter Kürbis imponierte den hungrigen Menschen schon wegen seiner Größe und versprach eine magenfüllende und sättigende Speise. Er wuchs auf Schutthalden, Komposthaufen und an Gartenzäunen der Kleingärtner.

Kürbis als Rohkost

Ein halbes Pfund Kürbis wird auf der Rohkostreibe gerieben, ebenso 3 Äpfel. Hierzu gibt man 1 Eßlöffel Zucker, 1 Tasse Molke, 1 Tasse rohe Haferflocken, Zitronenaroma und eine Handvoll geschälte, zerkleinerte Kürbiskerne. Man muß das Gericht 1–2 Stunden vor der Mahlzeit bereiten, damit die Haferflocken ausquellen können. Andere Obstsorten und Nüsse können natürlich zugesetzt werden.

Kürbisklöße

500 g	Kürbis
1	Zwiebel
2 Eßl.	Essig
	Salz
1 1/2 kg	gekochte, durchgepreßte Kartoffeln
150 g	Mehl
3 Eßl.	Grieß

➜ **Kürbis waschen, putzen, in Würfel schneiden und mit den Gewürzen kochen. Durch ein Sieb streichen, die Masse zu den gekochten Kartoffeln geben und mit den übrigen Zutaten vermengen. Klöße formen und in kochendem Salzwasser langsam 15 Minuten garen lassen.**

Kürbis-Eintopf

1 1/2 kg	geputzter Kürbis
1 kg	Kartoffeln
	Suppengrün
30 g	Fett oder Speck
	Flüssigkeit nach Bedarf
	Salz, Petersilie, Basilikum

➜ **Das kleingeschnittene Suppengrün wird in dem gewürfelten, zerlassenen Speck angedünstet. Dann gibt man den in Würfel geschnittenen Kürbis und die ebenso geschnittenen Kartoffeln hinzu, füllt mit etwas Flüssigkeit auf und läßt das Gericht gar kochen. Man schmeckt mit Salz ab und streut die gehackten Kräuter darüber. Man kann den Eintopf auch süßsauer abschmecken.**

Kürbis-Tomaten-Gemüse

250 g	Kürbis
1–2	Tomaten
1/8 l	Wasser
1/2 Eßl.	Mehl
1 Teel.	Essig
1 Pr.	Zucker
	feingewiegter Dill

➜ **Fett zerlassen, geschnittenes Gemüse andünsten. Mit Wasser auffüllen, mit glattgerührtem Mehl anrühren, mit Essig und Zucker abschmecken. Dill darüberstreuen.**

Gebratener Kürbis (falsche Leber)

Der Kürbis wird geschält und in 1 1/2 cm dicke Scheiben geschnitten. Diese werden in Mehl gewälzt und mit Fett, Zwiebel und einem kleingeschnittenen Stück saurem Apfel in der Pfanne goldbraun gebraten. Mit Salz und Pfeffer bestreuen. Am besten schmeckt dazu Kartoffelpüree und Gurken- oder Tomatensalat.
Man kann auch dieses Gericht süß zubereiten, also anstatt mit Zwiebel, Pfeffer und Salz mit Zucker und Zimtersatz bestreuen und als Nachtisch mit Vanillesoße reichen.

Kürbisbratlinge

250 g	Kürbis
100 g	Grütze
1 Eßl.	Mehl
	Salz
	Fett
	Kräuter
1/2 l	Flüssigkeit

➜ **Der ausgehöhlte Kürbis wird in 1/2 Liter Wasser oder Brühe gekocht und durch den Wolf gedreht. In der Brühe quillt man die Grütze auf, läßt sie erkalten und gibt das Kürbismark, Mehl, Salz, etwas Pfeffer und feingewiegte Kräuter dazu. Mit nassen Händen formt man Bratlinge und brät sie in der mit Fett ausgestrichenen Pfanne.**

Süße Kürbissuppe

200 g	Kürbis
100 g	Äpfel
1/2	Zitrone
2	Nelken
1/2 l	Wasser
10 g	Stärkemehl
	Zucker

➔ **Kürbis und Äpfel schälen, schnitzeln, mit einem Stück Zitronenschale, Nelken und Wasser ansetzen, weichkochen, zerquirlen und durchschlagen. Mit dem kalt angerührten Stärkemehl binden, mit Zucker und Zitronensaft abschmecken. Zwieback oder gebratene Weißbrotwürfel können die Suppe ergänzen. Soll die Kürbissuppe mit Milch bereitet werden, dann Äpfel und Zitrone weglassen.**

Kürbis als Ananas

500 g	Kürbis
1 Tasse	Wasser
250 g	Zucker
	Ananasaroma

➔ **Der geschälte Kürbis wird in Form von Ananasstückchen zerschnitten und in ganz wenig Wasser – knapp 1 Tasse – gegart. Er darf jedoch nicht zu weich werden. In die verbleibende Brühe gibt man den Zucker und das Ananasaroma und läßt sie zusammen aufkochen. Die Kürbisstückchen gibt man in ein Glas oder in einen kleinen Steintopf und gießt die aufgekochte Flüssigkeit darüber. Während der dar auffolgenden Tage gießt man dieselbe ab und kocht sie von neuem auf, so daß schließlich ein dicker Sirup entsteht, den man immer wieder über den Kürbis gießt. Zum Schluß legt man die Stückchen auf eine Platte und läßt sie unter häufigem Umwenden trocknen.**

Kürbistorte

250 g	Mehl
3 Eßl.	Backpulver
50 g	Fett
3 Eßl.	Quark
5 Eßl.	Molke oder Milch
60 g	Zucker

➔ **Zutaten zu einem festen Teig verarbeiten und in einer Springform bei guter Mittelhitze backen. Inzwischen wird der Tortenbelag aus 500 Gramm Kürbisfleisch, das in Würfel geschnitten und in Zucker-Essig-Wasser glasig gekocht wurde, vorbereitet. Man läßt den Kürbis abtropfen, gibt ihn auf den Tortenboden und dickt den Kürbissaft mit Kartoffel- oder Weizenmehl an, den man über den Kürbis gießt. Das Ganze wird nach Belieben mit geröstetem Schrot oder gerösteten Haferflocken bestäubt.**

– Roland von Berlin – 17.8.1947 –

Von den Balkonen winken die Tomaten,
und der Tabak grünt auf dem Fensterbrett.
Wenn das so weitergeht, dann macht der Spaten
aus jeder Wohnung noch ein Spargelbeet.

Mein Nachbar hat gar eine Kürbispflanze
in luft'ger Höh' gezogen frank und frisch.
Ja, der Berliner geht nun mal aufs Ganze!
Er denkt, bei einem Kürbis lohnt es sich.

Ein Pfund Tomaten kann vielleicht man kriegen
Auf Abschnitt Ge-eins, -zwei, -drei oder -vier.
Doch ist ein ganzer Kürbis abzuwiegen,
so reicht's nicht – also zieh ihn selber dir.

Und nächsten Sommer wird wohl mancher Züchter
im Blumentopf sich seinen Kürbis ziehen.
Denn diesen Kürbiskopf erfand kein Dichter,
er reifte beispielhaft für Groß-Berlin.

Peregrina

Erbsen und Bohnen

Erbsen mit Trockenobst

Die am Tage zuvor eingeweichten Erbsen setzt man mit reichlich Wasser an und läßt sie zwei Stunden langsam kochen. Dann gibt man etwa ein Drittel Grütze hinzu und läßt beides zusammen auf kleiner Flamme 40–50 Minuten gar quellen. In einem anderen Topf kocht man ein entsprechendes Quantum Trockenobst – Äpfel, Birnen oder Pflaumen – und zieht es dann unter die dickbreiigen Erbsen. Das Gericht wird mit Salz, Zucker und Essig abgeschmeckt.

Kürbiserbsen

Die weichgekochten Erbsen werden durch ein Sieb gedrückt und mit gesondert gekochten, abgegossenen und gut zerstampften Kartoffeln zu einem festen Brei gerührt, den man mit Salz, Zucker und geriebener Zwiebel würzt. Der Kürbis wird geschält, in kleine Würfel geschnitten, in wenig Wasser, dem man etwas Essig, Anis, Nelkenersatz oder Zimtaroma zufügt, gar gekocht und dann mit Essig und Zucker abgeschmeckt. Man richtet den Brei an und übergießt ihn mit dem lauwarmen Kürbiskompott.

Erbs-Eierkuchen

Erbsen dick einkochen, durch einen Durchschlag drücken und mit Salz, Majoran und geriebener Zwiebel abschmecken. Aus 100 Gramm Mehl, einem Ei, einer Prise Backpulver, Salz und der entsprechenden Menge Milch oder Wasser bereitet man einen Eierkuchenteig. Daraus backt man drei dünne Eierkuchen, bestreicht sie mit den dicken Erbsen, rollt sie zusammen und übergießt sie mit einer süß-säuerlich abgeschmeckten Zwiebel-, Senf- oder Tomatensoße.

Apfelbohnen

Man weicht ein Pfund verlesene weiße Bohnen in 2 1/2 Liter Wasser ein und setzt sie am nächsten Tag mit dem Einweichwasser auf. Nach etwa 1 1/2 Stunden Kochzeit schneidet man fünf geschälte und entkernte Äpfel dazu und läßt sie mit den Bohnen garen. Wenn beides weich ist, bindet man die Apfelbohnen mit angerührtem Weizenmehl, läßt sie unter Umrühren nochmals aufkochen und würzt sie dann mit etwas in Fett angeschwitzter, kleingewürfelter Zwiebel.

Dicke Zimtbohnen

Die weißen Bohnen werden in Wasser, dem man einen Schuß Fruchtsaft zufügt, weich gekocht und mit gekochter, geriebener Kartoffel sämig gemacht. Man schmeckt die Bohnen mit Salz ab, richtet sie an und bestreut sie mit Zucker, den man vorher mit etwas Zimtersatz vermischt hat. Wer es sich erlauben kann, gießt noch ein wenig braune Butter darüber.

Bohnenfrikadellen

250 g weiße Bohnen
1 Ei
Tomatenmark
Thymian, Majoran
Salz, Pfeffer
Haferflocken nach Bedarf

→ Die eingeweichten Bohnen werden mit etwas Suppengemüse und einer Speckschwarte zu einem dicken Brei gekocht und durch den Fleischwolf gedreht. Mit den übrigen Zutaten wird ein Teig daraus gearbeitet, aus dem man Frikadellen formt. Diese in heißem Fett braun braten.

Kartoffeln

Kartoffeln bildeten den Hauptbestandteil der Nachkriegsernährung. Um den Mangel an Kartoffeln zu beheben, wurden viele Anbauflächen mit Kartoffeln anstelle von Getreide bestellt. Allerdings blieben die Erträge weit hinter den Vorkriegsergebnissen zurück. Der Mangel an Dünger wirkte sich fatal aus. Die Ernte bestand aus kleinen, fleckigen und kaum lagerfähigen Knollen. Die Bedingungen in der Landwirtschaft waren extrem schwierig. Maschinen und Geräte fehlten ebenso wie Saatgut, Treibstoff, Handwerkszeug und Schädlingsbekämpfungsmittel. Die mü- den, ausgezehrten Menschen, die Flüchtlinge und heimkehrenden Kriegs- gefangenen konnten die schwere Landarbeit kaum bewältigen.

DER KURIER
10.12.1945

Der Winter ist da

Vergeßt nicht die Vorräte im Keller. Überlegt, was ihr noch unten liegen habt. Sorgt dafür, daß die Kartoffeln, der Grundstock unserer Ernährung, nicht der Frostgefahr ausgesetzt sind.

DER KURIER
18.5.1946

Kartoffeln und Gemüse

Holland hat aufgrund eines Abkommens mit der britischen Regierung mit der Ausfuhr von Kartoffeln und Frischgemüse nach der britischen Besatzungszone begonnen. Die Verschiffung von 80 000 Tonnen Kartoffeln aus Großbritannien nach der britischen Besatzungszone geht in größter Eile vor sich. Die Kartoffeln werden, um das Warten auf große Schiffe zu vermeiden, auf kleinere Schiffe verladen.

Abendessen 1945

Ehemann: „Was gibt es denn heute zu essen?"
Frau: „Kartoffeln!"
Ehemann: „Und was dazu?"
Frau: „Gabeln!"

Die wichtigsten Kartoffelanbaugebiete hinter der Oder-Neiße-Grenze fielen aus, dennoch versuchten die Bezirksverwaltungen, dem Mangel durch abenteuerliche Aktionen zu begegnen.

Aus dem Bezirk Neukölln wurde im Herbst 1945 berichtet:

Eine vom Arbeitsamt zusammengestellte Hilfskolonne von vielen hundert Männern, die auf Weisung der Kommandantur aus den polnisch verwalteten Gebieten Kartoffeln heranholen sollten, bevor diese dort auf den Feldern verfault wären, kam wochenlang nicht wieder. Die Polen hatten diese Leute wider alle Verabredung zurückgehalten und für eigene Zwecke eingesetzt. Sie fanden sich in elendem Zustand wieder ein.

(Martin Ohm)

DER KURIER
4.10.1946

Die bis vor kurzem gelieferten Kartoffeln sind während der Regenperiode geerntet worden, sie waren sandig, naß und teilweise von Krankheiten befallen. Schlechte Kartoffeln, die nicht lagerfähig sind, können bis zum 8. Oktober bei allen Händlern gegen einwandfreie, gesunde Lagerware ohne neue Kosten eingetauscht werden. Die jetzt ankommenden Kartoffeln werden von vorzüglicher und bestimmt haltbarer Qualität sein.

DER KURIER
11.1.1946

Das Tagesgespräch:
Die Kartoffel

Nachdem der Winter bisher seine mildeste Seite gezeigt hat, hat das sorgenvolle Tagesgespräch in Berlin rasch das Revier gewechselt. Nicht mehr die Kohlen stehen im Vordergrund, sondern die Kartoffeln. Mit einem lachenden Auge nimmt man von jedem Strich über Null Notiz, aber mit einem weinenden Auge und mit gar kummervoller Miene beäugen Aberzehntausende tagtäglich ihre Kartoffelkiste, deren Bodenbretter immer sichtbarer werden. Im Oktober wurde die Winterration hoffnungsvoll eingelagert. Aber bald, ach, wie bald, mußte ein guter Teil „à fonds perdu" abgeschrieben werden. Mit einem Anfangsverlust zu starten, ist unangenehm genug. Und jetzt, Anfang Januar, lassen sich die Tage bereits an dem Rest der Kartoffeln zählen.

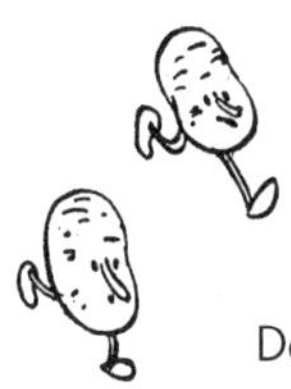

Der strenge Winter 1946/1947 wirkte sich verheerend auf die Versorgung mit Kartoffeln aus. Bereits im Herbst 1946 konnten die Markenrationen für Kartoffeln nicht vollständig geliefert werden. Mit der halben Ration ging es in den Winter. Der anhaltende Dauerfrost verschlechterte die Ernährungslage dramatisch. Die eingekellerten Kartoffeln wurden zu schnell verbraucht, weil es auch an Getreide, Mehl und Nährmitteln fehlte. Nachschub blieb aus. Hinzu kam, daß viele der eingelagerten Kartoffeln erfroren und unbrauchbar wurden. Rundfunk und Zeitschriften versuchten, mit Tips und Rezepten Ratschläge zu geben, wie erfrorene Kartoffeln, die süßlich schmecken und einen geringen Nährwert haben, verwendet werden konnten. Der Mangel an diesem wichtigen Lebensmittel wurde zu einer schwerwiegenden Bedrohung des täglichen Lebens. Man sprach von einem „Kartoffel-Barometer": je weniger Kartoffeln, desto mieser die Stimmung in der Bevölkerung. Der Mangel wirkte sich nicht nur bedrohlich auf die physische Verfassung der Menschen aus, sondern bestimmte auch die politische Stimmung in der Stadt. Stimmen wurden laut: „Bei Hitler hatten wir wenigstens Kartoffeln" oder „Das haben wir nun von der vielgepriesenen Demokratie".

Zwiebelkartoffeln

500 g Kartoffeln
100 g Zwiebeln
2 Eßl. Öl
Paprika
1/4 l Brühe

→ **Kartoffeln und Zwiebeln schälen, in Scheiben schneiden, in das heiße Öl geben, mit einer Messerspitze Paprika bestreuen. Nach 10 Minuten die kochende Brühe auffüllen und die Kartoffeln zugedeckt gar dünsten. Gebratene Blutwurst und Tomatensalat passen gut dazu.**

Buttermilchgötzen

300 g rohe Kartoffeln
350 g gekochte Kartoffeln
1/8 l Buttermilch
Salz
40 g Speck

→ **Die rohen Kartoffeln reiben, etwas Saft abgießen, dann die gekochten, geriebenen Kartoffeln dazugeben und mit Buttermilch und Salz verrühren. Den Speck zerlassen, den Teig hineingeben und bei kleiner Flamme auf beiden Seiten langsam bräunen.**

Saure Kartoffeln

Eine Mehlschwitze (die Einbrenne kann auch ohne Fett hergestellt werden) mit saurer Milch, Molke oder Wasser, Salz, Essig, wenn möglich Lorbeerblatt und etwas Zucker aufkochen, kleine, gekochte Kartoffeln dazugeben und gut durchziehen lassen.

Gefüllte Kartoffelscheiben

1 1/2 kg Kartoffeln
100 g Leber- oder Mettwurst
etwas Milch und Tomatenmark
Backfett

→ **Dicke Scheiben von gekochten Kartoffeln werden mit Leber- oder Mettwurst bestrichen, zwei und zwei zusammengefügt und dicht neben- und übereinander in eine Auflaufform gesetzt. Etwas Tomatenmark mit Milch verquirlen, darübergießen und den Auflauf etwa 1/2 Stunde backen.**

Perücken

In manchen Gegenden Thüringens sagt man auch „Boltze" (oft „Pulze" gesprochen), und in Sachsen heißen sie „Reiberich" (gesprochen „Rauberich"). Man versteht darunter ein sehr schmackhaftes und sparsames Gericht aus geriebenen Salz- oder Pellkartoffeln, die fest in eine schwach eingefettete Pfanne gedrückt und langsam gebacken werden. Wenn der Teig am Boden ordentlich braun ist, wird er mit Hilfe eines Topfdeckels umgestülpt und auch auf der anderen Seite braun gebacken. Man ißt diese Speise entweder ohne jede Zutat, mit etwas Zucker bestreut, zu einem Teller Suppe oder zu einer Scheibe trockenen oder gerösteten Brotes.

Strunzel-, Reibsel-, Schlenker- oder Fusselsuppe

Gemüsebrühe oder Kartoffelbrühe
4 mittelgroße Kartoffeln (roh)
frisches Grünzeug
1 geriebene Mohrrübe oder
etwas feingeschnittene rohe Zwiebel
Salz nach Geschmack

→ **In die kochende Flüssigkeit gibt man die geriebenen rohen Kartoffeln, läßt alles 3 Minuten kochen. Dann zieht man den Topf vom Feuer, gibt die Frischkost dazu und schmeckt die Suppe ab.**

Die Reibselsuppe hat mir als Kind sehr gut geschmeckt. Darüber war meine Mutti sicherlich sehr glücklich. Als ich selbst Mutter wurde und wir über die Hamsterfahrten und den täglichen ‚Nahrungsfang' nach dem Krieg sprachen, bat ich meine Mutti, mir doch diese Suppe noch einmal zu kochen. Sie tat es ... Mir hat es nicht geschmeckt. Hunger ist der beste Koch.

(Silvia Rabe)

Klackerklieben

3/4 l	Wasser oder Milch
1 Prise	Salz
1 Eßl.	Zucker
1	große rohe Kartoffel
3 Eßl.	Mehl

➔ **Wasser, Salz und Zucker zum Kochen bringen, die Kartoffel reiben und mit Mehl zu einem Teig verkneten. Davon bröckelt man erbsengroße Flöckchen ab, gibt sie nacheinander in die kochende Flüssigkeit und läßt sie 10 Minuten garen. Etwas zerstoßener Zimt, Fenchel oder Anis – auch Ersatz – verbessert den Geschmack. Man kann diese nahrhafte Suppe auch auf Salzbasis herstellen. Gewürze und Kräuter nach Geschmack beifügen.**

Kartoffelbrotsuppe
(sehr sättigend)

250 g	roh geriebene Kartoffeln
200 g	kleingeschnittenes Vollkornbrot
1 1/2 l	Wasser eingesalzene Kräuter
1 Eßl.	Hefeflocken oder roh geriebenes Gemüse

➔ **Die roh geriebenen Kartoffeln mit Brot und Wasser zum Kochen bringen, 10 Minuten durchkochen, mit Kräutern abschmecken und mit Hefeflocken oder roh geriebenem Gemüse aufwerten.**

Dicke Kartoffelsuppe mit Brennesseln

500 g	Kartoffeln Zwiebel oder Lauch
1 1/2 l	Wasser oder Gemüsebrühe
etwa 150 g	junge Brennesselblättchen
1/8 l	Buttermilch

➔ **Aus Kartoffeln und Zwiebeln eine Kartoffelsuppe kochen. Dann gibt man die gehackten Brennesselblätter hinzu und läßt die Suppe 5 bis 10 Minuten ziehen. Zum Schluß mit Buttermilch verfeinern.**

Röhren-Tätscher

Gekochte, geriebene Kartoffeln mit etwas Mehl und einer Prise Salz durchwirken, ausrollen und in Vierecke schneiden. Auf der Herdplatte oder dem Backblech beidseitig backen. Mit etwas Fett bestreichen, mit Zucker bestreuen und noch warm verzehren.

Süße Kartoffelkrapfen

500 Gramm gekochte Kartoffeln werden gepellt, gerieben und mit etwa 250 Gramm Mehl und etwas Salz zu einem Teig verarbeitet. Daraus formt man Rollen von ungefähr 5 cm Durchmesser, die in fingerdicke Scheiben geschnitten und auf beiden Seiten goldgelb gebacken werden. Mit Kunsthonig oder Sirup bestreichen.

Kartoffeln im Teigmantel

300 g	Mehl
15 g	Hefe Salz
1/8 l	Milch oder Wasser
500 g	Kartoffeln
1	Eiersatz angerührt oder 2–3 Eßl. Milch
50 g	kleingeschnittene, in Fett und Zwiebel gedünstete Wurst
1 Teel.	Majoran

➔ **Aus Mehl, Hefe, Salz und Milch einen Hefeteig herstellen und ausrollen. Rand und Boden einer Auflaufform auslegen, 1/3 für den Teigdeckel zurückbehalten. Die geschälten und gekochten Kartoffeln durchpressen, mit den übrigen Zutaten vermengen und gut abschmecken. Die Masse in die Auflaufform füllen, Teigdeckel darüberlegen und bei Mittelhitze goldgelb backen. Mit beliebiger Tunke servieren.**

Bratkartoffeln ohne Fett

Zwiebelringe schneiden, in die Pfanne legen und mit etwas Wasser dünsten. Darauf die gekochten, geschnittenen Kartoffeln schichten und anbraten. Wenn möglich, pro Kopf einen Teelöffel Hefeflocken zufügen. Nicht zu früh umwenden und evtl. noch etwas Milch oder Wasser nachfüllen.

Bratkartoffeln wurden auch in Rizinusöl gebraten. War überhaupt kein Fett vorhanden, dann briet man die Kartoffeln in Malzkaffee.

(Christiane Walke)

Gebräunte Kartoffeln

20 g	Fett
1 Eßl.	Zucker
1–2 Eßl.	Wasser
1 kg	Kartoffeln
	Salz

➜ **Fett und Zucker werden in einer Pfanne gebräunt. Sobald die Masse anfängt zu schäumen, gibt man das Wasser dazu. Dann legt man die festgekochten Kartoffelscheiben in die Tunke, bräunt sie von beiden Seiten und schmeckt sie mit Salz ab.**

Kartoffelnudeln

500 g	gekochte Kartoffeln
ca. 5 Eßl.	Mehl
etwas	Salz
20 g	Fett

➜ **Kartoffeln und Mehl vermengen und auf einem bemehlten Brett ausrollen. Daraus schneidet man Nudeln, die in Salzwasser gekocht werden. Mit dem Schaumlöffel herausnehmen, abtropfen lassen und mit ein wenig Fett aufbraten. Mit Zucker und Zimt, Kompott oder Tomatensoße reichen.**

Von einer Tauschfahrt von Greifswald nach Berlin zurückgekehrt, hatte ich heimkehrende Soldaten kennengelernt. Sie hatten mich im Zug vor plündernden Russen geschützt, und ich hatte sie zu uns nach Hause zum Essen eingeladen. Es gab wie meistens nur Kartoffeln mit Salz, und ein Landser fragte, ob denn gar nichts anderes im Hause sei. Daraufhin aßen wir zu den Kartoffeln den selbstgekochten Zuckerrüben-Mohrrübensirup und fanden alle, daß es eine gute Kombination war. Fazit: Der Landser hat recht!

(Ursula Noack)

Einfache Kartoffelklöße

1 kg	gekochte, durchgedrückte Kartoffeln
100 g	Mehl
50 g	Grieß
1/2 Eßl.	Salz
evtl.	
1 Eßl.	Eiaustauschmittel
1 Eßl.	Kartoffelmehl
1–2 Scheib.	gewürfeltes Brot

➜ **Die geriebenen Kartoffeln mit den Zutaten vermengen, Klöße formen und mit Brotwürfeln füllen. In Kartoffelmehl wenden, in kochendem Salzwasser 10 Minuten kochen und noch 10 Minuten ziehen lassen.**

Blitzklöße

1 kg	Kartoffeln
250 g	Kartoffelmehl
	Salz
ca. 1/2 l	kochende Milch

➜ **Kartoffeln in der Schale kochen, schälen und durchpressen. Mit Salz und Kartoffelmehl zu einer krümeligen Masse verrühren, die kochende Milch von der Mitte aus zugeben und mit den Händen rasch und locker zu einem Teig kneten. Eine Rolle formen, Stücke abschneiden und daraus Klöße formen, die in kochendem Salzwasser einmal aufkochen müssen. Anschließend noch 10 Minuten ziehen lassen.**

Spinatklöße

750 g	tags zuvor gekochte Kartoffeln
2	roh geriebene Kartoffeln
300 g	roh gewiegten Spinat
1	feingewiegte Zwiebel
	Salz
3 Eßl.	Mehl
2–3 Eßl.	Grieß oder Kartoffelmehl

➜ **Die roh geriebenen Kartoffeln leicht ausdrücken, mit den gekochten, geriebenen Kartoffeln vermengen, Klöße formen und in kochendem Salzwasser 15 Minuten langsam garen.**

Roher Serviettenkloß

500 g roh geriebene Kartoffeln
3 Eßl. Grieß
3 Eßl. Mehl
Salz
25 g Hefe oder 1 Teel. Natron
1–2 Scheib. geröstete Brotwürfel

➔ **Die roh geriebenen Kartoffeln mit den Zutaten vermengen (Hefe zerbröckelt zugeben), die Masse auf ein gebrühtes Tuch geben, über einen durchgesteckten Quirl zubinden, in einen Topf mit kochendem Salzwasser hängen. Den Kloß 45 Minuten kochen lassen. (Die Serviette darf den Topfboden nicht berühren.) Beim Herausnehmen gut abtropfen lassen und in Scheiben schneiden. Man gibt zu dem Kloß Zwiebel- oder Meerrettichsoße, aber auch Fruchtsoße oder Kompott. Das Gericht ist billig, sehr schmackhaft und sättigend.**

Kartoffelbrei

Kartoffelberg

750 g Kartoffeln
20 g Stärkemehl
1/2 Eßl. Salz
etwas Muskat
50 g Semmelbrösel
30 g Fett

➔ **Geschälte Kartoffeln schneiden, kochen, abgießen und stampfen. Dabei das Stärkemehl zufügen, mit Salz und Muskat abschmecken. Die Semmelbrösel in Fett braten. Die Hälfte der Kartoffeln in eine heiße Schüssel füllen, Semmelbrösel darüber verteilen, den Rest der Kartoffelmasse darauf häufen, den Berg glattstreichen und mit den übrigen Bröseln bestreuen. Mit Salat oder Tunke auftragen.**

rechte Seite:
Kinder, die Mehlreste zusammenfegen

Kartoffelbrei mit Abwandlungen

750 g Kartoffeln
1/2 l Salzwasser
1/4 l Milch

➔ **Die frisch gekochten Salzkartoffeln zerstampfen, mit der heißen Milch zu Brei schlagen. Für „grünen" Kartoffelbrei 2 Eßlöffel gehackte Kräuter untermengen; für Tomaten-Kartoffelbrei 3 Eßlöffel Tomatenmark mit verschlagen; für pikanten Kartoffelbrei eine Gewürzgurke, ein Stück Salzhering in Würfelchen oder Schnittlauchröllchen unterrühren.**

Kartoffelbrei ohne Milch

Nach dem Kochen werden die Kartoffeln abgegossen und am Herdrand zum Abdampfen stehengelassen. Das Kochwasser wird hierbei nicht verwendet, sondern frisches, heißes Wasser anstelle von Milch. Der Kartoffelbrei wird mit dem Kartoffelstampfer einige Minuten gut gestampft, mit frischem heißen Wasser geschlagen und mit gerösteten Zwiebeln zubereitet.

Roher Kartoffelbrei

Roh geriebene Kartoffeln, 1 geriebene Zwiebel und Salz mischen. Man streicht einen flachen Topf mit Fett aus, füllt ihn zur Hälfte mit Buttermilch oder Magermilch, gibt den Teig hinein und läßt ihn unter Umrühren auf mäßigem Feuer garen. Evtl. noch mit Milch auffüllen. Mit gerösteten Zwiebeln oder Semmelbröseln anrichten.

Zitterbrei

Rohe Kartoffeln reiben und in wenig Wasser weichkochen. Mit Zucker oder Zimt bestreuen. Den Brei kann man heiß oder kalt essen.

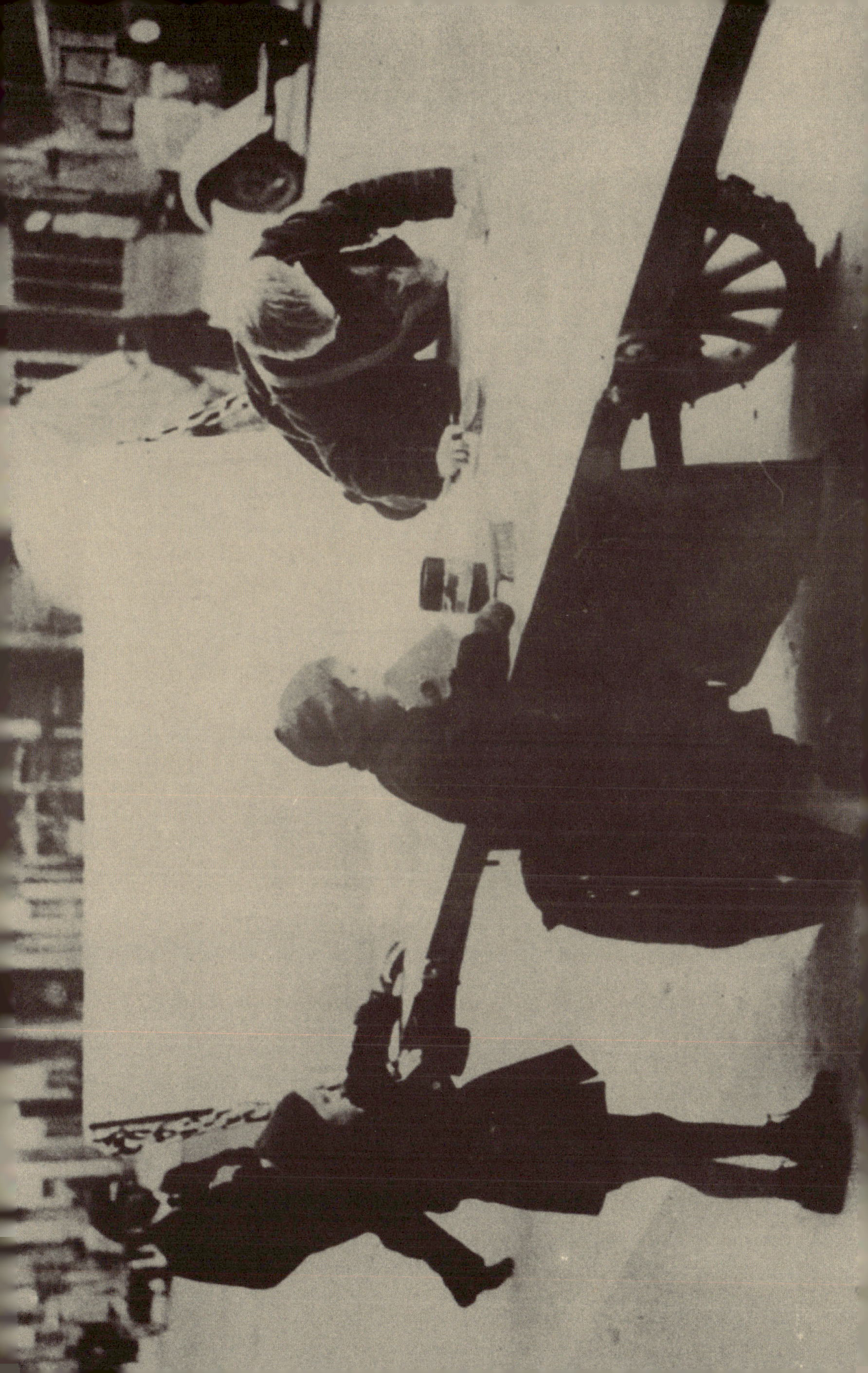

DIE NEUE ZEITUNG

AUGUST 1947

Sonntag	Montag	Dienstag	Mittwoch	Donnerstag	Freitag	Samstag
					1	2
3	4	5	6	7	8	9
10	11	12	13	14	15	16
17	18	19	20	21	22	23
24/31	25	26	27	28	29	30

Ein vielseitiger Mann.

Im Jahre 1846 versagte die Kartoffelernte in Irland zum zweiten Male. Die Bevölkerung wurde von 8 auf 6 1/2 Millionen reduziert. Eine Million starb des Hungers, der Rest wanderte aus. Der französische Küchenchef Alexis S o y e r rettete das Leben der übrigen dadurch, daß er Suppenküchen einrichtete, von denen eine allein in vier Monaten über eine Million Essen ausgab. Dieser Mann war mit einer der führenden Porträtmalerinnen der damaligen Zeit verheiratet. Er entwarf sowohl glänzende Bankette für Fürstlichkeiten als auch Kochbücher für sparsamste Hausfrauen. Er schrieb ein Theaterstück, dichtete und erfand einen Ofen für die englische Armee, den diese noch im ersten Weltkrieg verwandte. In den fünfziger Jahren ging er zusammen mit Florence Nightingale nach der Krim, wo er den englischen Soldaten beibrachte, unter den unmöglichsten Umständen wohlschmeckende Mahlzeiten zu kochen. Durch Beseitigung bestehender Mißstände rettete er auch diesmal das Leben von Tausenden.

Rezepte mit amerikanischem Buck-Wheat (Buchweizenmehl):

Buchweizenmehl eignet sich zur Suppe, zum Brei, zu Grütze, Süßspeisen und auch als Austauschmittel für Kartoffeln in Eintopfgerichten. Bei der letzteren Verwendung wird es 30—40 Min. im Gericht mitgekocht. Bei längerem Stehen dickt es nach. 20—30 g pro Kopf genügen. Es eignet sich auch als Streckmittel in Hackfleischgerichten, wobei es lockernd wirkt. 250—300 g Buchweizen werden auf 1 l Wasser verwendet.

Buchweizensuppe (4 Pers.): 60 g Buchweizen und 1 gehackte Zwiebel mit Fett anrösten. 3 gewürfelte Kartoffeln und 300 g kleingeschnittenes Gemüse kurz dünsten. Das Ganze mit 1 l Wasser aufkochen, würzen und garquellen.

Buchweizenpflanzerln — Frikadellen — (4 Pers.): 375 g Buchweizen mit 3/4 l Wasser kalt zusetzen, dick ausquellen. 1 gehackte, angedünstete Zwiebel, Kräuter sowie Salz in die Masse mischen. Kleine Pflanzerln formen, in der Pfanne oder im Rohr backen. Beigabe von Hackfleisch verbessert den Geschmack, ist aber nicht nötig

Buchweizenknödel (4 Pers.): Man verwendet denselben Teig wie bei den Pflanzerln, nur gibt man 1 Ei dazu. Die Knödel in Salzwasser langsam garkochen.

Knusperchen: 300 g Buchweizen, 50 g Fett, 100 g Zucker oder etwas Süßstoff, Aroma, 1/2 Backpulver und 4 Eßlöffel Milch zu einem Mürbteig verarbeiten. Den Teig ruhen lassen, dann rollen, ausstechen oder schneiden. Die Knusperchen mit Wasser oder Milch bestreichen, mit Zucker bestreuen und bei Mittelhitze backen.

Die Vitaminecke:

Was für Gemüse? Wenn soviel Gemüse anfällt, wird man wählerisch. Man möchte Artischocken, Zuckermais, Melonen.

Rezepte:

Artischocken gedeihen überall, auch in München. Dämpfen und eine T.-Ei-Mayonnaise dazu.

Zuckermais: Die halbreifen Kolben — die Körner müssen noch zartgelb und weich sein — in Salzwasser kochen. Mit Salz wie mundharmonikaspielend essen.

Was kann man anbauen?

Nicht denken, jetzt ist's aus mit dem Anbau. Man sät neben Winterspinat knusprig krachende Herbstradieschen und auch violett-weiße Rüben.

Kuchen und Brot aus Kartoffeln

Kartoffelzopf

250 g Mehl
50 g Zucker
1/4 l entrahmte Milch
40 g Hefe
30 g Fett
1 Ei oder Milei
500 g geriebene Kartoffeln

➔ **Man bereitet wie üblich einen Hefeteig, zu dem man zum Schluß die gekochten, geriebenen Kartoffeln dazugibt. Den Teig in drei Teile teilen und zu einem Zopf flechten. Evtl. mit etwas Fett und Zucker bestreuen und backen.**

Kartoffelkrümeltorte

Von überraschendem Wohlgeschmack ist die Kartoffelkrümeltorte. Sie reiben hierzu 1 1/2 Pfund gekochte Kartoffeln vom vorhergehenden Tage, geben etwa 1/4 Pfund Mehl sowie etwas Salz und Zucker hinzu und mengen alles ganz locker mit zwei Gabeln durcheinander (keinesfalls kneten oder drücken). Die Hälfte davon lose in eine Springform schütten (nicht festdrücken), etwas Marmelade, Sirup oder Obst darauf verteilen und den Teigrest krümelig darüber geben. Die Torte muß 1/2 Stunde backen, bis sie knusprig ist.

Kartoffelhefekuchen

250 g Mehl
30 g Hefe
1 Teel. Salz
40 g Zucker
1/8 l entrahmte Frischmilch
25 g Fett
500 g gekochte, geriebene Kartoffeln

➔ **Man stellt aus Hefe, Mehl, Zucker, Milch, Fett und Salz einen Hefeteig her, dem man zum Schluß die Kartoffeln zufügt, rollt ihn auf einem gefetteten Blech aus und stellt ihn über Nacht kühl. Morgens mit Milch, zerlassener Margarine oder Zucker und Zimt bestreuen, bei guter Hitze backen. Den Kuchen ißt man möglichst frisch.**

Schusterflecken

250 g Mehl
250 g gekochte, geriebene Kartoffeln
100 g Zucker
60 g Fett
1 Ei
1 Prise Salz
1–2 Eßl. entrahmte Milch
1 Päck. Backpulver
Aroma
Marmelade zum Füllen

➔ **Aus allen Zutaten bereitet man einen gut durchgearbeiteten Teig, der 1/2 cm dick ausgerollt und mit einem Glas zu runden Teigstücken ausgestochen wird. Auf jedes Teil kommt ein Teelöffel Marmelade und ein zweites Teigstück darüber. Bei mäßiger Hitze backen.**

Kartoffel-Sandkuchen

500 g roh geriebene Kartoffeln
250 g Mehl
1 1/2 Päck. Backpulver
150 g Zucker
Aroma
evtl. 30 g Fett

➔ **Von den geriebenen Kartoffeln den Saft abschöpfen, mit den anderen Zutaten gut durchrühren und in einer Kastenform backen.**

Gekochter Kuchen ohne Mehl

250 g gekochte, geriebene Kartoffeln
125 g Grieß
2–3 Eßl. Marmelade
2–3 Eßl. Zucker
1 Tasse Milch
1 Ei
1 Päck. Backpulver
beliebiges Gewürz

➔ **Das Dotter mit dem Zucker schaumig rühren, möglichst gelbe Marmelade und die übrigen Zutaten hinzugeben und alles gut verrühren. Zuletzt den steifen Eischnee unter die Masse ziehen. Der Teig darf nicht fest**

linke Seite:
Kalender mit Rezepten

sein. Vor dem Backen eine Weile stehenlassen, damit der Grieß ausquillt. In der gefetteten Puddingform eine Stunde im Wasserbad kochen. Den Kuchen kann man warm oder kalt essen.

Rillenkuchen

1 kg	Kartoffeln
50 g	Mehl
1/8 l	heißes Wasser
	Salz
20 g	Fett

➔ **Die gestiftelten rohen Kartoffeln mit Salz und Mehl mischen, das heiße Wasser darübergeben, alles verrühren und mit dem zerlassenen Fett in einer Pfanne (5 cm hoch) zugedeckt bei schwachem Feuer backen. Nach Belieben mit Zwiebel, Majoran, Kümmel oder frischen Kräutern würzen.**

Kartoffelgrießkuchen ohne Fett

1 kg	gekochte Kartoffeln
375 g	Grieß
375 g	Zucker
	Saft einer Zitrone oder Aroma
3 Eßl.	Mondamin oder Kartoffelmehl
2 Päck.	Backpulver
etwas	Mandelöl

➔ **Die geriebenen Kartoffeln mit allen Zutaten verrühren und abschmecken. In einer gut gefetteten Form 1 Stunde backen.**

Kartoffelmilchbrot

250 g	Mehl
10 g	Fett
	Zucker nach Geschmack
125 g	gekochte, geriebene Kartoffeln
	Salz
20 g	Hefe
1/16 l	Milch

➔ **Aus den angegebenen Zutaten einen Hefeteig herstellen. Zuletzt die Kartoffeln beigeben und ein Brot daraus formen, bei guter Hitze etwa 3/4 Stunde in einer gefetteten Form backen.**

Kartoffelhalbmonde

1/2 kg	am Vortag gekochte, geriebene Kartoffeln
1/4 kg	Mehl
20 g	Rüböl oder 30 g Butter
1 Päck.	Backpulver (im Mehl verteilt) oder 1 Kaffeelöffel Natron mit 1 Eßl. Essig
60 g	Zucker mit Vanille- und Bittermandelaroma gewürzt oder statt Zucker 1 Kaffeelöffel Salz

➔ **Die Masse langsam und kräftig kneten und eine halbe Stunde kühl gestellt ruhen lassen. Dann auf einem mehlbestreuten Brett etwa messerrückendick ausrollen. Mit runder Form (Glas oder Tasse) ausstechen und in die Mitte etwas von der Füllung (süß: Marmelade, salzig: Gemüse oder Fleisch) geben, eine Teighälfte überklappen und den Rand gut festdrücken. Die Halbmonde werden dann mit wenig Wasser leicht überstrichen und auf gefettetem Blech sogleich knusprig backen. Die Masse ergibt 30 bis 40 Stück.**

Ich mußte mit meiner Mutter 1943 Berlin verlassen, weil meine Eltern zu dieser Zeit keine schulpflichtigen Kinder hatten. Wir gingen von Mariendorf in das 50 km südlich von Berlin gelegene Jüterbog. Dort besaßen meine Großeltern eine Schneidermeisterei. Mein Großvater änderte für die Russen – so wurde bei uns die sowjetische Besatzungsmacht genannt – Kleidung. Dafür bekam er Brot und Mehl. Meine Mutter half in den umliegenden Dörfern bei der Ernte, und dafür erhielt sie Kartoffeln. Daraus wurden „köstliche Gerichte" gezaubert und sogar noch Stärke gewonnen, um Pudding zu kochen, Kuchen zu verfeinern und sich sogar den Luxus zu erlauben, die Wäsche zu stärken.

(Vera Förster)

Kartoffelpuffer

Kartoffelpuffer mit Schalen

	Kartoffeln
	Zwiebel
etwas	Mehl
	Salz
	Fett zum Braten

➔ **Die Kartoffeln gründlich sauber bürsten, schälen und die Schalen sowie die Zwiebel durch den Wolf drehen. Mit Mehl und Salz zu einem Pufferteig verarbeiten und in heißem Fett ausbacken.**

Kartoffelpuffer ohne Fett

Die Puffer können auch auf der offenen, heißen Herdplatte gebacken werden. Der Teig muß dann ganz dünn ausgestrichen werden. In der Großstadt, wo hauptsächlich auf Gas oder elektrisch gekocht wird, kann man auch die Pfanne benutzen, darf aber nur mit kleinster Flamme oder schwacher Stromschaltung backen.

Süße Puffer ohne Fett

Manch einer ißt seine Kartoffelpuffer, wenn er sich zur Feier des Tages einmal welche leistet, gern süß. Man kann Fett sparen, wenn die heiße Pfanne mit etwas Zucker bestreut wird. Den Teig dann dünn darauf verteilen. Beim Umwenden ist nochmals Zucker zu verwenden.

Kartoffelpuffer mit Brot

Zu gleichen Teilen gekochte Kartoffeln und eingeweichtes Brot durch den Wolf drehen, etwas Mehl, Hefe, Zwiebel, Salz und Aroma dazugeben. Alles gut vermischen und in einer großen Pfanne von beiden Seiten backen.

Kartoffelkeulchen

Etwa zwei Pfund gekochte Kartoffeln durch den Wolf drehen oder reiben. Darunter etwas Salz, Mehl und 2–3 mittelgroße, in kleine Stückchen geschnittene oder geraspelte Äpfel mengen, das Ganze zu einer Rolle formen und den Teig scheibenweise in der Pfanne backen. Die Kartoffelkeulchen mit Zucker bestreut servieren.

„Kriegswaffeln"

250 g	Mehl
250 g	geriebene Kartoffeln
1/2 l	Milch
1	Ei
etwas	Backpulver
	Vanillezucker

➔ **Die Zutaten vermengen und im Waffeleisen backen.**

Pfannkuchen – zeitgemäß

Teig aus Kartoffeln, Mehl, Salz und Zucker und evtl. etwas Hefe vermengen. Zuerst als Klöße kochen und dann ohne Fett aufbraten. Man kann den Teig auch auf einer nur leicht eingefetteten Pfanne auf beiden Seiten backen, dann mit der Kuchenspritze die Pfannkuchen mit Marmelade oder Kaffeecreme füllen. Wenn Zucker vorhanden, die Pfannkuchen mit Zuckerguß überziehen.

Erfrorene Kartoffeln

– Roland von Berlin – 17.8.1947 –

Bauernlegende 1947

Unter der drückenden Last ihres Rucksacks gebeugt, kämpfte sich eine übermüdete Frau auf einem ausgefahrenen Feldweg zur großen Landstraße, die zur entfernt gelegenen Großstadt führt. Kurz bevor sie die Landstraße erreichte, begegnete ihr der Pfarrer des Dorfes. Freundlich bot er ihr die Tageszeit und fügte mit einem Blick auf den Rucksack hinzu: „Sie haben großes Glück gehabt, gute Frau, so viele Kartoffeln zu erhalten. Die meisten müssen mit leeren Händen in die Stadt zurückkehren, nachdem sie oft tagelang unterwegs waren."

Die Frau setzte die schwere Last ab und erwiderte mit müder Stimme: „Auf mich warten fünf hungrige Mäuler daheim, daß ich ihnen ein paar Kartoffeln mitbringe. Da habe ich in meiner Not meinen goldenen Ehering eintauschen müssen."

Erzürnt über solch eine Raffgier ließ sich der Pfarrer die Lage des Gehöftes beschreiben, und als er erkannte, daß dieser Hof in seinem Kirchspiel gelegen sei, versprach er der Frau, alles zu tun, um ihr den Ring wieder zu verschaffen.

Am folgenden Sonntag wetterte der Pfarrer von der Kanzel wider die Habgier und die Raffsucht der Menschen in den Zeiten der allgemeinen Not. Auch unter den Bauern seines Kirchspiels befände sich einer, so behauptete er, der in der vergangenen Woche einer armen Frau, die daheim fünf hungrige Mäuler zu stopfen habe, ihren goldenen Ehering für einen halben Zentner Kartoffeln abgenommen habe. Er kenne den Namen des habgierigen Bauern, und wenn nicht in der folgenden Woche der Ring im Pfarrhaus abgegeben werde, damit er ihn der armen Frau wieder zurückgeben könne, so werde er den Namen des Bauern nach der nächsten Sonntagspredigt von der Kanzel der Gemeinde verkünden.

Und noch bevor der nächste Sonntag heran war, wurden sieben goldene Eheringe in der Pfarrei abgegeben.

Walter Schumitz

Erfrorene Kartoffeln verwenden

Erfrorene Kartoffeln läßt man in kaltem Salzwasser langsam auftauen. Kleine Mengen verwendet man zu Salat, Klößchen, Plätzchen, Kuchen. Hat man größere Mengen, müssen sie als Trockengut haltbar gemacht werden.

Kartoffelsuppe aus angefrorenen Kartoffeln

Die Suppe schmeckt besser, wenn anstelle von Wasser Molke (Käsewasser) verwendet wird, die markenfrei erhältlich ist.

Saures Kartoffelgemüse

200 g Kartoffeln (auch erfroren)
5 g Fett
etwas Zwiebelwürfel
10 g Mehl
Wasser

→ **Kartoffeln schälen, würfeln und gar kochen. Fett und Zwiebel anschwitzen, mit Wasser auffüllen und die Kartoffeln zugeben. Mit etwas Essig abschmecken. Die Speise erhält ihren süßsauren Geschmack durch die süßlich schmeckenden Kartoffeln.**

Trockenkartoffeln

DER KURIER
9.2.1946

Amerikanische Trockenkartoffeln für die Berliner

Unsere wiederholten Hinweise und die zahlreichen Hilferufe zu der überaus kritischen Kartoffelfrage scheinen bei den zuständigen Stellen Gehör gefunden zu haben. Wie uns mitgeteilt wurde, sollen demnächst amerikanische Trockenkartoffeln, die nicht mit der bei uns bekannten Art vergleichbar sind, an alle Berliner Verbraucher zur Ausgabe gelangen. Die Berliner Presse ist dieser Tage zu einer Kostprobe eingeladen, über die wir noch ausführlich berichten werden.

Am 15. Februar 1946 wurde berichtet, daß die Trockenkartoffeln völlig gleichwertig seien. Vorteile: kein Abfall, kürzere Zubereitungszeit. Über Geschmack und Aussehen wurde nicht berichtet.

Kartoffelsuppe aus Trockenkartoffeln

Die eingeweichten Trockenkartoffeln in Würfel oder Streifen schneiden. 10 Gramm Fett mit Zwiebel oder etwas Gemüse anschwitzen lassen. Die Trockenkartoffeln dazugeben, mit dem Einweichwasser auffüllen und gar kochen. Mit gehackter Petersilie anrichten.

Brühkartoffeln

Aus Fett, Zwiebel und 3 Eßlöffeln Mehl eine Mehlschwitze herstellen, die eingeweichten Trockenkartoffeln dazugeben und mit dem Einweichwasser auffüllen. Kräftig mit Salz, Majoran und einem Spritzer Essig abschmecken. Wenn vorhanden, einige Würfelchen Speck oder Wurst ausbraten und darübergeben.

Bratkartoffeln

Für Bratkartoffeln müssen die eingeweichten Trockenkartoffeln auf einem Sieb ablaufen, angekocht und dann in wenig heißem Fett gebraten werden. Man benötigt dazu geringere Fettmengen als zu frischen Bratkartoffeln.

Plätzchen aus roten Trockenkartoffeln

250 g	rote Trockenkartoffeln
125 g	Mehl
	Mandelaroma
1/2 Päck.	Backpulver
	Salz
	Zucker nach Geschmack (die Trockenkartoffeln sind bereits ziemlich süß)

→ **Rote Trockenkartoffeln mit 1 1/4 Liter Wasser am Vortage kochen und abgießen. Die anderen Zutaten hinzutun und mit einem Teelöffel kleine Plätzchen formen und abbacken.**

Kartoffelbrei

80 g	Trockenkartoffeln
3/8 l	Wasser
	Salz

→ **Trockenkartoffeln einweichen, mit dem Einweichwasser ankochen und 30–40 Minuten kochen lassen, abgießen und durch eine Kartoffelpresse drücken. Das Wasser aufkochen, heiß zur Masse geben und mit dem Schneebesen kräftig durchschlagen. Kartoffelbrei aus roten Trockenkartoffeln muß nicht gesüßt werden.**

Heringssalat aus Trockenkartoffeln

50 g	Trockenkartoffeln
1/4 l	Wasser
1/2	Hering
1 Teel.	Öl
	Zwiebelwürfel
	Salz

→ **Trockenkartoffeln einweichen und 10 Minuten kochen lassen. Den gewässerten und gewürfelten Hering mit Zwiebel und Öl unter die Kartoffelmasse mischen.**

Kartoffelschalen

Puffer aus Kartoffelschalen

Kartoffelschalen waschen und im Ofen trocknen. Die getrockneten Schalen zerbröseln und mit Hafermehl mischen, Wasser und Salz hinzufügen. Ohne Fett auf der heißen Herdplatte oder in der Pfanne kleine Puffer backen.

Von geschälten Kartoffeln wurden die Schalen gewaschen und gekocht. Das Wasser wurde vorsichtig abgegossen. Das, was dann übrig blieb, wurde gequetscht und mit Wasser, Salz, Majoran oder Bohnenkraut, gerösteter Zwiebel und – falls vorhanden – etwas Fett zu einer Kartoffelsuppe verarbeitet. Diese Suppe füllte für einige Zeit erst einmal den Magen!

(Vera Zoch)

Kartoffelmehl

Kartoffelschalen durch den Fleischwolf drehen. Die Schalen in ein feines Sieb geben und über eine Schüssel hängen. Darüber Wasser schütten (etwa zwei Drittel Wasser auf ein Drittel Schalen) und das Ganze gründlich durchrühren, so daß die Schalen im Sieb bleiben, die Kartoffelstärke aber mit dem Wasser in die Schüssel tropft. Das Wasser vorsichtig abschütten. Die am Schüsselboden abgesetzte Stärke auf Pergamentpapier verteilen und trocknen lassen. Ein Pfund Kartoffelschalen bringt etwa 25 Gramm Kartoffelmehl.

Ich war 1945 zwölf Jahre alt, und wir haben sehr frieren und hungern müssen. Meine Mutter hat damals auch alle möglichen Notrezepte ausprobiert, und – man wird es kaum glauben – einiges von diesen Sachen hat sogar geschmeckt. Zum Beispiel falsche Kartoffelpuffer. Dazu haben wir von den paar Kartoffeln, die wir auf Lebensmittelkarten erhielten, die Schalen sauber gewaschen, unter schwierigen Umständen gerieben und dann mit Salz in der Pfanne (anstelle von Fett, das wir nicht hatten) gebraten. Es hat geschmeckt, und wir haben uns richtig darauf gefreut!

(Helga Schee-Halfmann)

Saubere Kartoffelschalen wurden auf der warmen Herdplatte unter einem Ziegelstein getrocknet. Das waren dann eine Art „Kartoffelchips".

(Ursula Schneider)

Um Kartoffelschalen zu vermeiden, wurden die Kartoffeln halb gar gekocht, bis sie sich pellen ließen. Abgepellt kamen die Knollen dann in frisches Salzwasser und wurden normal zu Ende gekocht. Oder: Wollte man, daß Pellkartoffeln wie Salzkartoffeln schmecken, schälte man in der Mitte ein dünnes Streifchen ab, damit das Salzwasser in die Kartoffel ziehen konnte.

(Renate Fritsch)

Pilze

Pilze sammeln bedeutete für viele Familien eine Bereicherung des Küchenzettels. Um jedoch ein schmackhaftes Abendbrot zu erhalten, bedurfte es zahlreicher Anstrengungen. Der weite Weg in den Wald mußte zu Fuß oder per Fahrrad zurückgelegt werden, man brauchte zum Transport Körbe oder Pappkartons und mußte wissen, wo die richtigen Pilzstellen waren. Pilzkenner waren gefragt.

DER KURIER
9.7.1946

Auf Pilzsuche im Grunewald

Nach den heißen Tagen der warme Gewitterregen; das war das Signal für die Pilze. Der Wald duftet schwül feucht. Ich meine nicht etwa einen Wald in fernen Gebirgen oder tief im einsamen Flachland. Ohne Scherz, unser Grunewald, auch er ist ein Pilzparadies.

In den Grunewald strömten bereits am frühen Morgen die ersten Frühaufsteher. Wer später kam, fand alles abgegrast. Im Herbst 1946 gab es reichlich Pilze, das Jahr 1947 war durch anhaltende Trockenheit fast pilzlos. Dennoch bemühten sich Tageszeitungen, Rundfunk und der „Haushalts-Brief", die Berliner zum Pilzesammeln zu motivieren.

– Der Haushalts-Brief – August 1946 –

Während Pilze in früheren Jahrzehnten nur als angenehme Zukost auf unseren Speisezetteln erschienen, rückten sie im Lauf der letzten Jahre durch ihren hohen Eiweiß- und Mineralstoffgehalt immer mehr in die Reihe unserer Volksnahrungsmittel. Der Pilzreichtum unserer Wälder gibt jedem die Möglichkeit, sich jetzt im Herbst eine eiweiß- und mineralstoffreiche Zukost zu schaffen und darüber hinaus für den Winter gute Pilzvorräte zu sichern. 1 kg Frischpilze enthält ebensoviel Eiweiß wie 100 g Fleisch. (...) Pilzgerichte müssen richtig zubereitet und gut gekaut werden, sonst wird das Eiweiß von unserem Körper nicht genügend ausgenützt. Unerläßliche Voraussetzung ist natürlich die genaueste Kenntnis der verschiedenen Pilzar-

Pilzeintopf

500 g Pilze
150 g Möhren
1 1/2 kg Kartoffeln
Zwiebel oder Lauch
30 g Fett
Salz
Flüssigkeit nach Bedarf
Petersilie

→ **Die Pilze werden geputzt, gewaschen und grob geschnitten. Die vorbereiteten Möhren und Kartoffeln werden in Würfel geschnitten, die Zwiebel fein gehackt. Dann streicht man den Kochtopf mit Fett aus, schichtet alle Zutaten bis auf die Petersilie hinein, füllt mit Flüssigkeit auf und dünstet alles etwa 40 Minuten bei schwacher Hitze. Das mit gehackter Petersilie bestreute Gericht schmeckt man gut ab.**

Weißkohl gefüllt mit Pilzen

Weißkohlblätter überbrühen und mit einer Masse aus frischen, gehackten Pilzen, angerösteter Zwiebel, eingeweichtem Weißbrot oder Semmelmehl und viel gehackter Petersilie füllen. Zusammengerollt in eine Kasserolle legen und bei kleiner Hitze in wenig Brühe schmoren.

Pilze mit Haferflocken

200 g Haferflocken
20 g Fett
Zwiebel oder Lauch
1 Ei oder Eiaustauschmittel
250 g Pilze
Salz, Kräuter, Semmelmehl

→ **Die Haferflocken werden in dem Fett leicht geröstet. Dann nimmt man sie vom Feuer, gibt die gewiegten Pilze, das Ei und die Gewürze hinzu, arbeitet den Teig gut durch und läßt ihn etwa 1/2 Stunde zum Aufquellen der Haferflocken stehen. Man formt flache, runde Bratlinge, wälzt sie in Semmelmehl und brät sie in der Pfanne.**

ten! Die Zahl der wirklichen Giftpilze ist an und für sich gering, aber schon ein einziger „Grüner Knollenblätterpilz" kann ein ganzes Gericht lebensgefährlich machen. Allgemeingültige Merkmale für die Giftigkeit oder Ungiftigkeit von Pilzen gibt es nicht. Weder die Klebrigkeit des Hutes noch seine leuchtende Farbe, noch das Vorhandensein von Milchsaft, noch unangenehmer Geschmack oder Geruch verraten etwas über die Eßbarkeit. Auch die Verfärbung einer mitgekochten Zwiebel oder eines Silberlöffels sind keine Anzeichen für das Vorhandensein eines Giftpilzes.

Nur wenige Großstädter kannten sich mit Pilzen aus, das kostete viele Menschen das Leben. In den Bezirken wurden Pilzberatungsstellen eingerichtet, in denen Sachverständige Giftpilze aussortierten.

Da wir nahe dem Treptower Park wohnten, wurden im Herbst viele Pilze, vor allem Hallimasch, gesucht und gegessen.
(Gisela Plata)

Ich ging mit meinen Kindern in den Wald, um Pilze zu suchen. Schlechte Erinnerungen haben meine Söhne nicht an diese schwere Zeit, aber sie mögen seitdem keine Pilze mehr.
(Gerda Kirchner)

Pilznudeln

150 g Nudeln
1 l Salzwasser
250 g Pilze
40 g Margarine
20 g Mehl
Salz, Petersilie

→ **Nudeln oder Makkaroni in Salzwasser gar kochen und abgießen. Von eingekochten Pilzen den Saft abgießen, die Pilze grob hacken, mit der Margarine gar dünsten und unter die Nudeln mischen. In der restlichen Margarine das Mehl gelb werden lassen, unter Rühren den Pilzsaft zuge-**

ben, gut durchkochen, mit Salz abschmecken und gehackte Petersilie beifügen.

Pilze trocknen

Zum Trocknen einwandfreie Pilze putzen, nicht waschen, und in Scheiben schneiden. Breit auseinanderlegen, in der Sonne oder am Herd antrocknen, in Zugluft bei mehrmaligem Wenden fertig trocknen. Die Pilze in Säckchen luftig und trocken aufbewahren.

Pilzpulver aus getrockneten Pilzen

Getrocknete Pilze etwas zerkleinern und noch einmal bei milder Wärme recht trocken werden lassen. Dann zwischen den Händen zerreiben oder durch die Kaffeemühle drehen.
In Blechbüchsen oder gut verschließbaren Gläsern aufbewahren. 50 Gramm Pilzpulver entsprechen 500 Gramm frischen Pilzen.

Einlegen von Pilzen in Essig

Pilze putzen und waschen. Große Pilze zerteilen, kleine Pilze unzerteilt lassen. In leicht gesalzenem Wasser 5 Minuten kochen, abgießen und abtropfen lassen. Aus 2 Teilen Essig und 1 Teil Wasser eine Essiglösung herstellen, mit Dill, Estragon, Lorbeerblättern, Wacholderbeeren, feingewiegtem Meerrettich, Pfefferkörnern und etwas Zucker würzen. Die Pilze in der Essiglösung aufkochen, durchgießen und erkalten lassen. In vorbereitete Gläser einschichten und mit Cellophan verschließen.

Eingekochter Pilzextrakt

Es eignen sich alle Speisepilze, auch die zähen Arten und die in großen Mengen auftretenden minderwertigen Pilze wie Hallimasch, Reizker, Schopftintling, Butterpilz, Täubling, kahler Krempling und Grünlinge. Die Pilze putzen, waschen und durchdrehen. Mit etwas Salz und wenig Wasser 1/2 Stunde langsam kochen lassen, dann abgießen. Den Saft auffangen und die Pilzmasse erneut mit etwas Wasser kochen lassen. Die Pilze nochmals gut auspressen und den abgegossenen Saft unter ständigem Rühren geleeartig einkochen und salzen. Den dickflüssigen Pilzextrakt in vorbereitete kleine Flaschen oder Marmeladengläser einfüllen und mit Pergamentpapier verschließen. Pilzrückstand zu Bratlingen, Kohlrollenfüllungen oder Soßen verwenden. 1 Teelöffel Pilzextrakt genügt, um den fertigen Gerichten den pikanten Pilzgeschmack zu geben.

– Sie – 18.8.1946 –

Pilzsuche

Um Pilze, die sich gern verstecken,
an ihren Plätzen zu entdecken,
bedarf es zweier guter Augen,
die wirklich etwas taugen.
Doch um sie gut zu unterscheiden,
die Giftgeschwollenen zu meiden,
und um die richtigen zu finden,
muß man die Kunst damit verbinden,
die nicht zu essenden zu lassen,
und nur die Eßbaren zu fassen.
Man läßt sich daher von gescheiten
und schlauen Büchern dabei leiten.

Fisch

Eine wichtige Zusatznahrung bot das Angeln in den Berliner Gewässern und im Berliner Umland.

Gemüseeintopf mit Fisch

300 g	entgrätete rohe Fischstücke
400 g	Kartoffeln (roh u. geschält) oder 80 g eingeweichte Trockenkartoffeln
1	Zwiebel
1 Teel.	Fett
	kleingeschn. Gemüsereste

→ **Zwiebel und Gemüse zerkleinern und mit Fett anbraten, dann mit 1/2 Liter Wasser aufkochen. Kartoffeln dazugeben und obenauf die Fischstücke legen und gar ziehen lassen. Mit gehackter Petersilie garnieren.**

Nach dem Krieg wurde alles getauscht. Was der eine noch hatte, brauchte der andere dringend. Überall waren schwarze Bretter zu sehen, an denen Hunderte von Zetteln hingen. Unsere Familie hatte aus dem Nachlaß meines Großvaters ein begehrtes Tauschmittel. Opa war ein begeisterter Angler und hatte im Laufe seines Lebens eine Fülle von Angelzeug angehäuft. Wir haben alle Schnüre ordentlich aufgewickelt, was rostig war, blank poliert, hübsch auf Pappe befestigt – so sah es aus wie neu. „Angelzeug gegen Lebensmittel abzugeben", so hatten wir Zettel angeheftet, und die Leute haben uns fast die Bude eingerannt. Wir erhielten Brot, Fett, Gemüse, Pflaumen, Kirschen, sogar ein Paar Kinderschuhe, die wir dann weiter vertauscht haben. So hat uns unser toter Opa manch gute Mahlzeit beschert.

(Ella Kelm)

DER KURIER. 20. 6.1946

Der 35jährige Werner St. ist beim Krebsfang im Müggelsee ertrunken.

Ich habe also viele Fische gefangen in dieser Zeit, 46, 47, 48, aber natürlich meist kleine. Die haben ja nun viele Gräten, und wenn du die im Wasser kochst, zerfallen die wie nichts, und man hat überhaupt nichts von ihnen. Pfiffige Leute haben mir dann gezeigt, wie man mit denen umgeht. Du nimmst einen großen Kochtopf und spannst ein Leinentuch drüber. Während du unten im Topf Wasser zum Kochen bringst, legst du die kleinen Fischchen auf dieses Leinentuch und stülpst einen großen Deckel darüber. Jetzt werden die Fische gedämpft und fallen nicht auseinander. Du kannst sie vorsichtig mit der Gabel zer-

teilen, und wenn du das geschickt machst, bleibt das ganze Skelett zurück. Wenn wir dann so ein Pfund Fisch vor uns liegen hatten, nachdem wir mehrere Ladungen gedämpft hatten, kam Majoran dazu, etwas von der letzten Fettzuteilung, und dann wurde das durch den Wolf gedreht. Ha, was das für Buletten gegeben hat.

(Karl Lühning)

Fischbuletten

500 g	entgräteter Fisch (auch Fischreste)
500 g	gekochte Kartoffeln
	Salz
	Hefeflocken
1	Zwiebel

➔ **Fisch und Kartoffeln durch den Wolf drehen. Hefe, Salz und Nährhefeflocken daruntermischen. Klößchen formen und plattdrücken und in gefetteter Pfanne bei schwacher Hitze von beiden Seiten braten.**

Fischragout

250 g	Fisch
1 Teel.	Fett
1 Eßl.	Mehl
einige	Wacholderbeeren
etwas	Senf, Essig, Salz, Zucker, Zwiebel

➔ **Aus Mehl, Fett, Zwiebel und Flüssigkeit bereitet man eine helle Mehlschwitze, gibt Wacholderbeeren hinein sowie den Senf und schmeckt mit Essig, Salz und etwas Zucker ab. In diese Tunke, die man gut durchkochen läßt, gibt man den zerkleinerten Fisch und läßt ihn ungefähr 10 Minuten darin langsam gar ziehen.**

DER KURIER
8.6.1946

Fische müssen gekauft werden

Wie das Haupternährungsamt mitteilt, werden die Fleischabschnitte der dritten Dekade ausschließlich mit Fisch beliefert werden. In Berlin sind 180 Tonnen Frischfisch eingetroffen- die wegen der warmen Jahreszeit schnell verteilt werden müssen. Es wird darauf aufmerksam gemacht, daß die Fische jetzt gekauft werden müssen, ohne eine eventuelle Fleischbelieferung abzuwarten.

– Für Dich – 21.9.1947 –

Frisierte Fische – frische Fische

Kleinhändler, die sich weigerten, anrüchige Fische zu übernehmen, weil sie dadurch den Verbraucher benachteiligen und ihren eigenen guten Geschäftsruf schädigen, zwingt man über Gutachten von Amtstierärzten, sie trotzdem zu verteilen. Im Fischgroßhandel und seinen Leitstellen besteht der Dienst am Kleinhändler und Verbraucher darin, die anrüchigen und verschleimten Fische mit starkem Wasserstrahl vor der Auslieferung zu „frisieren", d.h. abzuspritzen und zu vereisen, damit ein freundlicheres Aussehen erreicht wird. Dadurch werden qualitätsgeminderte Fische aber nicht fangfrisch und genußfähig, vielmehr setzen die aufgespülten Wasserbakterien ihren Vernichtungskampf intensiver fort bis zur völligen Eiweißzersetzung der Fleischmuskulatur, wodurch der weiche lappige Fisch entsteht, dem keine Nährwerte mehr innewohnen.

Salzhering gedämpft

Einen Salzhering wässern, schuppen, ausnehmen und säubern. Den Hering in ein Sieb legen, Zwiebel oder Lauchstückchen dazu. Wenig Wasser im Kochtopf ansetzen und kochen, dann erst das Sieb mit dem Fisch einhängen und zudecken. Im strömenden Dampf etwa 6–8 Minuten dämpfen. Dazu Kräutersoße, für die das Dämpfwasser mitverwendet wird.

Spinateintopf mit Hering

1/2 l	Wasser
	Salz
1 Tasse	Graupen
250 g	Spinat
1/2	Salzhering

➔ **Wasser aufkochen und Grütze hineinrieseln lassen, aufkochen und ausquellen. Spinat waschen, ungekocht zerkleinern und dem ausgequollenen Brei untermengen. Den vorbereiteten Salzhering in kleine Stücke teilen und auf dem Spinat ziehen lassen.**

Heringshäckerle

1	Hering
1	Apfel
1/2	saure Gurke
1	kleine Zwiebel
1 Eßl.	Öl
1 Eßl.	geriebener Meerrettich
1 Eßl.	Zitronensaft
etwas	Senf
	Pfeffer

➔ **Gewässerten Hering mit Apfel und Gurke fein wiegen, mit den übrigen Zutaten vermischen, auf Butterbrot streichen und evtl. mit gekochten Eischeiben belegen.**

DER KURIER
4.10.1946

Fische und Fleisch

Freie Ware an Salzheringen, Räucherwaren und Marinaden wird aus der britischen Zone erwartet. Unser Fischfang ist augenblicklich noch zu gering, um Fisch als zusätzliche Nahrung verteilen zu können. Fisch muß daher noch längere Zeit als Ausgleich für Fleisch betrachtet werden.

Meerrettich oder Senf kräftig abschmecken. Statt Milch kann auch Brühe oder Wasser verwendet werden.

DER TAGESSPIEGEL
8.4.1947

Auf dem Eise des Großen Wannsees brachen am Karfreitag beim Angeln zwei Männer ein und ertranken.

Heringsstippe

1	Hering
1	große Zwiebel
1/2 l	Brühe
40–50 g	Mehl
2 Teel.	Essig

➜ **Hering etwas wässern und entgräten, ganz fein wiegen. Das in kaltem Wasser angerührte Mehl in der Brühe mit der Zwiebel gar kochen. Hering und Essig zugeben und durchkochen. Sehr schmackhaft zu Pellkartoffeln.**

Brotsoße (ungekocht)

100 g	Brot
1/2	Salzhering
	Zucker, Essig, Pfefferersatz

➜ **Brot würfeln und in kaltem Wasser 1 Stunde einweichen, dann durch ein Sieb streichen. Den Salzhering wässern, säubern und kleingewiegt unter die Brotmasse rühren. Mit Gewürzen pikant abschmecken.**

Milchtunke

20 g	Margarine
10 g	Mehl
1/4 l	Milch oder aufgelöstes Milchpulver
	Salz, Paprika, Meerrettich, Senf

➜ **In der erhitzten Margarine das Mehl unter Rühren hellgelb schwitzen, nach und nach die Milch auffüllen, gut durchkochen, mit Salz, Paprika, auch einem Spritzer Tunkenwürze abschmecken. Mit geschabter Heringsmilch,**

Heringskartoffeln in Milchtunke

500 g	Kartoffeln
1/4 l	Milchtunke (s.o.)
1	Hering
20 g	Fett
1	Ei
1 Eßl.	Senf
20 g	Brösel
20 g	Butter

➜ **Pellkartoffeln abziehen, in Scheiben schneiden und mit der Hälfte der Milchtunke vermischen. Den gewässerten, vorbereiteten Hering in kleine Stücke schneiden, mit den Kartoffelscheiben vermengen und in eine gefettete Form füllen. Die übrige Tunke mit Eigelb und Senf verrühren, den steif geschlagenen Eischnee unterziehen, über den Auflauf geben. Mit Semmelbröseln bestreuen und mit Butterflöckchen belegen, 30 Minuten überbacken.**

Praktische Ecke

Aus eigener Räucherkammer

1 Salzhering unausgenommen 24 Std. wässern.

Danach ein Stückchen Draht durch den Heringskopf ziehen,
↓
an einem Feuerhaken befestigen,
↓
und d. Hering 48 Std. an der Luft trocknen.

➜ Den getr. Hering
- der am Feuerhaken bleibt -
mit einem Bog. Zeitungspapier umwickeln,
↓
und den Bogen ebenfalls am Draht befestigen.

Feuerhaken über einen Eimer od. Konservendose - hohe - od. Kartoffeldose legen,
↓
Hering muß frei hängen!

Zeitungsbogen von unten anzünden und ausbrennen.

– Programm 1949 des Kabaretts „Die Stachelschweine" –

„Hoffen und Harren"

Mann: Emma – soll der Hering und der Rübensaft mein ganzes Abendbrot sein?
Stimme der Frau: Ja, Erwin. Auf Abschnitt Margarine hat es Hering gegeben, und die Dorschleber ist alle.
Mann: Nun gibt es wieder Hering uff den Abschnitt Margarine und Rübensaft auf Abschnitt drei.
Und davon looft zwar mühsam die Maschine,
doch all det Denken kreist um Fresserei.
Der Hering kann ja dafür nicht,
den haben 'se genau wie mir geangelt und verladen,
der schwamm im Heringsstrom genau wie ich.
Jetzt ess ick ihn im Namen der Dekaden.
Doch wüßte ick nich, daß in zehn Jahren andre Zeiten,
dann würd ick dir nicht meinem Magen übergeben,
dann würde ick mir jetzt beizeiten
noch fortstehln aus dem Erdenleben.
Mensch – wenn ich nicht wüßt, daß in zehn Jahren
man das Wort Krieg vergessen hat,
und ohne Grenzen von Berlin nach Köln kann fahren
und Zuzug hat in jeder Stadt ...
Wenn ick nich wüßt, daß nie mehr Worte fallen
vom stolzen Tod fürs Vaterland,
nie in Kasernen Stiefel knallen
und Fahnenschwüre blenden den Verstand,
und Kinder niemals lernen die Befehle,
die das Jahrhundert machten doch zu einem Irrenhaus,
dann würd ich – wozu ich diesen Quatsch erzähle,
das alles ist ja nun endgültig aus.
Ach, in zehn Jahren – Kinder, wenn ich daran denk,
da, hoff ich, ist man endlich doch normal,
da gibt's nicht um ein Stückchen Land Gezänk.
Nee – alte Fehler macht man nicht noch mal!
Dann ist man nicht nur Deutscher, Russe und Franzose,
nein – da baut man zusammen 'ne neue Welt.
Lebt nicht in Diktaturen – Angstpsychosen.
Da lebt man frei – wie's einem gefällt.
Na, ja – nun ess ich dir, mein Hering, uff den Abschnitt
Margarine und noch dir, Rübensaft, auf Abschnitt drei,
kiek aus dem Fenster – übern Hof – uff die Ruine
und weiß – ach – in zehn Jahren ist alles vorbei.

Fleisch

Die Versorgung mit Fleisch war äußerst mangelhaft. Rindfleisch gab es kaum, es hätte eingeführt werden müssen, in der Regel wurde Schweinefleisch, gelegentlich auch Pferdefleisch abgegeben. Über lange Zeiträume mußte auf Frischfleisch verzichtet werden, schuld waren häufig mangelde Transportbedingungen. Auf Fleischmarken kamen als Austauschprodukte häufig Käse, Quark, Eier oder Fisch in den Handel. Gelegentlich gab es Wurstwaren im Verhältnis 1:1, über die Qualität wurde häufig geklagt.

Viele Berliner verschafften sich eine zusätzliche Fleischration, indem sie Kaninchen auf dem Balkon fütterten. Auch Schweine und Ziegen sind in Charlottenburg und Lichterfelde gesichtet worden. Gerüchte besagten, daß auch Hunde und Katzen in die Töpfe gewandert sind. Auffallend war, daß im gesamten Stadtgebiet keine Tauben zu sehen waren. So winzig sie auch waren, gerupft gaben sie doch ein paar Fettaugen in der Brühe ab.

Nach dem Einmarsch der Roten Armee in Berlin wurden von den Sowjets große Mengen Fleisch (Rind und Schwein) von offenbar notgeschlachteten Tieren (Flucht, Futtermangel, Kriegsverletzungen o.ä.) rationiert an die Bevölkerung ausgegeben. Pro Person war es nach meiner Erinnerung ein Pfund, was nach den jahrelangen Mini-Kriegsrationen für eine Familie von 4 Personen eine geradezu unvorstellbare Menge war, mit der man einerseits die ausgehungerten Mägen nicht überfrachten und von der andererseits aber auch nichts verkommen durfte. Meine Mutter schnitt diese 2 Kilogramm Fleisch in sehr dünne Scheiben, die nacheinander langsam unter Zugabe von etwas Salz und ein paar Tropfen Öl in der Pfanne gegart und geröstet wurden. Es dauerte sehr lange. Dann hatten wir eine ganze Schüssel voll grau-brauner, trockener Fleischschnipsel, die so kühl wie möglich (im heißen

Mai 1945), vor Tausenden von Fliegen geschützt, aber luftig aufbewahrt wurden. So hatten wir drei Wochen lang immer etwas zum „Knabbern". Es schmeckte gut zu unseren ebenfalls auf der Pfanne fettfrei gerösteten Brotscheiben des grünlichen, nassen Brotes, nach dem man stundenlang beim Bäcker anstehen mußte und das uns ungeröstet umgebracht hätte.

(Felix Krusen)

An Fleischgerichte kann ich mich gar nicht erinnern. Fleisch bekam nur mein Vater.

(Liselotte Michel)

DER KURIER
31.5.1946

Fleischschieber verurteilt

Wegen großer Fleischschiebungen wurden der Schlächtermeister Karl I. und dessen Frau sowie drei frühere Angestellte des Ernährungsamtes Berlin-Mitte und drei Abnehmer des Fleisches zu Gefängnisstrafen von zwei Wochen bis zu dreieinhalb Jahren und Geldstrafen bis zu 5000 RM verurteilt.

DER TAGESSPIEGEL
16.6.1947

Benzinmangel führt zu Fleischverlust

Im Monat Mai sind 684 Kilo Fleisch und 3075 Kilo Wurst „völlig genußuntauglich", also verdorben, in Berlin angekommen. (...) Weitere 1356 Kilo Fleischwaren sind (...) in Fäulnis übergegangen, weil es an Schwarzblechdosen gefehlt habe. 67 000 Kilo Wurst mußten „bearbeitet" werden und 10 000 Kilo noch einmal durchgekocht werden, bevor sie ausgegeben werden konnten. Mangelnde Kühlmöglichkeiten auf der teilweise sechs- bis siebentägigen Fahrt von Bayern, Öffnung der Kühlwaggons durch Diebe und zu geringe Durchlüftung waren die Hauptursachen dieser Verluste.

rechte Seite:
Abb. aus: Roland von Berlin

AKT NICHT MEHR GEFRAGT ...

„Det Bild spricht an . . . !"

Kaninchenblutwurst

2 Semmeln od. 100 g Weißbrot | **würfeln**
und in
1 knappen Tasse Brühe oder Wasser | **einweichen.**
Danach
½ Tasse Kan.'blut | **unterrühren, aufkochen u.**
mit Majoran u. Salz
abschmeck.

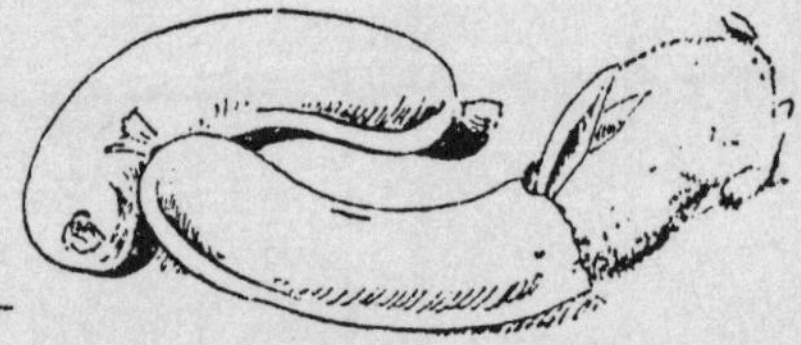

Salzstangen aus Hefemürbeteig

200 g Roggenmehl | **sieben.**
Zur Mehlmitte
15 g Hefe
mit
6 Eßl. Wasser
verrührt | **eingießen**
und sofort mit
30 g Fett - zerlassen
od. 1 Eßl. Öl,
1 Teel. Salz,
1 Teel. Kümmel - gewiegt - | **verkneten**
zum geschmeidigen Teig.
Dünn | **ausrollen,**
1 cm breite
6-8 cm lange
Streifen | **ausrädeln,**
Streifen leicht | **drehen,**
mit Wasser | **bestreichen,**
gehackt. Kümmel | **bestreuen.**
Auf gefett. Blech
bei Mittelhitze | **goldgelb backen.**

Rezeptmenge ergibt 1 dichtbelegtes Backblech

Kaninchenleberwurst

1 Kaninchenleber,
1 kleine Zwiebel,
1 Semmel od. 50 g Weißbrot durch d. Wolf | **mahlen u.**
in
5 g Fett | **dünsten.**
Mit
1 knappen Tasse Brühe od. Wasse | **auffüllen, garkochen.**
Mit
Majoran, Thymian, Salz | **abschmecken.**
Inzwischen
i. Kan. brühe
Herz, Magen, Lunge | **garkochen, würfeln u.**
der Wurstmasse | **untermischen.**

Brotbelag aus Kaninchenfleisch

300 g Kaninchenfleisch Bauchlappen, Herz, Lunge und Leber - durch d. Wolf | **mahlen,**
mit
100 g Haferflocken oder Manoa oder Schrot | **vermengen.**
Mit
Majoran, Pfeffer, Zwiebel u. Salz | **abschmecken,**
Brot | **formen u.**
i. gefett. Kastenform od. i. Küchenwunder od. i. Draluma | **10-15 Min. überbacken.**

linke Seite: Kaninchenrezepte

DER KURIER
7.6.1946

Pferdefleisch nur noch für Tiere

Fleisch geschlachteter Pferde darf von jetzt an nicht mehr für die menschliche Ernährung, sondern nur noch zur Verfütterung an Tiere Verwendung finden.

DER TAGESSPIEGEL
21.8.1947

... und die Schweine auf dem Balkon

Die Schweine- und Ziegenhaltung im Keller oder auf dem Balkon soll verhindert werden. Die Bezirksämter haben das Recht, in solchen Fällen einzuschreiten. (...) An- und Verkauf, Tausch von Pferden, Eseln, Maultieren, Rindern, Schweinen, Schafen und Ziegen müssen beim Bezirksamt gemeldet werden. Tiere, die nicht gemeldet sind, werden entschädigungslos beschlagnahmt.

DER BERLINER
5.1.1946 (Leserbrief)

In Ihrer Zeitung erschien (...) ein Artikel, in dem die Fleischer klagen, daß ihnen die Herstellung von Wurstwaren praktisch unmöglich ist. Mit mir freuen sich Hunderte von Haus frauen, daß dem so ist. Denn die Wurst, die die Fleischer hergestellt haben, war einfach ungenießbar. Die Jagdwurst triefte vor Wasser, und die Leberwurst fraß nicht einmal ein Hund. Die Wurst, die wir jetzt durch die Fabriken bekommen, ist schmackhaft und gehaltvoll.

Fleischstippe

Etwa 1/4 Pfund Gehacktes wird mit Wasser, Salz und Pfeffer gut vermengt. Dann dünstet man in etwas Fett einige feingehackte Zwiebeln, rührt das Fleisch darunter, löscht die Masse mit einem Liter Wasser oder Brühe ab und dickt das Ganze mit Mehl an. Die Fleischstippe schmeckt zu Pellkartoffeln und auch kalt zu Brot.

Warme Wurstscheiben in pikanter Tunke

Eine wirklich sparsame Auswertung unserer Fleischration gestattet das folgende Rezept: Sie schneiden von einem Stück Mett- oder Jagdwurst für jede Person eine Scheibe von 15–25 Gramm, setzen diese mit ca. 1/4 bis 1/2 Liter Wasser aufs Feuer, lassen sie aufkochen, schmecken die Tunke mit Salz ab, dicken sie mit Mehl an und bräunen die Tunke mit etwas in Fett geröstetem Zucker. Schmeckt gut zu Kartoffelbrei.

Wiener Roulade

150 g Hackfleisch
1 feingeschnittene Zwiebel
1–2 Scheiben eingeweichtes, ausgedrücktes Schwarzbrot

Füllung:
100 g gekochte, geriebene Kartoffeln
einige Tropfen Eifarbe
1–2 Eßl. Milch
1 Teel. Majoran
1 feingeschnittene, geröstete Zwiebel
Salz
1 Eßl. Mehl

→ **Fleisch mit dem ausgedrückten Brot, Salz und Zwiebel vermengen, Masse auf ein nasses Brett flach, 2 cm hoch, rechteckig aufstreichen. Kartoffeln mit den Zutaten vermengen, Masse gut abschmecken, auf die Fleischmasse verteilen, diese zusammenrollen. Die Rolle in ein gefettetes Pergamentpapier einwickeln, zubinden, in kochendes Wasser geben, 1/2 Std. kochen lassen. Rolle herausnehmen, Tunke mit etwas Mehl andicken, mit Salz und etwas Essig abschmekken. Die Rolle läßt sich auch sehr gut kalt aufschneiden.**

Wurstbratlinge

50 g weiche Mett- oder Leberwurst
500 g gekochte, geriebene Kartoffeln
Salz, Basilikum oder andere Kräuter
Zwiebel oder Lauch
etwas geriebene Semmel
20–30 g Fett

→ **Aus den Zutaten einen Teig herstellen, kräftig abschmecken, Bratlinge formen und in heißem Fett auf beiden Seiten braten.**

Fleischklößchen ohne Fleisch

3 gekochte Kartoffeln
3 rohe Kartoffeln
2 Eßl. Hefeflocken
Salz, Kümmel, Zwiebel, Pfeffer
etwas Mehl

→ **Die geriebenen, gut ausgedrückten rohen Kartoffeln mit den geriebenen gekochten Kartoffeln und den übrigen Zutaten vermengen, gut würzen, formen und in wenig Öl braten. Zu Kartoffelbrei reichen.**

Haschee

Hat man einmal etwas schwartiges oder unansehnliches gekochtes oder gebratenes Fleisch zur Verfügung, so dreht man dieses mit einer Zwiebel zweimal durch den Fleischwolf, kocht das Ganze dann auf und schmeckt mit Majoran, Pfeffer, Salz und evtl. Knoblauch ab.

Pikante Wurst-Tomaten-Grütze

1 Tasse Grütze
1 Zwiebel
50 g Gehacktes
einige Tomatenscheiben
Petersilie

→ **Drei Tassen Wasser oder Brühe mit Salz aufkochen, die Grütze einstreuen und ausquellen lassen. In wenig Fett die gewürfelte Zwiebel bräunen, Gehacktes und Tomatenscheiben mitdünsten. Alles mit dem Grützbrei vermengen, abschmecken und mit gewiegter Petersilie anrichten.**

In den Nachkriegsjahren schickte mich (7 Jahre) meine Mutter (35 Jahre) mit einer ausgebeulten Aluminium-Milchkanne einmal pro Woche zum Fleischer, um für 30 Pf. „Wurstbrühe" zu kaufen. In dieser Wurstbrühe kochte der Fleischer Wellfleisch und Würste, die wir uns aber nicht leisten konnten. Die Wurstbrühe roch und schmeckte nach Fett und Rauch, Wurst und Fleisch, und gaukelte einem dieses auch vor. In dieser Brühe kochte meine Mutter Eintopf, meist Kohlrüben, die wir Wruken nannten.

Dieses war das „Festessen", denn an den anderen Tagen wurde der Eintopf mit Wasser gekocht.

(Brigitte Wulf)

Zum Weihnachtsfest wollten wir unbedingt einmal einen richtigen Braten haben, also wurde ein kleines Kaninchen angeschafft. In der Speisekammer hatte es seinen Käfig, doch es lief immer frei in der Küche herum und war uns ein liebenswerter „Familienangehöriger". Unser Vater war hellauf begeistert, als es immer um sein Hosenbein herumhopste, das war ja so niedlich. Weniger niedlich fand er dann seine Hosen, als er feststellte, daß ihm das Vieh den Rand seiner Hosenbeine angeknabbert hatte. Karnickelfutter brachte Mutti aus dem Garten mit. Der Kleine wurde schön groß und fett. Unsere Gefühle ihm gegenüber waren gemischt: lieben oder essen? Doch der Hunger siegte. Erwin mußte ran und schlachten, wir anderen waren derweil getürmt. Zu unserer Schande muß ich gestehen, daß es uns am Weihnachtstag trotzdem gut geschmeckt hat. Und fürs folgende Jahr wurde wieder ein Kaninchen angeschafft.

(Frank-Ulrich Reisser)

Kaninchenbraten

Kopf, Hals, Vorderbeine, Bauch und Brust zu Suppe oder Ragout verwenden.
Das Fleisch gut waschen und mehrere Tage in leichtem Essig mit Zwiebeln und Gewürzen einlegen. Vor dem Braten wird das Fleisch mit Salz bestreut, dann mit etwas heißem Fett begossen und unter Zugießen von heißem Wasser, etwas saurer, mit Mehl verquirlter Milch in heißer Röhre braun gebraten. Der Wohlgeschmack wird durch Spicken des Fleisches mit Speck erhöht. Man kann das Kaninchen auch im ganzen und wie eine junge Ziege braten.

Nudelsuppe in Kaninchenbrühe

Man kocht den Kopf, die ausgelösten Rippen, Herz und Lunge vom Kaninchen in Salzwasser. In die Brühe gibt man kleingeschnittenes Suppengrün (Sellerie, Lauch, Möhren, Petersilienwurzel, Liebstöckel), läßt alles durchkochen und gibt Nudeln als Einlage dazu.

Gestreckte Grützwurst

Braten Sie Blutwurst mit etwas Fett und Zwiebeln auf, tun Sie ein wenig Majoran und kalt vorgequollene Grütze darunter (zwei Drittel Wurst, ein Drittel Grütze) und lassen Sie beides eine kurze Weile schmoren. Dieser Aufstrich schmeckt kalt sehr gut, ebenso aber auch heiß auf Röstbrote gestrichen oder mit Kartoffelbrei angerichtet.

Eier und was man damit machen kann

Als Sonderzuteilungen gab es gelegentlich größere Mengen Eier, die sparsame Hausfrauen in einer Wasserglaslösung (Silikat-Salze) aufbewahrten.

Die populäre Berliner Tierärztin von Maltzan berichtet:

Bereits im Spätherbst 1944 fing ich gezielt an, Lebensmittel für die Zeit nach dem Einmarsch der Russen zu hamstern und die Dinge so zu verstecken, daß sie die Rotarmisten nach Möglichkeit nicht finden konnten. Ich rückte (...) die Badewanne von der Wand ab, befestigte unter ihrem breiten Rand Haken, an die ich Dauerwürste und geräucherten Speck hängte, und schob das Metallmonstrum an seinen angestammten Platz zurück. Geld versteckte ich in Schmalztöpfen, denn die würden von den Russen im Gegensatz zu denen mit Marmelade nicht geklaut werden. Ich habe auch unglaublich viele Eier mit Wasserglas in Eimern eingemacht, die dann einfach so herumstanden. Da Wasserglas so schmutzig aussah, konnte ich davon ausgehen, daß keiner da hineinfassen würde.

Eier prüfen

Vor dem Einlegen müssen die Eier geprüft werden. Die beste Form ist die Wasserprobe. Die Eier einige Stunden in klares, kaltes Wasser legen. Für das Einlegen können nur die Eier genommen werden, die auf dem Boden der Schüssel liegenbleiben. Eier, die schwimmen oder senkrecht stehen, sind ebenso ungeeignet wie die, die nach dem Wässern graue Risse an der Schale zeigen. Aber die Eier können auch durchleuchtet werden. Dazu wird aus einem Stück Karton die Mitte in Eigröße ausgeschnitten, das Ei vor die Öffnung gehalten und von der Rückseite mit einer Tisch- oder Taschenlampe durchleuchtet. Ist kein Fleckchen im Ei sichtbar, eignet es sich fürs Einlegen.

DER BERLINER 27.9.1945

Das Trockenei, das jetzt in Berlin auf Fleischkarten verteilt wird, ist genau dasselbe, wie es in Großbritannien seit Jahren verkauft wird. Es kann die Grundlage ausgezeichneter Mahlzeiten sein und sollte auf keinen Fall mit Milei, dem deutschen Ei-Ersatz, verwechselt werden. Trockenei dagegen ist kein Ersatz, sondern besteht aus Eiern und hat den entsprechenden vollen Nährwert. Zur richtigen Verwendung mischt man drei Teile Wasser mit einem Teil Trockenei, quirlt es gut und gebraucht es dann wie frische Eier zum Kochen oder für Rührei.
Milei ist ein Milcheiweißerzeugnis. Durch das Eindampfen von entrahmter Milch wird das wasserlösliche Milcheiweiß in Pulverform gewonnen.

Rührei

Ein Ei mit 1 Teelöffel Mehl und 3 Eßlöffeln Nährhefe-Pulver und 1/2 Tasse Wasser oder Molke sowie Salz verquirlen und in der gefetteten Pfanne unter Rühren zum Dickwerden bringen. Mit Schnittlauch oder Petersilie bestreuen.

Rührei ohne Fett

1 gestrichener Eßlöffel Eipulver mit 2 Eßlöffeln Wasser und etwas Salz verrühren, 20–30 Minuten quellen lassen. Die Masse in ein Wasserbad stellen. Ab und zu rühren, bis die Masse flockig ist.

Gestrecktes Rührei mit Haferflocken

2 Eßl.	Haferflocken
1/4 l	Wasser oder Milch
1	Ei
1 Prise	Salz
	Bratfett

➔ **Haferflocken in Wasser einweichen und 1 Stunde quellen lassen. Ei und Salz dazugeben, gut vermengen und in wenig Fett in der Pfanne backen. Das Rührei darf nicht zu hart werden.**

Garniertes Spiegelei

Auf einen Kochtopf mit kochendem Wasser einen tiefen Teller aufsetzen und darin etwas Fett zerlassen. Ein Ei aufschlagen und, ohne daß das Eigelb zerläuft, auf den Teller geben. Nach 5 Minuten ist das Spiegelei locker und gar. Mit Petersilie oder Schnittlauch garnieren oder mit falschen Kapern und Tomatenstreifen umranden.

Eierkuchen

Weizenkörner, die durch die Kaffeemühle gemahlen werden (nicht das Mehl aussieben), verrührt man mit 1/2 Liter Magermilch oder Wasser zu einem dicklichen Brei, gibt etwas Salz und eine Messerspitze Natron und, wenn man hat, ein Ei zu (es backt aber auch ohne Ei gut). In etwas Öl knusprig backen und mit Zucker bestreut auf den Tisch bringen.

Eierkuchen ohne Ei, mit Selters

1/4 l	Selters
100–125 g	Mehl
	Salz
	Eigelbfarbe
	Fett zum Braten

➔ **Das Mehl sieben. Alle Zutaten mit Selters zu einem dickflüssigen Brei vermischen, rasch anrühren und sofort in der Pfanne braten.**

Eier-Ragout

2 Eßl.	Mehl
1 Teel.	Fett
1	hartgekochtes Ei
etwas	saure Gurke

➔ **Fett zerlassen, gesiebtes Mehl andünsten und mit Flüssigkeit aufkochen, bis ein dicklicher Brei entsteht. Saure Gurke in kleine Würfel schneiden, mit Essig, Zucker und Salz abschmecken und zum Schluß das kleingeschnittene Ei dazugeben.**

Kochkäse I

Sie kochen 1/2 Tasse Milch mit ein paar Tropfen Öl auf, geben in die kochende Milch 1/2 Pfund Quark, eine Messerspitze Natron, 1–2 Eßlöffel Grieß sowie etwas Kümmel und Salz und lassen die Masse so lange weiterkochen, bis sie ein gelbliches käseartiges Aussehen bekommt.

Kochkäse II

Sie vermischen 1/2 Pfund Quark mit 1/2 Tasse Kartoffelmehl, das Sie bei der Herstellung von Kartoffelklößen aus rohen Kartoffeln leicht selbst gewinnen können, etwa 1 Eßl. Margarine – kann zur Not auch wegbleiben –, etwas Salz, Kümmel und 1 Teelöffel Natron und lassen das Ganze zwei Stunden bei gelinder Wärme ziehen.

Kochkäse III

Einen künstlichen Kochkäse erhalten Sie, wenn Sie 1/2 Liter Magermilch mit etwas Hefe (für 10 Pfennig), Mehl zum Eindicken, Kümmel und Salz gut durchkochen, bis die Masse dick ist.

Handkäse

Zu 1/2 Pfund Quark geben Sie 1 Pfund gekochte, geriebene Kartoffeln, eine geriebene Zwiebel, etwas Salz und Kümmel sowie eine Messerspitze Natron. Die Masse wird gut durchgeknetet, dann formen Sie hieraus kleine Langkäse, ziehen sie mit schwarzem Kaffee ab und lassen sie an der Luft trocknen.

Bevor wir wieder nach Berlin zurückkehren durften, lebten wir in einem Dorf in der Nähe von Berlin. Hier gab es ausreichend zu essen, aber nur Kartoffeln und Brot. Wir hatten immer Hunger auf Süßes. Eine Bäuerin nutzte das weidlich aus. In einem alten Blecheimer sollten wir Pferdeäppel aufsammeln. Sie brauchte den Pferdedung für ihren Gemüsegarten. War der Eimer voll, erhielten wir ein Zuckerei, das war schaumig geschlagenes Eiweiß, in das Eigelb mit Zucker gemischt wurde. Wir waren ganz wild darauf. Aber es gab so viele Kinder und so wenig Pferde.

(Gertrud Fahr)

Kochkäse

Mager- oder Buttermilch zu Quark aufstellen. Quark auf ein Sieb geben, damit er ganz trocken ausläuft. In eine Schüssel geben und einige Tage warm stellen, täglich mit einer Gabel tüchtig durchkneten. Wenn er anfängt, glasig-gelblich zu werden und zu ‚duften', ist er gut. Mit Salz und Kümmel vermischen und etwas Milch dazugeben. Etwas Margarine in einen Topf, den Quark dazu. Aufkochen. Fertig.
Mit diesem Brotaufstrich habe ich meine fünf Söhne 1943 bis 1949 satt gemacht.

(Gerda Kirchner)

Ein Nachkriegsrezept aus dem Jahre 1947: Molkekäse: Drei gekochte Kartoffeln mit 6 Eßlöffeln Molke, 1 Teelöffel Salz, etwas Kümmel und Paprika mischen, drei Tage stehenlassen, dann Bällchen formen. Drei Wochen stehenlassen, bis sich Schimmelbelag bildet. Aber das schmeckte nicht allen. Das wollte zum Beispiel mein aus Sibirien heimgekehrter Vater partout nicht essen.

(Sabine Grabner)

Bereits 1945 erschienen die ersten satirischen Blätter. „Der Simpl" veröffentlichte ein nicht ernst zu nehmendes Beispiel für Trockenkäse:

– Der Simpl – 1947 –

I Rezept für Knöpfe
Man nehme ein Pfund Trockenkäse, ein Päckchen Vanilleersatz, einen Viertelliter Magermilch, zwei Blättchen Sacharin, mische das Ganze und arbeite den Teig gut durch. Hierauf walkt man den Teig zu einem fingerdicken Blatt aus, sticht runde Förmchen aus, macht zwei Löcher in die Mitte, legt die Förmchen auf ein gutgewachstes Blech und bäckt sie bei gelinder Hitze. Nach dem Auskühlen näht man sie an Mäntel und Kleider. Diese Knöpfe sind sehr haltbar, hitze- und säurebeständig.

II Rezept Appretur für Regenmäntel
Den Trockenkäse mit viel Wasser und einer Zehe Knoblauch aufkochen. Das zu appretierende Stück über Nacht in der Brühe lassen. Nach dem Trocknen leicht überbügeln.

III Rezept für Leim
Man kann sehr haltbaren Leim daraus machen. Kittet, klebt, leimt alles. Holz, Papier, Glas, Porzellan, Leder und Metalle.

IV Rezept gegen Frostbeulen
Trockenkäse mit Kunsthonigersatz und etwas Magermilch zu einem steifen Brei kochen, auf die Beule streichen, Strumpf darüber und acht Tage anbehalten. Warten, bis die Beule abfällt.

– Der Haushalts-Brief – Juni 1946 –

Die bei der Quarkherstellung anfallende Flüssigkeit, die Molke, wird jetzt des öfteren an die Bevölkerung verteilt. Keine Hausfrau sollte versäumen, aus diesem billigen und markenfreien Nahrungsmittel erfrischende und schmackhafte Speisen herzustellen, weil die Molke sehr wichtige Stoffe enthält, wie Milchzucker und Kalksalz. Diese Stoffe sind für den Aufbau des Körpers besonders in der heutigen Zeit sehr wichtig.

Käsekugelbereitung

1/2 kg Quark wird mit 1 Eßlöffel Salz und Kümmel so lange abgerührt, bis er sich ballt. Aus dieser Masse werden 8–10 Kugeln geformt, auf ein sauberes Brett gelegt und an der Luft, in der Nähe eines offenen Fensters, getrocknet. Nach 6–8 Tagen sind sie reibfertig.

Kartoffelkäse

3 Pfund Kartoffeln in der Schale weich kochen, aber nicht platzen lassen, schälen und zu Brei stampfen. Mit 1/4 Liter Molke, 1/2 Eßlöffel Salz und Kümmel gut verkneten und die Masse 3–4 Tage ruhig stehenlassen. Nochmals durchkneten, dann zu runden Käsen formen und übertrocknen lassen. In Steintöpfe legen und vor Fliegen schützen. Nach 2 Wochen sind die Käse „reif" und aromatisch.

Molkensuppe

2 Eßlöffel Mehl mit etwas Molke glattrühren und 1 Stunde zum Vorquellen stehenlassen. Die Masse in 1 Liter kochende Molke einrühren, aufwallen und ausquellen lassen. Die Suppe mit Zucker, Süßstoff oder Rhabarbersaft süßen. Die Suppe kann warm oder kalt gegessen werden.

Brotaufstrich mit Molke

2 Tassen Molke mit Salz und etwas Kümmel aufkochen, 1 Tasse Grütze einrieseln lassen, aufkochen, gar quellen und mit Gewürzen nach Wunsch abschmecken. Nach dem Erkalten recht bald als Brotaufstrich verbrauchen.

Obst

Äpfel

Aus der Broschüre „Zusätzliche Nahrungsquellen"
Verwertung von Fallobst

Fallobst muß als zusätzliche Nahrungsquelle sorgsam gesammelt und laufend verbraucht werden. Das tägliche Auflesen der madigen und angefaulten Früchte ist von größter Wichtigkeit. (...) Völlig kranke Früchte werden verbrannt, von den übrigen schneidet man die schlechten Stellen heraus und verwendet die gesunden Teile in der Küche. Infolge des hohen Gehaltes an Pektinstoffen eignen sich unreife Äpfel und Pflaumen vorzüglich bei der Marmeladenzubereitung als Zusatz zu anderen Früchten, die schlecht gelieren. Die Herstellung von Apfelgelee, das aus unreifen Falläpfeln bereitet wird, kann wegen des verhältnismäßig hohen Zuckerverbrauchs augenblicklich nicht empfohlen werden. Sehr wohlschmeckend sind Falläpfel und Birnen zu Frischkostsalaten, z.B. in Verbindung mit rohen Kohlrabi, rohen Möhren, rohem Sellerie, in Streifchen geschnittenem Kopfkohl und Rettich.

Gebundene Apfelsuppe

1 1/4 l Wasser
500 g Äpfel
40 g Fett
40 g Mehl
3 Eßl. Zucker
Zimt oder Zitrone

➔ **Die in Stücke geschnittenen Äpfel kocht man mit Wasser und den Gewürzen weich, streicht sie durch ein Sieb und füllt damit die helle Einbrenne aus Fett und Mehl auf. Zum Schluß schmeckt man die Suppe mit Zucker ab. Als Einlage kann man ausgequollene Korinthen oder geröstete Brotbröckchen dazugeben.**

Apfelbratlinge

250 g Äpfel
500 g gekochte, geriebene Kartoffeln vom Tage vorher
3 Eßl. geröstete Haferflocken
1 Eßl. Zucker
1 Prise Salz

➔ **Äpfel grob raspeln, mit Kartoffeln, Haferflocken und Zucker mischen. Bratlinge formen, im Tiegel oder auf dem Blech backen, mit Zucker und, so man hat, Zimt bestreuen.**

Apfeltaschen

500 g Mehl
250 g geriebene Kartoffeln
etwas Salz, Zucker und Aroma
1 Msp. Natron

➔ **Die Zutaten verarbeitet man zu einem Mürbeteig, rollt diesen aus und schneidet runde Scheiben, die man mit Marmelade bestreicht, mit Apfelstückchen belegt, zudrückt und bei mäßiger Hitze abbackt.**

DER BERLINER
29.11.1945

300 Kinder aus Schöneberger Kindergärten konnten sich bei der Abt. „Opfer des Faschismus" Äpfel abholen, die von Thüringer Kindern gespendet worden waren.

Obstgrütze: Weizen oder Roggen durch die Kaffeemühle drehen, aufkochen, Süßstoff und ein Glas Eingemachtes (Kirschen, Pflaumen, Äpfel o.ä.) daruntermischen. Damit haben wir uns reichlich ernährt, dank Bauern bei Perleberg, die uns regelmäßig Obst gaben, und dank unserer eigenen Obstbäume. Bei diesen Bauern bzw. Vorfahren war meine Mutti im 1. Weltkrieg Ferienkind, die Freundschaft besteht inzwischen mit der 5. Generation immer noch. Ich bin stolz darauf.

(Waltraud Huty)

Brotbelag aus Falläpfeln: Auf den Rieselfeldern bei Sturm in Osdorf heruntergefallene Äpfel gesammelt, geschält und geraspelt auf die heiße Herdplatte gelegt. Etwas angebräunt schmeckte das wie Apfelmarmelade (mit viel Phantasie). Wir haben den Belag auf das dunkle Klitschbrot gelegt und – wenn vorhanden – mit etwas Süßstoff verfeinert. Ein kleines Schächtelchen Süßstoff kostete auf dem Schwarzen Markt 40 RM. Um das Herdfeuer in Gang zu halten, mußte man mühsam trockene Äste sammeln und nach Hause schleppen. An vielen Nachmittagen fuhren meine „kleine" Mutti (sie war nur 1,57 groß) und ich mit der S-Bahn in die Wälder bei Teltow und Ludwigsfelde, um Reisig zu sammeln. In Gedanken sehe ich meine Mutti noch, wie sie sich mit Riesenpacken auf dem Rücken die hohe S-Bahn-Treppe hinaufquälen mußte.

(Ingeborg Deutsch)

Im Sommer sammelte unsere Großmutter in Werder Falläpfel. Besonders an stürmischen Tagen war die Ernte reichlich. Dann schnitt sie die Äpfel zu Ringen und fädelte sie auf. Durch die Küche und den Flur wurden lange Schnüre gespannt, an denen die Äpfel aufgehängt wurden. Das ganze Haus roch nach getrockneten Äpfeln. Wir

Grießschaum mit Apfelmus

1/2 l	dünnes, saures Apfelmus von Falläpfeln
90 g	Zucker
	Zitronenaroma
40 g	Grieß

➔ **Den Grieß in das kochende, dünnflüssige Apfelmus einlaufen lassen und gar kochen, Zucker und Aroma zufügen und in einer Tonschüssel erkalten lassen. 20–30 Minuten mit dem Schneebesen schlagen, bis die Masse locker wie Schlagsahne ist. Evtl. durch Zugabe von rotem Fruchtsaft oder Preiselbeeren rot färben.**

Apfelkuchen
(mit 50 g Fett und einem Ei)

50 g	Margarine oder Schweineschmalz oder 3 Eßl. Öl
125 g	Zucker
1	Ei
etwas	Salz
1/2 Fl.	Backaroma Zitrone
1 Päck.	Soßenpulver Vanillegeschmack
etwa 1/8 l	entrahmte Frischmilch
250 g	Weizenmehl
3 gestr. Teel.	Backpulver
500–750 g	in Stücke geschnittene Äpfel

➔ **Die Zutaten zu einem Teig verarbeiten und mit Äpfeln belegen. Bei Mittelhitze backen und bei sauren Äpfeln mit etwas Puderzucker bestreuen.**

Kinder haben auch gerne die Ringäpfel im Winter gekaut, sie schmeckten süß und beruhigten den hungrigen Magen.

(Elisabeth Bätge)

In der Küche stand oft ein Tontopf, in dem man Apfelschalen für Essig sammelte. Etwas Essigmutter (die sich im Essigfaß bildende Bakterienmutter, eine gallertartige Masse) lieferte die Bakterien, die die Apfelsäure in Essig umwandelten.

(Jörg Herrmann)

Essig aus Fallobst

Obst (Äpfel, Birnen, Quitten, Rhabarber u.ä.) zerstampfen, in breite Gefäße füllen und mit Wasser bedecken. 6–8 Tage am warmen Ort stehenlassen, bis die Gärung eintritt. Abgießen, mehrmals filtern und in Flaschen füllen. Obstessig eignet sich auch als erfrischendes Getränk an heißen Tagen.

Apfel-Kartoffeln

1 kg	Kartoffeln
750 g	Äpfel
1/2 l	Wasser
2 Eßl.	Zucker
	Salz und Essig nach Geschmack
80 g	Speck
1	Zwiebel

➔ **Die in Viertel oder Achtel geschnittenen Kartoffeln werden wie Salzkartoffeln gekocht und gut abgedämpft. Dann mischt man sie vorsichtig mit dem aus Wasser, Zucker und Äpfeln bereiteten Apfelkompott, läßt das Gericht 10 Minuten an der Seite des Herdes durchziehen und schmeckt es gut mit Essig, Zucker und Salz ab. Beim Anrichten gibt man ausgebratenen Speck und Zwiebeln darüber.**

Birnen

Birnengemüse mit Klößen

1 kg	Birnen
1/2 l	Wasser
1 St.	Zimt
2 Eßl.	Zucker
60 g	Speck
1 Eßl.	Mehl
	Salz und Essig nach Geschmack
für die Klöße:	
625 g	gek. Kartoffeln
1/2 l	Milch
125 g	Grieß
1 Eßl.	Fett
1–2	Eier
1 Eßl.	Salz
1 Eßl.	Zucker
	Salzwasser zum Kochen

➔ **Die geschälten, halbierten Birnen kocht man in der Zuckerlösung weich. Der Speck wird in Würfel geschnitten und ausgebraten, das Mehl dazugegeben und die Einbrenne mit dem Birnenwasser aufgefüllt. Dann gibt man die Birnen dazu und schmeckt das Obst mit Salz, Essig, Zucker und Zimt ab. Für die Klöße kocht man zunächst einen steifen Grießbrei aus Milch, Grieß und Fett, läßt ihn abkühlen und mischt ihn dann mit den gekochten, geriebenen Kartoffeln, den Eiern und geschmackgebenden Zutaten. Daraus werden apfelgroße Klöße geformt, die man 10 Minuten in kochendem Salzwasser ziehen läßt. Anschließend herausnehmen und auf einer Platte anrichten und das heiße Birnengemüse darübergeben.**

Pflaumen

Pflaumenknödel

250 g	Kartoffeln
75 g	Mehl
40 g	Butter
	Salz
50 g	Zucker
250 g	Pflaumen
1 1/2 l	Salzwasser
	Brösel

→ **Frisch gekochte Kartoffeln durchpressen. Mit Mehl, 20 g Butterflöckchen und Salz zu einem Teig verarbeiten und ausrollen. In Vierecke schneiden und in diese je eine mit Zucker gefüllte Pflaume wickeln. Die Klöße in siedendem Salzwasser langsam ziehen lassen. Mit dem Sieblöffel herausnehmen. In Butter gebratene Semmelbrösel darüberstreuen und mit Zucker besieben.**

Kirschen

Kirschsuppe mit Klütern

Kirschen entsteinen und mit Wasser zum Kochen ansetzen. Wenn die Kirschen gar sind, aus Mehl, einem Ei und Wasser einen geschmeidigen Teig herstellen und mit dem Löffel kleine Klößchen abstechen und zu den geschmorten Kirschen geben, langsam gar ziehen lassen.

Holunder

Holundersuppe

250 g	reife Holunderbeeren
1/2	Zitrone
1/2 l	Wasser
5 g	Stärkemehl

→ **Holunderbeeren waschen und mit einer Gabel von der Rispe abstreifen. Die Beeren mit einem Stück Zitronenschale und Wasser aufkochen und danach abgießen. Mit dem kalt angerührten Stärkemehl binden und mit Zitronensaft und Zucker abschmecken. Zerbröckelten Zwieback oder geröstete Semmelscheibchen in die Suppe geben, die heiß oder kalt gegessen werden kann.**

Apfelscheiben in Holundersaft

Säuerliche Äpfel in dicke Ringe schneiden. Holundersaft mit Süßstoff (oder Honig) erhitzen und die Äpfel fünf Minuten darin garen. Im Saft abkühlen lassen und auf ein Sieb zum Abtropfen geben. Mit dicker saurer Milch oder Sahne übergießen und zuckern.

Wenn die Holunderbüsche blühten, machte meine Mutter für uns Kinder immer einen Eierkuchenteig, in den die Holunderblüten dann getaucht und in der Pfanne ausgebraten wurden. Das gab einen tollen Geschmack. Es ist schade, daß dieses Gericht ganz in Vergessenheit geraten ist.

(Eva-Maria Kretschmar)

Rhabarber

– Zeitungsnotiz – 1947 –

Rhabarber und kein Zucker. Das ist das Klagelied aller Hausfrauen. Gewiß, ganz ohne Zucker geht es nicht immer, wenn wir den Rhabarber genießen wollen, aber mit etwas Überlegung und hausfraulichem Geschick kann der Zuckerverbrauch auf ein Minimum herabgesetzt oder der Zucker sogar ganz gespart werden. Hier ein paar Tips: Fügen Sie beim Kochen von Rhabarber eine Messerspitze Natron hinzu, es nimmt den Früchten die Säure, ohne daß es den Geschmack beeinflußt. Reichen Sie Rhabarber immer in Verbindung mit Nährmitteln oder Kartoffeln oder kochen Sie alles gleich zusammen. Nutzen Sie die Süßkraft der süßen Trockenkartoffeln aus.

Rhabarber mit Trockenkartoffeln

Süße Trockenkartoffeln einweichen und kochen. Rhabarber in kleine Stücke schneiden. Sobald die Kartoffeln gar sind, das kochende Wasser über den Rhabarber gießen und darin weichkochen. Die Kartoffeln werden inzwischen warm gehalten. Dann röstet man eine feingeschnittene Zwiebel in etwas Fett braun. Man richtet die Kartoffeln in einer Schüssel an, gießt den Rhabarber darüber und gibt obenauf die geröstete Zwiebel.

Rhabarber-Creme

160 Gramm Trockenkartoffeln in 1/2 Liter Wasser einweichen und mit 3–4 Stangen Rhabarber weich kochen. Das Ganze mit einem Schneebesen tüchtig durchschlagen und kalt stellen. Je nach Süßkraft der Kartoffeln kann der Zucker ganz wegbleiben, oder man süßt mit einem Löffel Zucker nach.

Rhabarbergrütze

Nicht zu grobe Grütze (evtl. einmal durch die Kaffeemühle drehen) mit Wasser und Salz ausquellen lassen, bis sie fast weich ist. In Stücke geschnittenen Rhabarber untermischen und auf kleiner Flamme gar kochen. Mit Süßstoff und Mandelaroma verfeinern.

Rhabarbergrieß

500 g Rhabarber
3/4 l Wasser
130 g Grieß
Zucker
Salz

→ **Gekochten Rhabarber unter den gekochten Grieß mischen und zuckern.**

DER KURIER
7.5.1946

Beim Felddiebstahl erwischt

Der Polizei gelang es in Karow, fünf Personen beim Felddiebstahl zu erwischen. Sie hatten zwei Zentner Rhabarber gestohlen. Die Diebe sehen einer sehr schweren Bestrafung entgegen.

Trocknen von Rhabarber

Früher wurde Rhabarber zu Marmelade und Saft verarbeitet. Um ihn haltbar zu machen, braucht man Zucker, ja, sehr viel Zucker, der uns jetzt fehlt. Um die köstlichen Stangen nicht umkommen zu lassen, probieren Sie einmal das Trocknen von Rhabarber. Stiele waschen und ungeschält in 3 cm lange Stücke schneiden, dicke Stangen der Länge nach halbieren. Auf Horden oder Gitter verteilen und trocknen, und zwar in der Nähe vom Herd, in der Röhre oder auch an der Luft, aber niemals in der Sonne. Das Trocknen an der Luft dauert meist zu lange und macht den Rhabarber zäh. Er muß trocken und doch biegsam sein. Nach dem Trocknen in Beuteln hängend aufbewahren und später wie frischen Rhabarber verwenden.

Rhabarbergemüse

3–4 Stangen Rhabarber
1 Eßl. Fett
Zwiebel- oder Lauchwürfel
1 Tasse Wasser
1 Prise Zucker
1 Eßl. Kümmel
1 Teel. Majoran oder Thymian
1 große, roh ger. Kartoffel

→ **Rhabarber waschen, kleinschneiden und zusammen mit gebräunten Zwiebeln in Fett dünsten. Mit Wasser auffüllen, Gewürze untermengen und mit der geriebenen Kartoffel andicken.**

Genüsse in der Not

Tunken und Soßen

– Aus dem Rezeptheft Gute Soßen ... – 1945 –

Schon immer liebte unsere deutsche Küche eine reichlich gefüllte Soßenschüssel. Die von uns so bevorzugte Kartoffel verlangt nun einmal viel Soße. Jetzt, in Zeiten einer besonderen Ernährungsnot, hat die Soße eine noch viel größere Bedeutung als bisher. Sie muß über manchen Mangel bei Tisch hinweghelfen. Doch braucht eine geschickte Hausfrau auch angesichts der so knappen Zutaten nicht zu verzagen. Die zahlreichen Rezepte (...) zeigen ihr, wie sich selbst mit beschränktesten Mitteln wirklich schmackhafte Soßen in mannigfaltiger Abwechslung bereiten lassen. Sehr zur Freude einer abwechslungshungrigen Tischrunde.

Berliner Soße

5 g	Fett
20 g	Mehl
1/4 l	heiße Brühe
15 g	Kohlrüben
10 g	Mohrrüben
10 g	Porree
5 g	Sellerie

➜ **Aus Fett und Mehl eine helle Mehlschwitze bereiten und mit heißer Brühe auffüllen. Das Gemüse sehr klein schneiden und im eigenen Saft gardünsten. Alles vermischen und mit Majoran, Wildkräutern, Essig und Petersilie abschmecken.**

Grüne Erbsentunke

grüne Erbsen
abgekochtes Wasser
Suppengrün
Majoran
Salz

➜ **Wasser einige Minuten abkochen und 3 Stunden stehen lassen. Dann das Wasser abgießen, auffangen, doch den Bodensatz (ausgefallener Kalk) nicht mitverwenden. Die getrockneten grünen Erbsen waschen und mit dem abgekochten Wasser über Nacht einweichen. Auch beim Zugießen nur abgekochtes Wasser verwenden. Die Erbsen werden dann in kurzer Zeit weich. Zerkleinertes Suppengrün dazugeben, und wenn alles gar ist, durch ein Sieb streichen. Kräftig würzen. Vorzüglich zu Salzkartoffeln.**

Hagebuttensoße

10 g	Zwiebelwürfel
20 g	Mehl
1/4 l	Brühe
1 Eßl.	Hagebuttenmark

➜ **Zwiebelwürfel andünsten und mit Mehl braun anrösten. Aufkochen und mit Hagebuttenmark vermischen. 20 Minuten ausquellen lassen und mit Salz, Pfeffer, Paprika und Speisewürze abschmecken.**

Senfsoße

Eine Mehlschwitze herstellen und mit aufgelöstem Senf, geriebener Zwiebel, Salz, Zucker, Essig, Dill und Schnittlauch veredeln.

Rote Rübentunke aus gekochten Rüben

2 große rote Rüben
Wurzelwerk
Salz, Wasser
etwas Butter- oder Magermilch
Salz
etwas Kümmelpulver

✈ Die roten Rüben möglichst unverletzt kochen, damit sie die rote Farbe behalten. Geraffeltes Wurzelwerk im Salzwasser gar kochen, die geriebenen roten Rüben hineingeben und durchziehen lassen. Buttermilch, die sehr sauer sein kann, oder Magermilch mit Essig bis zur gewünschten Verdünnung zugeben und nicht mehr kochen lassen. Mit Kümmelpulver abschmecken.

Buttermilch-Zwiebeltunke

4 Zwiebeln
1 Eßl. Essig
Salz
2 Wacholderbeeren
1/2 Lorbeerblatt
1/2–3/4 l Buttermilch
Zucker

✈ Zwiebeln in feine Scheiben schneiden, mit Essig und Gewürzen zugedeckt dünsten. Mit Buttermilch übergießen, nicht bis zum Kochen kommen lassen. Mit Zucker abschmekken.

Brot-Soße ungekocht

100 Gramm Brot würfeln und in kaltem Wasser 1 Stunde einweichen. Den Brei durch ein Sieb streichen, 1/2 gewässerten, gesäuberten Salzhering oder marinierten Hering in kleine Stücke schneiden und untermengen. Wenn vorhanden, mit 1 Prise Zucker, 1 Teelöffel Essig, Senf, Meerrettich, Zwiebelwürfel und Pfeffferersatz zu einer dicken Soße rühren. Paßt gut zu Pellkartoffeln.

Marmelade

rechte Seite: Titelblatt eines Rübenkochbuches vgl. Seite 146

Da zum Marmeladekochen Zucker gebraucht wurde, oft nur etwas Süßstoff vorhanden war, aber Früchte aus dem eigenen Garten geerntet wurden, behalf man sich so: Beerenobst wurde zerkleinert, der Obstbrei mit Stärke, Weizenmehl o.ä. unter Zusatz von Süßstoff angedickt, aufgekocht und als Marmelade verwendet. Dieser Brotaufstrich hielt sich nicht – wer hatte schon einen Kühlschrank – dazu auch noch Stromsperren. Aber es blieb ja sowieso nichts übrig, was verderben konnte.

(Ursula Schneider)

Karteikurzberichte- u. Fachschriftensammlung Band 2

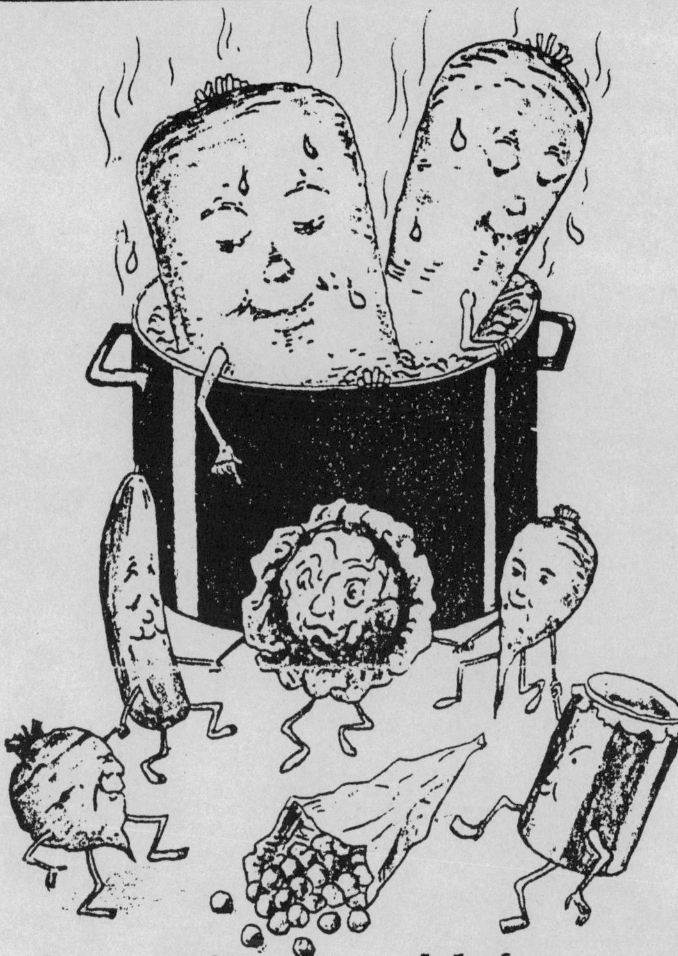

Edelgemüse und Marmelade aus Zucker- und Futterrübe!

Ein zeitgemäßes Kochbuch von R. Ohl

Wissen und Erinnerung

Herausgeber Friedrich Tückhardt, Erfurt.

Künstliche Marmelade

2 Eßl. Kaffee-Ersatz
2 Eßl. Essig
1 Eßl. Mehl
1 1/2 Tassen Wasser
1/2 Tasse Zucker
1 Prise Salz

→ **Alle diese Zutaten werden gut miteinander verrührt und unter Zusatz eines beliebigen Geschmacksaromas (Backaroma) zum Kochen gebracht.**

Falsche Marmelade

1/2 Fl. Malzbier oder Heißgetränk
1/2 Tasse Zucker
1/2 Tasse Mehl

→ **Die Zutaten gut verquirlen und etwa 3 Minuten kochen. Die falsche Marmelade eignet sich gut zum Füllen von Kuchen.**

Marmelade im Steintopf

Hier kann man alle Früchte des Sommers verarbeiten, ohne viel Zucker zu verbrauchen. In einen großen Steintopf (ausgekocht und ausgetrocknet) werden als erste Schicht 1–3 kg grüne Stachelbeeren, die man mit 375 Gramm Zucker zu einem dicken Brei gekocht hat, eingefüllt. Unter den Brei mischt man eine gute Messerspitze Salizyl. Den Topf mit Cellophan zubinden. Jede weitere Obstsorte, wie Johannisbeeren, Himbeeren, süße oder saure Kirschen und kleingeschnittene Äpfel oder Birnen, wird ebenfalls gekocht, gezuckert und mit Salyzilsäure vermischt. Die kochend heiße Masse wird in den Steintopf gefüllt und nach dem Erkalten zugebunden. Bei sorgfältiger Zubereitung ist die zuckersparende Marmelade dickflüssig, aromatisch und lange haltbar.

Kunstgelee

1 1/2 l gesüßtes Wasser (auch mit Süßstoff)
Gelatine-Ersatz
Fruchtaroma

→ **Gelatine-Ersatz in lauwarmem Wasser auflösen und unter ständigem Rühren erhitzen, aber nicht kochen lassen. Mit dem restlichen Wasser mischt man das Fruchtaroma und rührt alles zusammen, bis die Masse stockt. Kühl gestellt ergibt dieses Fruchtgelee einen guten Brotaufstrich.**

Marmelade von grünen Tomaten und Falläpfeln

1 kg hellgrüne, nicht grasgrüne Tomaten
1 kg saure Falläpfel
1/8 l Wasser
800 g Zucker
evtl. Saft einer Zitrone

→ **Die Tomaten in 4 Teile schneiden, ohne Wasser weich kochen und durch ein Sieb streichen. Die zerteilten Äpfel mit 1/8 Liter Wasser weich kochen, mit einer Rührkeule zerrühren, durch ein Sieb streichen und mit den Tomaten vermischen. Mit dem Zucker durchkochen, bis die Marmelade dick wird.**

Möhrenmarmelade

Möhren
Wasser
1 Teel. Rübensaft
Himbeeraroma

→ **Möhren roh durch die Reibemaschine drehen, mit sehr wenig Wasser weich kochen und mit der Rührkeule zerrühren. Rübensaft und Aroma dazugeben. Gläser mit Cellophan zubinden.**

Vogelbeermarmelade

Die Vogelbeeren roh durch die Fruchtpresse drehen. Das gewonnene Mark mit der gleichen Gewichtsmenge Zucker mischen und nur bis zum Aufkochen erhitzen.
Die Vogelbeeren können auch mit Falläpfeln (gedünstet und durchgerührt) gemischt werden. Marmelade bald verbrauchen.

Marmelade aus Schlehen

Schlehen verlieren ihren sauren Geschmack, wenn sie gut durchgefroren geerntet werden. Die Schlehen werden gekocht und mit Äpfeln gemischt.

Marmelade strecken

Marmelade streckt man für den baldigen Verbrauch mit feingeriebenen Möhren, die gedünstet und mit der Marmelade aufgekocht werden. Man kann auch Kürbismus untermischen.

Mehlbeeren

Unter der Bezeichnung Mehlbeere ist hier eine Reihe von

linke Seite:
Hungrige Kinder 1946
vgl. Seite 169 ff.

Früchten zusammengefaßt, die in Parks und Gärten an Sträuchern und Bäumen gefunden werden. Sie ähneln sich durch ihren mehligen Geschmack und ihre großen, steinharten Kerne, die von einer dünnen, rotgeschalten Hülle umgeben sind. Man kann sie zur Not in der Küche verwenden, in dem man sie kocht, durch ein Sieb streicht, um die Kerne zu entfernen, und dann zu Fruchtsuppen gibt oder zum Verlängern von Brotaufstrichen nimmt.

Schwarzer Nachtschatten

Die Beeren des schwarzen Nachtschattens sind sehr süß und von angenehmem Geschmack. Sie werden vielfach zu Fruchtmus oder Marmelade verarbeitet, ohne daß Gesundheitsstörungen auftreten. Trotzdem muß vor ihrem Verzehr gewarnt werden, da in der Literatur mehrfach über Vergiftungen mit diesen der Tollkirsche verwandten Beeren berichtet worden ist.

Zuckerrüben und Sirup

Die Herstellung von Sirup aus Zuckerrüben war weit verbreitet. In Kleingärten wurden Zuckerrüben gezogen, oder man reiste über Land, um einen Sack dieser begehrten Rüben zu holen. Der Aufwand war beträchtlich: Zunächst mußten die Rüben ein paar Stunden gewässert und danach sauber gebürstet werden. Dann mußten die Rüben mit dem Messer oder einer Brotschneidemaschine in möglichst dünne, gleichmäßige Scheiben geschnitten und mit Wasser bedeckt ca. 2 Stunden gekocht werden. Danach ließen sich die Scheiben durch den Fleischwolf drehen oder in einem Tuch auspressen, der Saft wurde aufgefangen und wieder eingekocht, bis der Sirup dickflüssig und haltbar war. Gutgemeinte Ratschläge warnten vor allzu großen Erwartungen: „Es soll den Anfängern nicht verheimlicht werden, daß das Sirupkochen sehr mühevoll und zeitraubend ist und vor allen Dingen sehr viel Feuerungsmaterial erfordert. Man soll deshalb diese Nachteile berücksichtigen und einkalkulieren, bevor man an die Arbeit geht."

Die ausgekochten Rüben wurden noch als Gemüse auf den Tisch gebracht, die Blätter der Zuckerrüben zu Spinat verarbeitet.

Im Herbst wurde auf dem Hof in der Waschküche Sirup gekocht. Die ganze Hausgemeinschaft war daran beteiligt. Einige haben die Rüben herangeschafft, andere die Feuerung. Und dann wurde gekocht! Damit das Feuer unter dem großen Waschkessel nicht ausging, wurde Tag und Nacht gearbeitet. Es war eine unglaubliche Mühe, und zum Schluß blieb von der Plackerei für jede Familie ein kleiner Eimer Sirup, der das ganze Jahr reichen mußte.

(Gertrud Schmidt)

Ich bin mit meiner Verlobten damals ins Hebbeltheater gegangen und bekam von meiner Tante, die eine Kochkünstlerin war, „Theaterkonfekt" mit. Es war eine gekochte Zuckerrübe.

(Frank-Ulrich Reisser)

Unser Privatrezept, wenn wir im Hungerwinter nach der Hamstertour aus Nauen heimkehrten und Zuckerrüben ergattert hatten. Die Zuckerrüben wurden mit Wasser zu Sirup ausgekocht und die ausgekochten Schnitzel mit Salz und Majoran angereichert. Das war unser Gemüseersatz und ein voller Teller und Bauch!

(Sabine Grabner)

Süßspeisen

Es gab eine Leckerei, festtagsgleich: Über eine Scheibe Brot, die mit Fettaufstrich bekratzt war, wurde aus einer Dose ein wenig Zucker gerieselt. Die Zuckerdose wurde von der Mutter ständig verschlossen gehalten. Jede von uns Schwestern bekam eine Scheibe. Wir wußten: Heute ist Sonntag. Sobald unsere Mutter außer Sichtweite war,

Suppe aus Zuckerrübenblättern

150 g	geputzte, feingeschnittene Zuckerrübenblätter
10 g	Fett
40 g	Mehl
1 1/4 l	Wasser
	Salz

→ **Die Zuckerrübenblätter in zerlassenem Fett andünsten, Mehl darüberstäuben, mit Flüssigkeit auffüllen, 15 Minuten kochen lassen, 100 Gramm feingewiegte rohe Zuckerrübenblätter zugeben und 10 Minuten kochen lassen.**

Zuckerrüben-Salat

Wer aus Rüben Sirup kocht, kann die ausgekochten, geschnittenen Zuckerrüben zu Salat verwenden. Sie werden nicht ausgedrückt, nur abgeseiht, mit Zwiebeln, Essig und Salz angemacht und müssen 2 Stunden ziehen. Speiseöl verbessert den Salat.

Kompott aus Zuckerrübenstielen

Die blanchierten Stiele werden fein gemahlen oder durch den Wolf gedreht und passiert. Das Mark wird gesüßt und mit Säure (Zitronensäure, Milchsäure, Rhabarbersaft oder dergleichen) sowie mit Aroma (Orangenaroma u.ä.) gewürzt. Das schmackhafte Kompott wird als falsches Apfelmus gereicht.

mußte ich um den Rest meines Brotes kämpfen. Die Schwester, älter, stärker und vielleicht auch hungriger als ich, bestürmte mich: Du kannst auch mit meiner Puppenstube spielen, ich geb dir mein Lieblingsbuch zum Lesen. Alle Herzensdinge wurden angeboten, damit sie meinen Brotrest bekam, und manchmal wurde sie auch handgreiflich.

(Brunhild Tausch)

Der Topf mit dem halbfesten Grießbrei wurde zur Abkühlung in ein nasses Tuch geschlagen und an das offene, schattige Speisekammerfenster gestellt. Am nächsten Tag mit dem Schneebesen oder Handrad tüchtig schlagen, bis eine cremeartige Masse entstand. Die Anstrengung war beträchtlich. Man brauchte eine halbe bis eine Stunde.

(Renate Jünemann)

Falsche Schlagsahne

Wasser oder Molke mit Grieß halbfest kochen, mit Zucker oder Süßstoff süßen und etwa eine halbe Stunde schlagen.

Buttermilchspeise

3/4 l Buttermilch
60 g Mehl, Stärkemehl oder 100 g Grieß
40 g Zucker
Zitronenschale und -saft

➔ **Die Buttermilch wird mit 10 Gramm Mehl verquirlt, die Zitronenschale dazugegeben und unter Rühren zum Kochen gebracht. Das übrige Mehl oder Stärkemehl wird angerührt und unter Rühren in die kochende Buttermilch gegeben. Man läßt es gut durchkochen und fügt Zucker und Zitronensaft hinzu. In kalt ausgespülte Formen gießen und kalt servieren.**

Hasenspucke

Ein Eiweiß mit 1/2 Tasse Zucker steif schlagen und mit 1 Tasse geriebener Apfel, zerkleinerten Erdbeeren oder Johannisbeeren mischen.

Dessert aus Erbsenwasser

Falls vom Kochen getrockneter Erbsen das Einweich- und Kochwasser nicht benötigt wird, läßt sich daraus folgende Speise herstellen:

ca 1/2 l Erbswasser
2–3 Eßl. Mehl
2 Eßl. Zucker oder etwas Süßstoff

➔ **Mehl und Zucker mit etwas Wasser vermischen und in das kochende Erbswasser geben, aufkochen lassen, dann kalt stellen. Das kalte Gemisch mit einem Schneebesen ca. 20 Minuten schlagen. Es entsteht ein sehr fester weißer Schaum, der sich mit Fruchtsirup noch verfeinern läßt.**

Fruchtpudding

Obstsaft mit etwas Grieß aufkochen und sofort ca. 1/2 Stunde mit dem Schneebesen schlagen. Es entsteht eine sehr schaumige leichte Masse, die sofort gegessen werden muß, weil sie sonst zusammenfällt.

Tutti-Frutti

200 g Schwarzbrot, gerieben und geröstet
250 g Kompott, Marmelade oder rohes Obst
1/2 l falsche Schlagsahne, Pudding oder gesüßter Quark

➔ **Schichtweise in eine Glasschale füllen. Mit Nüssen oder Obst verzieren.**

Süße Haferflockenspeise

2 Eßl. Haferflocken
1 Eßl. Mehl
1 Eßl. Kaffee-Ersatz (gesiebt)
1 Tasse Wasser

→ **Haferflocken, Mehl, Kaffee-Ersatz leicht rösten, mit Wasser auffüllen und aufkochen. Mit Zucker verfeinern und gar quellen lassen. Evtl. noch Aroma dazu.**

Schusterfleckerl

500 g gekochte Kartoffeln
1–2 Eßl. Mehl
Salz
3–4 Eßl. Marmelade
1–2 Eßl. Zucker

→ **Die durchgedrückten Kartoffeln mit Mehl und Salz vermengen, eine Rolle formen und dünne Scheiben abschneiden, die auf der Herdplatte von beiden Seiten hellbraun gebraten werden. Mit Marmelade bestreichen oder mit Zucker bestreuen.**

Süßes Kartoffelmus

500 g Kartoffeln
1/8 l heißes Wasser oder Milch
1–2 Eßl. Essig
Zucker nach Geschmack
Zitronen- oder Apfelsinenaroma

→ **Kartoffeln in der Schale kochen, abziehen, durchpressen, mit heißer Milch oder Wasser gut schlagen und pikant abschmecken.**

Süße Sagoschnitten

1 l Wasser oder entrahmte Milch
200 g Sago
etwas Salz
1 Ei
etwas Zucker

→ **Man bringt die Milch zum Kochen, läßt Sago einlaufen und unter Rühren zu einem festen Brei kochen. Man schmeckt ihn ab, mischt das Ei unter und füllt das Ganze in eine mit Wasser ausgespülte Kastenform oder Schüssel und läßt es erkalten. Nach dem Erkalten schneidet man daraus etwa 2 cm dicke Scheiben, die man in geriebenem Brot wälzt und in einer Pfanne brät. Mit Zucker bestreuen.**

Mokkapudding

35 g Hirse
1/4 l Milch
20 g Zucker
1/4 l Wasser
20 g Kaffee-Ersatz

→ **Hirse brühen und im Ofen trocknen, dann durch die Kaffeemühle drehen. Milch, Wasser, Zucker und Kaffee-Ersatz aufkochen und mit der Hirse mischen. In eine Glasschüssel füllen und kalt servieren.**

Verwendung geronnener Milch zur Süßspeise

1/2 l geronnene kalte Milch
4–5 Eßl. Grieß
2 Teel. Maismehl
2 Eßl. Frischmilch
Zucker
Zitrone- u. Vanillearoma

→ **In die geronnene Milch Grieß und Maismehl einschütten und die Frischmilch einquirlen. Mit Zucker zum Kochen aufsetzen und unter ständigem Schlagen und Rühren aufkochen und ausquellen lassen. Danach aromatisieren.**

DER KURIER
7. Juni 1946

Kein Speiseeis

Da eine Herstellung von Speiseeis aus natürlichen Grundstoffen zur Zeit nicht möglich ist, eine Zusammensetzung lediglich aus Kristalleis und chemisch-synthetischen Aromen aber aus gesundheitlichen Gründen abgelehnt werden muß, wird die Speiseeisherstellung mit sofortiger Wirkung vom Ernährungsamt untersagt. Die vierhundert dadurch erwerbslos werdenden Saisonbetriebe will der Freie Deutsche Gewerkschaftsbund sofort anderweitig unterbringen.

Kuchen

Ein Sonntagskuchen stellte den Höhepunkt der Hungerwoche dar. Die Rezepte mußten einfallsreich sein, weil meist Eier und Fett fehlten. Anstelle von Mehl wurden Grieß, Maismehl oder gekochte Kartoffeln verwendet. Viel Treibmittel, Hefe, Backpulver oder Natron waren notwendig, um die fett- und zuckerarmen Teige aufgehen zu lassen. Je weniger Fett und Zucker vorhanden waren, um so kürzer mußte die Garzeit sein. Blieb der Kuchen zu lange im Ofen, schmeckte er trocken oder strohig. Um dem Kuchen einen Geschmack zu verleihen, wurden künstliche Aromastoffe in einer breiten Palette angeboten: Arrak, Bittermandel, Sahne, Anis, Rumaroma. Sie gaben dem Kuchen eine Geschmacksrichtung, die annähernd an frühere, bessere Zeiten erinnerte.

– Roland von Berlin – 29.6.1947 –

Lebe aromatisch

Das Leben ist bekanntlich schwer
Und manchmal hochdramatisch.
Doch eifre doch nicht allzusehr
Und lebe aromatisch.

Was brauchst du schließlich frisches Obst
In Werder einzuhandeln!
Bevor du mit der Schupo tobst,
Sollst du zum Kaufmann wandeln.

Dort gibt es Himbeer, Ananas,
auch Birne nebst Banane
In winz'gem Puppenküchenglas
Und wisse ferner: Sahne.

Rum, Bittermandel, Butter, Zimt
Hast du jetzt nicht mehr nötig.
Kurz: Was man nur zum Backen nimmt,
Ist chemisch dir erbötig.

Zwar außen sind die Röhrchen rein
Und gänzlich unbeschriftet.
Doch schlafe ruhig: Noch hat kein
Mensch sich daran vergiftet.

Und wenn du wirklich mal gepackt
Krokant statt Bienenhonig:
Du merkst es gar nicht – alles
Schmeckt dir gleichermaßen wonnig.

Doch soll unübertrefflich gut
Das Backwerk dir gelingen,
Dann raff dich auf mit Heldenmut
Und nimm von allen Dingen,

Was du nur an Aromen hast:
Punsch, Nougat und Zitrone,
Wirf auf den Müll sie ohne Rast
Und backe heiter ohne.

Kaffeetorte I

1 Tasse	Kaffee-Ersatz
1 Tasse	Mehl
1 Tasse	Zucker
1 Tasse	Grieß oder Haferflocken
1	geriebener Apfel
etwas	Aroma
	Backpulver

➔ **Die Zutaten mit etwas Milch zu einem Rührteig verarbeiten und in einer Form backen. Nach dem Erkalten in drei Teile schneiden und mit Marmelade oder Pudding füllen.**

Kaffeetorte II

1 Tasse	Grieß
1 Tasse	Kaffeepulver (Malzkaffee)
1 Teel.	Butter
1 Prise	Natron

➔ **Zutaten mit etwas Milch verrühren und in einer Tortenform backen. Ein- oder zweimal aufschneiden und füllen.**

Grießkuchen ohne Fett und Ei

2 Tassen	Mehl
2 Tassen	Grieß
2 Tassen	Milch
2 Tassen	Zucker
1 Päck.	Backpulver
1 Päck.	Soßenpulver (Vanille)
	Vanillezucker oder Aroma

➔ **Alles zusammenrühren und bei Mittelhitze backen. Wenn vorhanden, mit Puderzucker bestäuben.**

Gebäck ohne Fett

250 Gramm Mehl sieben und 25 Gramm Hefe trocken darüberbröseln. Dann 1/2 Liter Milch – mit einer Prise Salz und Vanillearoma verquirlt – zugeben, das Ganze mit 60 Gramm Zucker durchkneten. Der Teig darf auf keinen Fall aufgehen, sondern muß sofort auf etwa 75 Gramm Zucker ausgerollt werden. Plätzchen ausstechen und auf einem gefetteten Blech backen.

Grießplätzchen ohne Fett

1	Ei oder Eiaustauschmittel
100 g	Mehl
4 Eßl.	Milch
250 g	Grieß
1/2 Päck.	Backpulver
1 Prise	Salz
	Aroma

➔ **Das Eigelb mit Zucker schaumig rühren, Milch und das mit dem Grieß gemischte Backpulver dazugeben. Zuletzt den steif geschlagenen Eischnee unterziehen. Mit einem Teelöffel setzt man kleine Bällchen auf ein Backblech und backt die Plätzchen bei guter Hitze goldgelb.**

Falsche Schokoladentorte

3 Tassen	Mehl
1 Tasse	Buttermilch oder Wasser
1 1/2 Tassen	Zucker
1 Tasse	Kaffee-Ersatz
1 Päck.	Backpulver
1–2	Eier
	Aroma und Pudding zum Füllen

➔ **Eier und Zucker schaumig rühren, abwechselnd das mit Backpulver vermischte Mehl und den in Wasser aufgekochten Kaffee-Ersatz (ohne Grund) dazugeben. Mit Aroma abschmecken und backen. Nach dem Erkalten aufschneiden, mit Pudding füllen und mit Puderzucker bestreuen.**

Diesen Kuchen habe ich meinen Gästen an meinem 60. Geburtstag angeboten, und niemand konnte raten, aus welcher Zeit dieses Rezept stammt. Geschmeckt hat er allen!

(Edith Stehlen über Falsche Schokoladentorte*)*

Haferflockenmakronen

200–250 g Zucker
3 Eßl. Milch
1 Eßl. Kakao
1 Teel. Butter
5–8 Eßl. Haferflocken
Aroma (Rumgeschmack)

➔ **Alle Zutaten bis auf die Haferflocken im Topf oder einer Pfanne zergehen lassen, die Haferflocken dazugeben und alles aufkochen. Von der noch warmen Masse Häufchen auf ein Blech setzen und trocknen lassen.**

Tortenboden mit Haferflocken

100 g Haferflocken
175 g Mehl
150 g Zucker
1 Ei
30 g Fett
1/2 Päck. Backpulver

➔ **Die Haferflocken durch die Kaffeemühle drehen und alle Zutaten mit etwas Milch zu einem Teig verrühren. Aroma nach Geschmack zugeben und als Tortenboden backen. Der Boden läßt sich mit Pudding oder Obst belegen.**

Biskuitkuchen (Tortenboden)

1 Eigelb
5 Eßl. Zucker
3 Eßl. warmes Wasser
3 Eßl. Mehl
2 Eßl. Kartoffel- oder Stärkemehl
2 Eßl. kaltes Wasser
1 Eiweiß

➔ **Eigelb, Zucker und warmes Wasser schaumig rühren, nach und nach das Mehl unterrühren. Eiweiß und kaltes Wasser steifschlagen und vorsichtig unter die Masse ziehen. In einer gemehlten Springform bei Mittelhitze ca. 20–30 Minuten goldbraun backen.**

Nach diesem Superrezept aus der Nachkriegszeit mit nur einem Ei wird bei uns und unseren Freunden, die jetzt in Kentucky/USA leben, noch immer gebacken. Auch heute schmeckt dieser Kuchen super, z.B. ein- bis zweimal durchgeschnitten und mit leckerer Sahne, Buttercreme oder mit Pudding gefüllt. Lecker auch mit frischem Obst oder mit Eiscreme serviert.

(Brita Lambert über Biskuitkuchen*)*

Mürbchen

20 g Fett
50 g Zucker
2 Eßl. Essig
125 g Mehl mit 1 Teel. Backpulver vermischt

➔ **Das Mehl auf ein Backbrett häufen, die Zutaten in die Mitte geben und alles rasch verkneten. 10 Minuten kühl oder in scharfen Luftzug stellen, ausrollen und mit Förmchen ausstechen. Bei Mittelhitze lichtbraun backen.**

Makronen-Ersatz

Leicht gesüßten Mehlteig, ohne Fett und Ei, dünn ausrollen, mit dem Fingerhut „Makronen" ausstechen und auf dem Backblech im warmen Ofen trocknen lassen.

Falscher Blätterteig

Butter, Mehl und Quark zu gleichen Teilen mit einer Prise Salz

tüchtig durcharbeiten. Der Teig muß einige Stunden ruhen. Dann rollt man ihn ca. 1/2 cm dick aus, sticht kleine Plätzchen oder Halbmonde aus und backt sie bei mittlerer Hitze.

Krümeltorte

2 Tassen Mehl
2 Tassen Haferflocken
2 Tassen Grieß
1–1 1/2 Tassen Zucker
1 Päck. Backpulver
Aroma (Vanille oder Rum)
etwas Milch

✈ **Die Zutaten verrühren, bis der Teig krümelt. Die Hälfte des Teiges auf den Boden einer Springform verteilen, etwas andrükken. Marmelade oder Rübensaft darübergeben und den restlichen Teig darüber krümeln. Im Ofen backen.**

Die Krümeltorte war das beliebteste Kuchenrezept der Nachkriegszeit. Wir haben die Torte sehr oft gebacken, und sie hat uns immer hervorragend geschmeckt.
(Veronika Bartsch)

Möhrenkuchen

30 g Fett
125 g Zucker
125 g geriebene Möhren
Vanillearoma oder Zitronenaroma
120 g Weizenmehl
3 gestr. Eßl. Backpulver
5 Eßl. Milch

✈ **Das Fett wird zusammen mit einem Eßlöffel Zucker geschmeidig gerührt. Dann verrührt man die Mohrrüben mit dem Rest des Zuckers und den Gewürzen. Das mit Backpulver gemischte und gesiebte Mehl wird abwechselnd mit Milch hinzugegeben, bis der Teig schwer reißend vom Löffel fällt. Der Teig wird in eine mit Butterbrotpapier ausgelegte, gefettete Kastenform gegeben und etwa 60 Minuten bei schwacher Hitze abgebacken. Zur Frischhaltung beläßt man auch nach dem Backen das Papier um den Kuchen.**

Apfeltorte ohne Ei

250 g Mehl
50–65 g Margarine oder Fett
1/2 Teel. Salz
1 Eßl. Zucker
etwas Wasser

Für die Füllung:
750 g Äpfel oder anderes Obst
80–150 g Zucker
Zitronenaroma oder andere Würzstoffe nach Wunsch

✈ **Das gesiebte Mehl wird mit den übrigen Zutaten zu einem geschmeidigen Mürbeteig verarbeitet, der gut auskühlen muß. Man rollt ihn dünn aus, belegt den Boden und den Rand einer nicht zu großen Springform etwa bis zu 1/4 der Höhe damit.**
Der Teig wird mit etwas Fett bepinselt. Dann füllt man vorgedämpfte oder roh geraspelte Äpfel hinein, die man mit Zucker bestreut. Der Rest des Teiges wird zu einer runden Platte ausgerollt, die auf das Obst gelegt wird. Nun rollt man den überstehenden Rand ein, garniert die Rolle hübsch mit 2 Löffelstielen und läßt die Torte bei guter Hitze lichtbraun backen. Während des Backens bepinselt man die Oberfläche 2–3 mal mit Zuckerwasser.

Ungebackener Obstkuchen

Eine Kuchenform (Springform) mit einer Schicht Zwieback auslegen, 500 Gramm geschmortes Obst (vorzugsweise Stachelbeeren oder Rhabarber) darüber, wieder eine Schicht Zwieback. Als oberste Schicht einen fertig gekochten Vanillepudding darübergeben.

Festtagstorte ohne Ei und Fett

Entkrustete Weißbrotscheiben als Tortenboden in eine Springform legen, darauf eine Schicht „Heißgetränk", das mit Mehl angerührt wurde. Die Brotkrusten sehr klein schneiden und in der Pfanne mit etwas Zucker rösten und als „falsches" Krokant über die Torte streuen. (Heißgetränk war aromatisiertes, gefärbtes Wasser.)

Hefekuchen mit nußartigem Geschmack

250 g geriebene rohe Kartoffeln
250 g Mehl
50 g Hefe
1 Prise Salz
etwa 3–4 Eßl. Kartoffelsaft
3–4 Eßl. Zucker

➔ **Hefeteig zubereiten und in eine gefettete Kasten- oder Springform füllen. Bei mäßiger Hitze etwa 1 1/4 Stunden backen. Eine Garprobe mit Hölzchen machen.**

Kuchen ohne Backofen

Den gut aufgegangenen Hefeteig oder den Rührteig in einen gefetteten Topf füllen und auf der Kochstelle bei gleichmäßiger, aber mäßiger Wärme backen. Während des Backens etwa alle 15 Minuten den Deckel abheben und innen trockenreiben. Nach etwa 40–50 Minuten, wenn sich der Kuchen oben trocken anfühlt, ihn auf den aufgelegten Deckel stürzen. Den umgedrehten Kuchen im Topf noch weitere 5–10 Minuten bräunen.

Bonbons

Einmal im Monat gab es Bonbons. Jedesmal wenn die Lebensmittelkarten kamen und die Mutter die Zuckerrationen holte, wurden aus Haferflocken und Zucker auf einer Pfanne Bonbons gebrannt. Auf Pergamentpapier gekippt und abgekühlt, haben diese Bonbons bei mir keine schlechten Zähne verursacht.

(Liselotte Michel)

Haferflockenkugeln

150 g gewiegte Haferflocken
75 g Zucker
50 g Fett
etwas Mandelöl oder abgerieb. Zitronenschale
etwa 3 Eßl. Wasser

➔ **Die Haferflocken werden mit einem Eßl. Zucker geröstet und dann mit einem Nudelholz zerkleinert. Fett, restlicher Zucker und Geschmackszutaten verrührt man gut, gibt die Haferflockenmasse und Flüssigkeit hinzu und formt dann Kugeln.**

Flockenbällchen

125 g Haferflocken
2 Eßl. Mehl
2 Teel. Backpulver
1 Teel. Fett
5–6 Eßl. Zucker
4 Eßl. Wasser, Milch oder Molke

➔ **Haferflocken in vorgewärmter Pfanne rösten und abgekühlt mit den Händen zerreiben. Mit den übrigen Zutaten zu einem halbfesten Teig vermengen und 1/2 Stunde ruhen lassen. Kleine Bällchen formen und auf ein leicht gefettetes Blech setzen und bei mäßiger Hitze 20 Minuten backen.**

Buttermilchbonbons

375 g	Zucker
1/2 l	Buttermilch oder Molke
1 Päck.	Vanillezucker
10 g	Margarine oder Butter

➔ **Alles zusammen dick einkochen. Die Masse auf eine gefettete Platte schütten und nach dem Erstarren in Stücke schneiden.**

Trüffeln

50 g	Fett
250 g	Zucker
50 g	Kakaomischpulver
	Rumaroma nach Geschmack
etwa 2 Eßl.	Milch

➔ **Die Zutaten werden gut gemischt. Dann formt man Kugeln, die man in gerösteten Haferflocken wälzen kann.**

Lutschbonbon

100 g	Staubzucker
1 Eßl.	Milch
1 Eßl.	Essig

➔ **Zutaten lichtbraun kochen. Der Zucker darf nicht zu dunkel werden, er schmeckt sonst leicht bitter. In diese helle, heiße Masse schüttet man schnell 50 g gewiegte Mandeln, Nüsse, das Innere von Pflaumen- oder Kirschkernen oder Haferflocken, oder was man gerade hat, hinein. Die verrührte Masse wird schnell auf ein gefettetes Blech gegossen, auseinandergestrichen und halb erkaltet in kleine Würfel geritzt. Sie lassen sich nach völligem Erkalten leicht brechen.**

Meine Mutti hatte seinerzeit Zugriff auf kubanischen Rohzucker (vom Kahn eines Verwandten). Neben Zuckersuppe und Zwiebel-Zuckersuppe gelang es ihr, mittels einer großen Bratpfanne eine größere Zuckermenge über dem Herdfeuer zu verflüssigen, da hineingerührt wurden Haferflocken, bis eine Art Krokantpampe entstand, die sie dann erkalten ließ. Wenn das Zeug dann fast kalt war, zertrümmerten wir es sorgfältig, bis so Stücke in Bonbongröße entstanden. Von Veredlungen in Form von Butter ist mir nichts bekannt. Jedenfalls haben die Dinger geschmeckt, und Zahnarztprobleme kannten wir nicht, weil alles dem Selbstlauf überlassen blieb. Heute würde ich diese Herstellungsmethode keinem empfehlen.

(Renate Melchior)

Marmeladenbonbon

100 g	Zucker
1 Eßl.	Marmelade
1/2 Eßl.	Essig

➔ **Zutaten unter ständigem Rühren kurze Zeit kochen, bis ein Tropfen, auf einen trockenen Teller gegeben, fest wird. Auf ein flache Schüssel streut man eine Schicht Zucker, in die man mit der Spitze eines Eies oder mit dem dicken Stiel eines Holz löffels Vertiefungen macht, in die je 1/2 Teelöffel von der Bonbonmasse gegeben wird. Man läßt die Bonbons erstarren, dreht sie dann einmal um, nimmt sie aus dem Zucker heraus, der dann anderweitig ver wendet wird.**

Wenn Mutter mal etwas Kakao auftrieb und Margarine (kam leider sehr selten vor), dann gab es eine Nascherei, die ich heute noch manchmal mache. Weiche Margarine wurde mit Zucker, Kakao und Haferflocken vermischt, ein Tröpfchen Milch dazu, damit sich die Zutaten besser zu einer geschmeidigen Masse kneten lassen. Walnußgroße Kugeln daraus formen und für ein Weilchen kaltstellen. Es war für uns die beste (allerdings auch einzige) Leckerei.

(Gisela Adib)

Kaffee-Bonbons

1/4 l	Kaffee (Ersatz)
125 g	Zucker
	Rum- oder Arrak-aroma
etwas	Fett

➔ **Kaffeepulver und Zucker aufkochen und mit den Aromen vermischen. Einen Teller leicht fetten und die warme Masse darüberstreichen. Kurz vor dem Erstarren in kleine Vierecke schneiden. Damit die Masse nicht am Messer klebt, die Messerschneide in kaltes Wasser tauchen.**

Sahnebonbons

1/4 l	Sahne
1 St.	Vanille
1/4 Pfund	Zucker

➔ **Sahne und Vanille zwei Minuten kochen, Zucker dazugeben, kochen, bis die Masse gelblich wird. Auf einen gefetteten Teller gießen, vor dem Erkalten in Stücke schneiden.**

Weiße Mohnbonbons

Rübensirup mit weißem Mohn und Butter aufkochen und auf einem Blech auskühlen lassen und in Rhomben schneiden.

Sahnekaramellen

Butter
Zucker
Milch
Karamel-Puddingpulver

➔ **Der Zucker wird mit einem Teil der Butter in der Pfanne gebräunt. Währenddessen wird die restliche Butter, die Milch und das Karamel-Puddingpulver so lange geschlagen, bis alles sahneartig ist. Dann wird diese Sahne unter ständigem Umrühren langsam zu dem gebräunten Zucker gegeben. Zum Schluß läßt man alles noch einmal kurz aufkochen.**

Schon in der Kriegszeit waren wir durch die verschiedenen Lebensmittelkarten an Rationierung gewöhnt. Zucker wurde sowieso sparsam verwendet. Bonbons gab es kaum, zu Weihnachten und Ostern konnte man auf Zuckermarken Fondants erhalten. Süßstoff war ein sehr wichtiges Lebensmittel – eine Art Währung auf dem Schwarzen Markt. Statt Honig gab es Kunsthonig. Bienenhonig war eigentlich nicht existent, wurde vom Arzt verschrieben für Kleinstkinder bei starker Erkältung.

(Ursula Schneider)

Möhrenmarzipan

2 Tassen	geriebene rohe Möhren
2 Tassen	zerdrückte gekochte Kartoffeln
2 Eßl.	Zucker
1 Eßl.	Grieß
1	Vanillesoßenpulver
etwas	Anis
	Orangen- oder Mandelaroma

➔ **Alles zusammenkneten und zu kleinen Broten formen, die frisch gegessen werden müssen.**

Kartoffelmarzipankugeln

125 g	Zucker
2 Eßl.	Wasser
250 g	frisch gekochte Salzkartoffeln
	Mandelöl nach Ge schmack

➔ **Zucker und Wasser kocht man, gibt die frisch gepreßten Kartoffeln dazu und rührt, bis sich die Masse vom Topf löst. Nach dem Abkühlen schmeckt man mit Mandelöl ab und formt Kugeln, die man evtl. in Kakao wälzt.**

Quittenspeck

Quitten zu Mus kochen und zentimeterdick auf eine Kuchenplatte streichen. Ein paar Tage trocknen lassen, bevor man es in Stücke schneidet. Das schmeckt so ähnlich wie Fruchtgummi.

DER KURIER
15.2.1946

Bonbons statt Zucker

Wie uns das Ernährungsamt mitteilt, kommen in Berlin für eine Dekade anstelle von Zucker Fondants, Bonbons oder Dauergebäck zur Verteilung. (...)
(Unser Frühstück besteht also demnächst aus Kaffee ohne Milch mit Bonbons.)

Konfekt aus Klettenmark

Klettenmark in 2 cm lange Stücke schneiden und 20 Min. in Wasser mit einer Prise Natron kochen. Abgießen und in einen Sirup aus 1 Tasse Zucker, 1/2 Tasse Wasser, dem Saft einer Zitrone und abgeriebener Zitronenschale geben. Das Mark in diesem Sirup kochen, bis es klar wird, dann abgießen und in Puderzucker wälzen.

Getränke

Bier

DER BERLINER
9.8.1945

Bier im Anrollen

Die Sonne brennt heiß auf das Trümmerfeld Berlin herab. Der Berliner, der den ganzen Tag zu Fuß unterwegs ist, bekommt Durst auf seine Molle. Leider sind aber die wenigsten Lokale in der Lage, diesen Wunsch zu erfüllen, weil die Bierbeschaffung noch auf Schwierigkeiten stößt. Ein Besuch in einer Moabiter Brauerei soll aufklärend darüber berichten. In kurzen Zügen gibt Herr Direktor C. einen Überblick über die interessantesten Daten des Betriebes: „Die Schultheiß-Brauerei in Moabit war drei bis vier Tage nach der Besetzung durch die Rote Armee schon wieder in der Lage, Faß- und Flaschenbier an Gaststätten abzugeben. (...)
Seit Kriegsende waren wir in der Lage, aus Beständen täglich 8000–10000 l Flaschenbier, 40000–50000 l Faßbier auszuliefern. Wir beliefern u.a. die Truppen der Alliierten."

DER BERLINER
6.10.1945

Starkbier für 3,20 Mark

Ein Glas Starkbier, 4/20 Liter, kostet laut Vorschrift 3,20 Mark. An bunt gedeckten Tischen sitzen alliierte Soldaten neben heimgekehrten entlassenen Kriegsgefangenen und trinken mit Genuß eine Molle. Berlin arbeitet und schafft sich wieder ein ehrliches Gesicht.

Bierpunsch

1 l	Bier
125 g	Zucker
10 g	Maismehl wenn mögl.
1	Eigelb Zitronen- oder Zimtaroma

➔ **Das Bier wird mit Zucker und Gewürzen zum Kochen gebracht, mit kalt angerührtem Maismehl gebunden, tüchtig geschlagen und das Eigelb hinzugegeben. Man schlägt so lange, bis sich Schaum gebildet hat, dann füllt man den Punsch in Gläser.**

Schnaps

rechte Seite:
Kochkalender

DER TAGESSPIEGEL
11.1.1947

Kundenzählung für Schnaps

Vom 16. bis 25. Januar wird in allen Berliner Bezirken eine Kundenzählung für Spirituosen vorgenommen. Hierfür müssen die Abschnitte M/105 und F/105 des Berliner Bezugsausweises (vierte Ausgabe) abgegeben werden.

DER BERLINER
25.8.1945

Die Katze im Sack

Wer SCHWARZ kauft, hat schon oft die Katze im Sack und auch Erbsen im Kaffeesack erworben. Auch der Kognak, den neulich jemand durch besondere Beziehungen erhielt, gab nur zu Unrecht den gleichnamigen Ort in Frankreich als seine Geburtsstätte an. In Wirklichkeit entstammte das Gebräu nämlich deutschem Boden und war nichts anderes als ganz gewöhnlicher Kartoffelsprit, dem ein Löffel Pfeffer seinen vulgären Geschmack genommen hatte und als Kognak aufgemixter Trank gar nicht übel war! Nur eben zu teuer ...

DER BERLINER
5.1.1946

Durch Genuß von Methylalkohol kamen drei Männer ums Leben. Die Kriminalpolizei führte bei den ums Leben gekommenen Personen Hausdurchsuchungen durch. Sie ergaben, daß sich in der Garage noch 1100 Liter Alkohol befanden. Die Bestände wurden beschlagnahmt. Proben des Alkohols wurden einer chemischen Untersuchungsstelle zur Prüfung vorgelegt.

DIE NEUE ZEITUNG

JUNI 1947

Sonntag	Montag	Dienstag	Mittwoch	Donnerstag	Freitag	Samstag
1	2	3	4	5	6	7
8	9	10	11	12	13	14
15	16	17	18	19	20	21
22	23	24	25	26	27	28
29	30					

Wir haben schon einmal kurz über die Notwendigkeit einer regelmäßigen Vitaminzufuhr gesprochen. Um unseren Lesern einen Begriff über ihr hauptsächliches Vorkommen, die Mangelerscheinungen bei ihrem Fehlen und die Änderung des Gehalts durch Aufbewahrung und Zubereitung zu geben, bringen wir *Tatsachen über die Vitamine.*

Vitamin A: *Vork.:* Tierlebern, Lebertran, Fleisch. *Mangelersch.:* Verhornung der Haut, Aufhören des Wachstums, Neigung zu Infektionskrankheiten, Nachtblindheit. *Änd. d. Geh.:* Kleinerer Verlust durch Konservierung. 50% Verlust durch Trocknen.

Vitamin B 1: *Vork.:* Schweinefl., -niere, -leber, Schinken, Weizenkleie, Roggenschrot, Reiskleie, dicke Bohnen, Nüsse, Hefe. *Mangelersch.:* Stoffwechselstörungen, nerv. Störungen, Herzschäden. *Änd. d. Geh.:* Kochen, wenn die Temperatur nicht zu hoch, wenig Verlust. 50% durch Fortgießen des Gemüsekochwassers. 20—40% durch Grillen, Rösten, Dämpfen und Konservieren.

Vitamin B 2: *Vork.:* Tierorgane, Fisch, Milch, Ei Obst Gemüse, Nüsse. *Mangelersch.:* Haut- u. Haarkrankheiten. *Änd. d. Geh:* Geringer Verl. d. Kochen, 50% d. Wegschütten d. Gemüsekochwassers.

Vitamin C: *Vork.:* Leber, Milch, Kartoffeln, Gemüse, Pilze, Obst, Nüsse. *Mangelersch.:* Energielosigkeit, Muskelschwäche, Zahnschäden, Skorbut. *Änd. d. Geh.:* Langes Waschen, Wässern, Kochen, Warmstehenlassen viel Verlust; 50—80% durch Einmachen und Trocknen. Verlust steigt mit Temperatur und Dauer beim Lagern.

Vitamin D: *Vork.:* Leber, Fisch, Lebertran, Eidotter, Pilze. *Mangelersch.:* Engl. Krankheit. *Änd. d. Geh.:* Verlust nur durch langes Lagern.

Salatkünstler.

Nach der Französischen Revolution machte sich ein Emigrant ein Vermögen dadurch, daß er in London von Haus zu Haus ging, um bei Gesellschaften Salate zu bereiten. Während er seines Amtes waltete, erzählte er den anwesenden Gästen die neuesten Witze. Er war zum Schluß als Salatkünstler und Witzbold so beliebt, daß große Diners verschoben wurden, um sein Erscheinen möglich zu machen.

Die Vitaminecke:

Was für Gemüse? Nicht nur Kopfsalat, sondern Schotengemüse, Puffbohnen, Wirsing.

Rezepte:

Schotengemüse: Die Erbsensorte „Englische Säbel" wird mit den Schoten, ähnlich wie grüne Bohnen, gedünstet.

Puffbohnen als sättigendes Gemüse, sauer oder auch in brauner Soße.

Wirsing: Der erste Wirsing, der nur ganz kleine Köpfe macht und sehr zart ist, sollte im Ganzen gedünstet auf den Tisch kommen.

Salat: Das Herz herausnehmen, dafür Fleischreste oder Graupen hineinfüllen, auf schwachem Feuer mit etwas Fett dünsten. Ein Bindfaden schützt die Köpfe vor dem Auseinanderfallen.

Was kann man anbauen?

Nicht nur immer wieder Bohnen, sondern schon wieder Winterlauch, Grünkohl und für die Frühlingszwiebeln wird's auch bald Zeit. Das zweitemal sind Maiskörner zu legen und nochmals süße Karotten für den Herbst anzubauen

Wenn nun alle Stränge reißen, und unsere Vitaminquellen im Winter versiegen,
und wir elend, müde und anfällig werden und die Grippe uns bedroht

bleibt uns Berlinern immer noch eine Quelle - unser Grunewald.

Er wird trotz „Holzauktion" als Vitamin-C-Spender
nicht so leicht versagen.

Die Nadeln seiner Kiefern und Fichten enthalten den ganzen Winter hindurch viel Vitamin C
und ergeben frisch gepflückt - nicht vom Waldboden aufgesammelt - und fein geschnitten ein sehr wirksames Heilgetränk gegen Vitamin-C-Mangelerscheinungen.
Es gibt sogar Menschen, denen es schmeckt.

Aber auch die anderen,
denen der harzige Geschmack nicht zusagt, sollten in diesen schweren Monaten
wöchentlich 2-3 Tassen trinken,
um gesund zu bleiben.
(Nierenkranke Vorsicht!)

Wir würden alle freilich Zitronen und Apfelsinen vorziehen, aber wenn wir sie eben noch nicht haben können,
lassen wir uns auch
nicht kleinkriegen
und retten unsere Gesundheit
und vielleicht unser L e b e n
durch TANNENNADEL-TEE.

Tannennadel-Tee

Unbedingt beachten:

25 g Tannen-Nadeln
frisch pflücken u.
mit r o s t f r e i e r S c h e r e fein schneiden.

sodann mit
¼ l kochendem Wasser
Wasser frisch aus der Leitung, nicht abgestandenes -
übergießen.

Tee muß 5 Min. ziehen.

Abgießen.

Wein

DER TAGESSPIEGEL
23.6.1947

Wein im britischen Sektor

Der seit langem angekündigte Wein und Sekt kann im britischen Sektor von Montag an von den Inhabern der Weinmarken gekauft werden. Eine leere Flasche und ein Korken sind mitzubringen.

DER TAGESSPIEGEL
16.5.1947

Der Wein kommt doch

Im französischen Sektor erhält jede Frau, die einen Beruf ausübt und das 25. Lebensjahr vollendet hat, von morgen an auf der Kartenstelle eine Bezugsmarke für eine Flasche Wein oder Sekt. Es müssen dafür eine Arbeitsbescheinigung und das Arbeitsbuch vorgelegt werden. (...) Die Verteilung des Weines und des Sektes beginnt noch vor Pfingsten. Es handelt sich um die im Dezember angekündigte Sonderzuteilung für Weihnachten.

Wein aus Löwenzahn

Selbst Wein kann man aus Löwenzahn bereiten, und zwar nimmt man dazu die ziemlich honigreichen Blütenköpfchen, von denen etwa 1 Kilogramm mit 4 Liter kochendem Wasser übergossen werden, worauf man im noch warmen Zustande ein Pfund Zucker zusetzt und dann das Ganze 24 Stunden lang stehenläßt. Nach dem Erkalten seiht man die Flüssigkeit ab und vergärt mit Weinhefe. Der so gewonnene Wein, der als Löwenzahn- oder Wiesenwein bezeichnet wird, soll manchem Traubenwein nicht viel nachstehen.

linke Seite:
Rezept für Tannenandeltee

Saft

– Zeitungsnotiz – 1946 –
Apfelschalen verwerten! Nicht wegwerfen!

Die beim Trocknen von Äpfeln, beim Backen von Apfelkuchen und beim sonstigen Schälen anfallenden Apfelschalen lohnen, ausgewertet zu werden.

Sitzen doch gerade in und unmittelbar unter der Schale die wertvollsten Bestandteile des Apfels. Deshalb schälen Sie die Äpfel auch nur, wenn es unbedingt nötig ist, also nicht etwa für Apfelmus, das mit den Schalen gekocht auch viel aromatischer schmeckt und das, wenn es gleich heiß durchs Sieb gestrichen wird, auch schön hell bleibt und sich leicht passieren läßt.

Falls Sie beim Apfelessen die Schale stört, so schälen Sie wenigstens recht dünn und lassen Sie die Schalen nicht erst herumstehen, bis sie angewelkt sind, sondern weichen Sie dieselben gleich in einem Glas mit Wasser bedeckt ein. Auf diese Weise erhalten Sie nämlich nach zwei Tagen Stehenlassen aus den duftreichen Schalen der Tafeläpfel einen gesunden, aromatischen Apfeltrunk, der nach dem Abgießen von den Schalen und nachdem er ein wenig gesüßt worden ist vorzüglich mundet.

DER TAGESSPIEGEL
29.3.1947

Der Fruchtsaft, der jetzt auf Lebensmittelkarten III verteilt wird, ist naturrein und nicht konserviert. Er muß kühl und verschlossen aufbewahrt werden, weil er sonst gärt.

Brause

Sommerbrause

Aus Wasser, Zucker, Natron und einem Schuß Essig entsteht ein erfrischendes Getränk. Mit Aromen oder frisch gehackter Pfefferminze verfeinern.

Selbstgemachtes Brausepulver

Man mischt etwa 2 cm hoch Weinsteinsäurepulver und 2 cm hoch Natronpulver und 6 cm hoch zu Pulver zerstückelten Zucker miteinander. Nachdem man alles gut geschüttelt hat, teilt man die Mischung in eine Anzahl gleich großer Päckchen, die man in Tüten füllt.

Heißgetränke

Schlemp

1/2 l Milch
1 Teel. Tee
1 Pr. Vanillezucker
20 g Zucker
1 Ei
1 Eßl. Kartoffelmehl

➔ **Milch und Tee aufkochen und 10 Minuten ziehen lassen. Abgießen, mit Zucker und Vanillezucker abschmecken, Ei und Kartoffelmehl quirlen, in den Tee geben, unter Rühren aufkochen lassen.**

Honig-Heißgetränk

In einem Liter Wasser kocht man einige Stiele Majoran kräftig aus. Dann nimmt man sie heraus und läßt 100 Gramm Kunsthonig in dem Wasser zergehen. Man kann dem Getränk noch etwas Zitronenaroma zusetzen.

Kaffee aus Gerste und Runkelrüben

Auf einem Backblech im warmen Backofen Gerste- oder Roggenkörner goldbraun rösten. In einer Pfanne Würfelchen von Runkelrüben fast schwarz und glashart rösten. Beides getrennt voneinander in fest schließenden Gefäßen aufbewahren. Bei Gebrauch mahlen und etwa im Verhältnis 10:1 mischen. In eine feuerfeste Kanne geben und einige Male kurz aufkochen lassen. Vom Feuer nehmen, umrühren und 5 Minuten ziehen lassen.

Alkolat

DER KURIER
20.2.1946

Alkolat – ein neues Getränk

In der nächsten Zeit wird man in Gaststätten der sowjetischen Besatzungszone ein neues alkoholisches Süßgetränk unter dem Namen „Alkolat“ antreffen. (...) Es handelt sich um 15% gefärbte und gezuckerte Spirituosen unter Zusatz von Aromastoffen, Natursäften, Kräutern und natürlichen Essenzen. Es gelangt zunächst an konzessionierte Gaststätten (...) und wird in 10-cl-Gläsern (...) zum Preise von 3,50 bis 4,20 RM ausgeschenkt.

– Roland von Berlin – 19.10.1947 –

Alkolat

Das Alkolat dankt seinen Namen
dem Grundgehalt an Alkohol,
so wie man manchmal spricht von „Damen“,
wenn man auch weiß, da hapert's wohl.

An Farbe ist es unterschiedlich
und ebenso an Wohlgeschmack.
Wer es genießt, bleibt selten friedlich
und wird gar leicht zu einem Wrack.

Zwar um zu einem Rausch zu kommen,
da muß man schon ein Krösus sein.
Der Preis allein macht schon beklommen,
weil stärker als der stärkste Wein.

Doch fließt das Blut in sanfter Wallung
nach edlem Rebensaft dahin,
verdichtet sich zu trüber Ballung
der alkolatbeschwerte Sinn.

Wie freudig hat man einst empfangen
das Alkoholersatzgeschenk!
Doch bald enthüllt sich's unverhangen:
Es ist nur ein Als-Ob-Getränk.

Lilli

Tee

siehe Abb. Rezept für Tannennadeltee Seite 162

Echter schwarzer Tee gehörte zu den Raritäten, die entweder in winzig kleinen Mengen als Sonderzuteilung erhältlich waren oder zu Wucherpreisen auf dem Schwarzen Markt angeboten wurden. Deshalb warb man intensiv für Gesundheitstee aus heimischen Kräutern. Mit einiger Sachkenntnis ließen sich aus deutschen Kräutern Teemischungen herstellen, die einem Vergleich mit schwarzem Tee standhalten konnten. Man sammelte Blätter von Himbeeren, schwarzen Johannisbeeren, Brombeeren, Erdbeeren, Heidelbeeren, Huflattich und Ehrenpreis, die aber ohne besondere Behandlung in der Teekanne kaum Geschmack entfalteten. Deshalb wurde das Fermentieren der Blätter empfohlen, ein sehr aufwendiges Verfahren. Die möglichst stielfrei gepflückten Blätter sollten zunächst auf einen Haufen geschüttet 24 bis 36 Stunden zum Abwelken liegenbleiben. Nach dieser Zeit mußten sie auf einem Tisch gerollt und dann in ein Tuch sehr fest eingebunden oder in einen Leinensack eingepreßt und im Wasserdampf 30 Minuten gedämpft werden. Der gefüllte Leinensack wurde zwischen zwei Bretter gelegt, beschwert und dann über Nacht zum Zwecke der Gärung (Fermentation) an einem warmen Ort (30 Grad) gelagert. Das Rollen, Dämpfen und Fermentieren wird dann zweimal wiederholt, die Blätter dann in dünner Schicht ausgebreitet und unter mehrmaligem Umwenden getrocknet. Der Tee muß durch die Fermentation eine dunkle Verfärbung zeigen.

Für Kinder und Essen außer Haus

Kindernahrung

„Ein Jammer, in dieser Zeit ein Kind gewesen zu sein": In diesem Ausspruch einer Mutter scheint die ganze Misere der Nachkriegsjahre auf. Mütter, Großmütter, Väter und Verwandte verzichteten lieber auf einen Bissen Brot, als ihre Kinder hungern zu lassen.

siehe Abb. Hungrige Kinder Seite 144 und Aufruf „Rettet die Kinder" Seite 179

Auch für Kinder stand das Essen im Mittelpunkt des Tagesablaufs. So wurden die Brote, die sie von zu Hause in den Kindergarten mitbrachten, dort bis zum gemeinsamen Frühstück verschlossen, um Diebstählen vorzubeugen. Lehrer und Erzieher berichteten, daß häufig auch die Etiketten der Schulhefte abgelöst wurden und die Kinder den süßlich schmeckenden Leim ableckten.

Der ständige Hunger schuf bei vielen Kindern erhebliche Störungen wie schlechtes Gedächtnis und Konzentrationsschwierigkeiten. Sie waren müde, aber gleichzeitig ruhelos, reizbar, labil, hatten häufig Kopfschmerzen, schwitzende Hände und konnten schlecht schlafen.

Oft sahen sie älter aus, als sie nach ihrem biologischen Alter waren. Jugendliche glitten häufig in die Kleinkriminalität ab. Sie versuchten mit allen Mitteln, sich etwas zu essen oder zu rauchen zu beschaffen. Die meisten waren im eigentlichen Sinne nicht kriminell, sondern ihnen fehlte unter den schlechten Bedingungen das Unrechtsbewußtsein für ihre Taten.

– Bericht des Volksbildungsamtes (Schulamtes) vom 10.9.1945 –

62,5% der Schüler sind unterernährt, und viele Kinder haben in den letzten 6 Wochen stark an Gewicht verloren, durchschnittlich 4,4 kg. Ein Knabe von 12 Jahren, 136 cm groß, wiegt nur 29 kg,

Brotaufstrich für Kinder

3 Eßl. Trockenmilch
1 Eßl. Zucker
1 Eßl. starken Malzkaffee (gebrüht und durchgegossen)

→ **Alles verrühren, bis eine streichfähige Masse entsteht.**

Süßspeise

6 Eßl. Milchpulver
1 Eßl. Zucker
8 Eßl. Wasser
3 roh geriebene Mohrrüben

→ **Milchpulver, Zucker und Wasser glattrühren und mit dem Schneebesen schlagen. Die Mohrrüben daruntermischen und in Glasschälchen servieren.**

Geburtstagsauflauf für Kinder

500 g gerösteter Zwieback
etwas Butter
1 Tafel Schokolade
2 Eier
2 Eßl. Zucker
1/4 l Milch
1 Prise Zimt

→ **Zwieback einseitig mit Butter bestreichen, die Schokolade zerbröckeln. In eine Auflaufform abwechselnd eine Lage Zwieback mit der Butterseite nach unten und darüber Schokoladenstückchen verteilen. Die Eier schaumig schlagen und mit Zucker, Milch und Zimt kräftig verquirlen und über den Auflauf gießen. Die Eier - milch muß etwas über dem Zwieback stehen. Den Auflauf etwa 30–45 Minuten überbacken.**

bei einem 13jährigen Mädchen ging das Körpergewicht von 85 auf 69 Pfund herunter.

Im Unterricht ist zu verzeichnen, daß viele Kinder vor Hunger ohnmächtig zusammenbrechen, sie zeigen starke Ermüdungserscheinungen, beim Sportunterricht sind sie schon nach 15–20 Minuten total erschöpft.

Die schlechte Ernährungssituation zeigt sich auch in den Entschuldigungszetteln der Erziehungsberechtigten:

1. Ich konnte meinen Jungen gestern nicht in die Schule schicken, da ihm vor Hunger immerfort schlecht war.

2. Ich entschuldige hiermit meine Tochter Rita, da sie am Mittwoch nach Zepernick fuhr, um sich bei ihrer Oma wieder einmal richtig satt zu essen.

Milch gab es damals nur für mich, weil ich Tbc hatte. Jeden Tag 1/10 Liter, also alle 10 Tage einen Liter, aus dem oft „Quark" gemacht wurde. Der konnte auf der „Kochmaschine" mit Salz und Kümmel zu Kochkäse werden.

(Gisela Plata)

DER BERLINER
13.11.1945

300 Kinder erhielten Mittagessen

Am Sonntag wurde in der Bergstraße Nr. 147 vom Ausschuß für die Aktion „Rettet die Kinder" die erste Neuköllner Speisungsstelle eröffnet. Es wird täglich an 300 besonders bedürftige Kinder ein warmes Mittagessen ausgegeben.

Wir mußten in den Kindergarten gehen. Hier gab es nicht Gruppen, so wie wir es heute kennen. Alle Altersgruppen waren zusammengewürfelt. Zu essen gab es fast jeden Tag eine schwarze Mehlsuppe. Der ganze Kindergarten roch dann süß-säuerlich. Es schmeckte fürchterlich.

(Gisela Kolke)

DER KURIER
13.2.1946

Mutter ließ ihr Kind verhungern

Die 33jährige Käthe W. hat ihre 1 1/2jährige Tochter Brigitte völlig sich selbst überlassen. Monatelang kam die Kleine überhaupt nicht an die Luft. (...) Das Schlimmste war, daß sie dem hilflosen Kind die ihm zustehenden Lebensmittel tagelang entzog, um sie ihrem Geliebten zuzustecken. Sie ließ ihr eigenes Kind buchstäblich verhungern, denn der herbeigerufene Arzt stellte als Todesursache einwandfrei Hungertod fest.

Von Ende 1945 bis Ende 1949 fuhr meine Mutter täglich zweimal zur Domäne, um die großen Milchkannen, Tonnen und Wannen zu waschen, in denen die Essensabfälle aus den amerikanischen Messen (eigentlich Tierfutter) gebracht wurden. Aus diesen Abfällen wurde alles Eßbare herausgesammelt und mit viel Phantasie verarbeitet (den Rest erhielten die Tiere). Sie fuhr kurz vor Weihnachten 1946 am späten Nachmittag mit ihren zwei eigens aus Sackstoff genähten großen Taschen mit jeweils drei großen armeegrünen und innen goldfarbenen Büchsen voller zusammengewürfelter und unterschiedlichster Brocken mit der U-Bahn zum Breitenbachplatz. Ihr gegenüber saßen zwei ausgemergelte und elend aussehende kleine Jungen, ca. 7 und 5 Jahre alt. Auf die Frage meiner Mutter, was sie sich denn zu Weihnachten wünschen würden, antwortete der Ältere: „Sich einmal richtig satt essen." Spontan lud meine Mutter beide Kinder zu uns ein und zauberte ihnen ein Festessen. Sie kratzte von Kotelettknochen die Fleischreste ab, drehte sie durch den Fleischwolf und briet daraus leckere Buletten. Sie hatte auf der Domäne ein paar Möhren auftreiben können, die sie dazu dünstete und dazu einige Kartoffeln kochte. Es war für uns ein wunderbares Erlebnis, wie diese Kinder sich über das Essen hermachten und alles bis auf den letzten Bissen aufaßen. Meine Mutter gab ihnen noch einiges zu essen mit, und diese dankbaren und glänzenden Kinderaugen waren und sind für mich bis heute, gerade in unserer übersättigten Zeit, unvergessen.

(Brigitte Frederich)

Süße Möhrenrohkost

3/4 l	Milch
80 g	Haferflocken
2 Eßl.	zerkleinertes Trockenobst
375 g	fein geriebene Möhren
etwas	Zucker oder Honig
	Salz

➔ **Haferflocken und Trockenobst einige Stunden in der Milch einweichen und ausquellen lassen. Kurz vor dem Anrichten die roh geriebenen Möhren untermischen und mit Salz und Zucker abschmecken. Anstelle von Milch kann auch Apfelsaft verwendet werden.**

Holundermilch für Kinder

1 Dolde	reife Holunderbeeren
1/4 l	Milch
1 Eßl.	Mehl
etwas	Zucker

➔ **Die Beeren waschen und entstielen. In der Milch aufkochen lassen und mit dem kalt angerührten Mehl binden, aufkochen und ausquellen lassen. Mit Zucker abschmecken. Holundermilch recht kalt reichen.**

DER KURIER
6.5.1946

Spenden für Kinder und Mütter

Kinder, die zwischen dem 1. März 1944 und dem 30. April 1946 geboren wurden, erhalten aus der Spende des irischen Volkes ein Pfund Zucker. Aus einer Schweizer Spende erhalten stillende Mütter nach ihrer Niederkunft drei Monate lang eine Büchse mit Pulvermilch. Aus der gleichen Spende erhalten Frauen im achten und neunten Schwangerschaftsmonat sowie für den Monat nach der Geburt eine Büchse Sardinen.

Schulspeisung

siehe Abb. Seite 182

Die Erinnerungen an die bereits im Herbst 1945 eingerichtete Schulspeisung sind sehr unterschiedlich. Einerseits stillten eine warme Mahlzeit, ein Becher Kakao oder Sonderzuteilungen wie Schokolade, Bonbons oder Kekse das permanente Hungergefühl, andererseits waren Geruch, Geschmack und Aussehen der Suppen und Eintöpfe eintönig und nicht auf kindliche Bedürfnisse zugeschnitten. Einigen Berlinern dreht sich bei der Erinnerung an die Schulspeisung noch heute der Magen um. Die Qualität der Mahlzeiten war sehr unterschiedlich. Dennoch mußten Lebensmittelmarken abgegeben werden, und jede Mahlzeit kostete 25 Pfennig. Viele Mütter meldeten ihre Kinder nicht zur Schulspeisung an, weil sie sicher waren, selbst mit den geringen Rationen zu Hause besser wirtschaften zu können.

DER KURIER
14.11.1945

Schulspeisung in Reinickendorf

Der Bezirk Reinickendorf hat (...) als einer der ersten zur Selbsthilfe gegriffen und eine Speisung von 4500 Schulkindern zunächst dreimal wöchentlich (markenfrei und unentgeltlich) eingeführt. Hier haben anerkannte Opfer des Faschismus selbst den Grundstock zu der Schulkinderspeisung gelegt, indem sie von ihren eigenen Sonderrationen einen Teil hergaben und aus nahe gelegenen ländlichen Bezirken Gemüse und andere Lebensmittel zusammentrugen.

DER KURIER
28.8.1945

Die Schulspeisung

An der in allen Berliner Bezirken jetzt eingerichteten allgemeinen Schulspeisung nehmen jetzt rund 250 000 Schulkinder teil. Über 100 Groß- und Schulküchen sind in Betrieb gesetzt worden, um den Anforderungen gerecht zu werden. Je nach Vorhandensein der Lebensmittel gibt es entweder Suppe oder Eintopf. Vertreterinnen der Frauenausschüsse und der Gewerkschaften überwachen die gewissenhafte Herstellung, und Lehrer und Elternbeiräte kontrollieren die gerechte Verteilung der Mahlzeit. Vorgesehen ist, daß Mütter im Erkrankungsfalle ihres Kindes das Mittagessen abholen können. (...) Während der Schulferien fällt natürlich auch die Schulspeisung aus.

Im Juni/Juli 1945 fing die Schule wieder an, und ich ging bis zum Abitur 1947 in meine alte „Penne". In der Schule bekamen wir bis zur 11. Klasse auch Schulspeisung, aber in der Abi-Klasse war das vorbei. Am Tage der mündlichen Prüfungen spendierte uns die nächstfolgende Klasse ihre Ration der Schulspeisung. Außer Suppen gab es manchmal auch Schokolade- oder Käse-Stückchen, die wir vor den Augen unserer Lehrer aufessen mußten, damit unsere Eltern nicht evtl. damit Handel treiben konnten. Aber die Mädchen mit kleinen Geschwistern schmuggelten doch oft etwas mit hinaus.

(Ingeborg Deutsch)

DER KURIER
9.1.1946

Schulspeisung nicht mehr markenfrei

Es ergeht die Anordnung, daß von allen Kindern, die an der Schulspeisung teilnehmen, für die beiden letzten Dekaden des Monats Januar Lebensmittelmarken über insges. 300 g Nährmittel, 100 g Zucker, 60 g Fett und 50 g Fleisch in den Schulen abzuliefern (sind).

DER BERLINER
5.1.1946 (Leserbrief)

Es ist für uns Schüler, die wir über 14 Jahre alt sind, qualvoll, mitanzusehen, wie die Hälfte der Klasse, also die Schüler unter 14 Jahren, schmunzelnd ihren Topf voll Essen empfängt, während wir mit hungrigen Mägen zusehen müssen. Wir schlagen vor, in den Klassen, wo manche Schüler über 14 Jahre alt sind, das ist besonders in den 4. Klassen, die Schulspeisung klassenweise zu verabreichen und die Speisung auf alle Schüler der Klasse aufzuteilen.

Die Älteren der Klasse 4 a
Askanische Oberschule, Tempelhof

Ich ging damals in der sowjetischen Besatzungszone zur Schule. Es gab keine Lebensmittelpakete, keine CARE-Spenden o.ä. An eine der wenigen Schulspeisungen gleich im Herbst 1945 erinnere ich mich: Ich erhielt eine Wassersuppe, in der wenige zerkleinerte grüne Blättchen schwammen. Weil ich immer hungrig war, aß ich diese, aber sie schmeckte wirklich nicht. Später erhielten wir statt Suppen ein 50 g schweres weißes Brötchen als Tageszuteilung. Aber dieses trockene Brötchen wurde nun als 100-g-Stück jeden zweiten Tag gegeben. Dieser zweite Tag wurde von mir immer sehnlich erwartet und war ein Lichtblick im ewigen Hunger eines 13jährigen Mädchens im Wachstumsalter.

(Eva Maria Becker)

DER KURIER
19.12.1946

Schulspeisung der Mittel- und Oberschüler

Wie das Amt für Schulspeisung bekanntgibt, werden nach den Weihnachtsferien auch die über 14 Jahre alten Schüler (...) in die Schweizer Spende einbezogen. Die von der Schweiz zur Verbesserung der allgemeinen Schulspeisung gespendete Mahlzeit wird wöchentlich einmal markenfrei und kostenlos abgegeben.

DER BERLINER
7.3.1946

Fette Kost – zufriedene Kinder

„Heute bin ich satt zum Platzen", berichtete gestern eine Siebenjährige ihren Eltern von der Schulspeisung in einer Charlottenburger Schule. „Fett war das Essen, sechs Töpfe voll hätte man damit kochen können." Mohrrüben und Nudeln mit viel Fett und sogar Fleisch habe es gegeben, die Kinder hätten es kaum geschafft.

Für die Schulspeisung sind im März erhebliche Mengen Lebensmittel zur Verfügung gestellt worden. Der Magistrat hat nun den Wunsch, daß alle schulpflichtigen Kinder in den Genuß der kräftigen Kost kommen, die bei der Schulspeisung verabreicht wird. Er empfiehlt daher dringend allen Eltern und Erziehungsberechtigten, die in ihrer Obhut stehenden Kinder zur Schulspeisung anzumelden. (...)

DER KURIER
30.7.1946

Die Berliner Ferienspiele wurden von den Vertretern des Schweizerischen Roten Kreuzes eröffnet. Nach einem kleinen Kulturprogramm durften die Kinder die erste Mahlzeit probieren: süße Haferflockensuppe mit Knäckebrot. Eine kleine ABC-Schützin meinte entzückt: „Du, wir dürfen uns sogar zum zweiten Male holen." Eine kleine Dame aus höherer Klasse dagegen war unverhohlen skeptisch: „Pah, am ersten Tag machen sie's ja immer gut, wegen der Reklame."

Im Herbst 1946 feierten 40 000 Kinder den Abschluß der Ferienspiele und erhielten jeder eine halbe Tafel Schokolade.

DER TAGESSPIEGEL
18.1.1947

Spenden für Schulspeisung

Die Britische Militärregierung stellte der Schulspeisung zusätzliche Lebensmittel, sogenannte Arktis-Packungen, zur Verfügung (...). Die Sonderzuteilungen bestehen aus 20 g Nährmittel, 18 g Fleisch und Speck, 19 g Keks oder Haferflocken, 3,5 g Margarine, 3,5 g Zucker und 8 g Käse täglich (...). Jedes Kind soll am Tage eine Tasse Tee mit Milch und Zucker bekommen und alle fünf Tage eine Tafel Schokolade.

DER TAGESSPIEGEL
14.3.1947

Speisekarten in der Schule

Die Zehlendorfer Schulen müssen auf Anordnung des Bezirksamtes jeden Tag durch Aushang bekanntgeben, welche Zutaten für die Schulspeisung verwandt wurden.

16.4.1947

Am Nachmittag besuchte ich eine Kollegin von Heike. „Zustände sind das", jammert sie und weist auf ihre vor Anstrengung geschwollenen Füße. (...) „Seit drei Tagen haben meine Kinder Masern. Um zwölf Uhr fahre ich los und hole für den Kleinsten die Säuglingsspeisung. Eine Stunde Fahrzeit, eineinhalb Liter Essen. Um zwei Uhr fahre ich los und hole für die Große die Schulspeisung. Eine Stunde Fahrzeit, einhalb Liter Essen. Um vier Uhr fahre ich los und hole für mich die Theaterspeisung. Anderthalb Stunden Fahrzeit, einhalb Liter Essen. Um sieben tue ich alles in einen Topf, danke dem Schicksal und den Alliierten, daß sie mir eine Säuglingsspeisung, eine Schulspeisung und eine Theaterspeisung beschert haben, und male mir aus, wie wunderbar das Leben wäre, wenn man alle drei Einhalbliter auf einmal im Haus hätte."
(Ruth Andreas-Friedrich)

DER TAGESSPIEGEL
1.2.1947

Süßer Zwang

Die Berliner Schulkinder werden (...) von der Schulspeisung an jedem fünften Tag eine Tafel Schokolade erhalten. Damit die Schokolade auch wirklich den Kindern zugute kommt, hat das Bezirksamt Wilmersdorf angeordnet, daß die Kinder die Schokoladentafeln sofort nach der Ausgabe anbeißen müssen.

Essen in Gaststätten

Viele Familien wohnten in sehr beengten Wohnungen, und häufig mußten sich mehrere Nachbarn eine Kochgelegenheit teilen. Wegen Stromsperren, der Rationierung von Gas und dem Kohlen- und Holzmangel wichen viele Berliner auf die im Winter 1945/1946 vom Magistrat eingerichteten Volksgaststätten aus. Gegen Abgabe der Lebensmittelmarken für Fleisch, Fett, Nährmittel und Kartoffeln konnte man hier eine bescheidene warme Mahlzeit erhalten. Im Frühjahr wurde ermittelt, daß täglich 80 000 Portionen, besonders an ältere Menschen, abgegeben wurden. Volksgaststätten wurden in Schulen, Rathäusern und meist primitiven, halb zerstörten öffentlichen Räumen eingerichtet.

> **Werkküchen- und Gaststätten-Grossbetrieb** sucht von Fabrikanten und Lieferanten grössere Mengen freier Ware, wie: Suppenextrakte, Pasten, Brotaufstriche, Fischartikel, Gewürze, Fass- u. Trockengemüse, Pilzartikel, Heissgetränke, zu kaufen. Angeb. an Paszotta. Gaststätten-, Fern- u. Werkküchenbetriebe, Inh. Franz Paszotta, Bln.-Oberschöneweide, Wilhelminenhofstr. 42

Daneben begannen schon im Herbst 1945 die ersten öffentlichen Speiselokale gegen Lebensmittelmarken Mittag- und Abendessen abzugeben.

– Roland von Berlin – 24.8.1947 –

Auch der Gast will leben ...

Was macht denn nur der Gastwirt mit dem Brot?
Für fünfzig Gramm reicht er 'ne dünne Scheibe.
Auch mit den Kleckschen Soße hat er Not
und schwört, daß ihm vom Mehl nichts übrigbleibe.

Was macht denn nur der Gastwirt mit dem Fleisch?
Der Abfall, sagt er, sei da ganz enorm,
auch werde es nach Stunden noch nicht weich,
drum gibt er gern es in gehackter Form.

Was macht denn nur der Gastwirt mit dem Fett?
Er kocht damit, will man der Karte glauben.
Es wäre fraglos auch von ihm nicht nett,
dem Gast hier jede Illusion zu rauben.

Nur – mit der Gegenleistung steht es schlimm.
Das muß man einmal ohne Umschweif sagen.
Der Gastwirt zählt sich meist zum Stamme Nimm.
Der Gast empfindet dies mit Unbehagen.

Und doch hört man erzählen dann und wann,
daß einer im Lokal sich satt gegessen,
weil dort der Wirt ein wahrhaft braver Mann,
der reicht, was für die Marken angemessen.

Warum ist dieser Brauch nicht allgemein?
Ein jeder wünscht, daß man für ihn verwendet,
was er an Marken gibt – denn sie sind sein
und werden nicht zum Wohl des Wirts gespendet.

Lili Lorsch

rechte Seite:
Aufruf „Rettet die Kinder"
vgl. Seite 169 ff.

Neben den Volksgaststätten existierten jedoch bald nach dem Zusammenbruch wieder Speiselokale, in denen in „Hinterstuben" zu horrenden Preisen getafelt und getrunken wurde. Oft waren sie Treffpunkte für Schwarzhändler und dunkle Existenzen.

DER KURIER
28.11.1945

„Tagessuppe nur zum Essen"

In Berlin scheint sich neuerdings ein spezifisches Gaststätten- und Speisekarten-Deutsch herauszukristallisieren, das von dem sonst üblichen Deutsch in gewissen Punkten erheblich abweicht. Ob Kellner oder Ökonomen oder gar eine Wirtin wundermild als treibende Kräfte dabei am Werke sind, entzieht sich unserer Kenntnis. Jedenfalls scheint sich das Ragufeng, das nicht etwa eine chinesische Spezialität darstellen soll, sondern nichts anders ist als unser gutes Ragout fin, einbürgern zu wollen.
Daneben gibt es weniger diskutable Gerichte wie „Flüchtlingssuppe mit Ausweis", wobei zu bemerken ist, daß der Ausweis nicht mitgegessen, sondern lediglich vorgezeigt wird.
In der Bahnhofswirtschaft in Lichterfelde-West gibt es „Tagessuppe nur zum Essen". Auf die Frage, was man denn sonst mit der Suppe machen könnte, blickte die Kellnerin den Fragesteller verständnislos an. Erst als er förmlich in sie drang, bequemte sie sich zu einer Antwort und erläuterte das Problem unter Berufung auf einen unlängst herausgegebenen Ukas des Bahnhofswirtes, daß nämlich Suppe allein nicht ausgehändigt werden dürfe. Nur wer noch ein anderes Gericht verzehre, dürfe Anspruch auf „Einmal Tagessuppe" erheben. „Suppe allein ist kein Essen", schloß die pädagogische Kellnerin ihre nicht unbeachtlichen Ausführungen.

Aufruf!

An die Neuköllner Bevölkerung!

Der Ausschuß für die Aktion „RETTET DIE KINDER" ruft Euch zur Mitarbeit auf. Ihr habt bei vielen Gelegenheiten Eure antifaschistische Gesinnung bewiesen; setzt sie jetzt in die Tat um!

Unsere Aufgabe ist es, die bittere Not unserer Kinder zu lindern! Rettet die Kinder vor dem körperlichen Verfall. Die Ernährungslage der gesamten Berliner Bevölkerung ist keine gute, aber für die Kinder ist sie weit schlechter. Das Kind braucht Aufbaustoffe in weit größerem Maße als der erwachsene Mensch. Wir wollen diese Aufbaustoffe ergänzen durch Schulspeisungen usw. — Alle Berliner Kinder sollen zu Weihnachten möglichst ein warmes Kleidungsstück, Schuhe und Spielzeug erhalten. — **Wir müssen die Kinder nicht nur über den Winter, sondern bis zur nächsten Ernte durchbringen.**

Allen Berliner Kindern soll geholfen werden! Darum rufen wir auf:

Helft alle mit „RETTET DIE KINDER"

Ausschuß „Opfer des Faschismus"

ERNST BREHMER MAX GLOGER

Bezirksamt
Pagel Dornow
stellvertr. Bürgermeister

Jugendamt
W. Müller

Frauenausschuß
M. Wolter D. Lösche

Kommunistische Partei
Franz Lange

Sozialamt
Erich Raddatz

Jugendausschuß
Ziegler Zimmermann

Ev. Gemeinde
E. Seehase

Sozialdem. Partei
Richard Günther

Volksbildungsamt
Busse

Sportamt
Schneider

Kath. Gemeinde
Trawnik
Erzpriester

Lib. Dem. Partei
Wilke

Schulamt
Dr. Neumann

Gewerkschaft
Karl Ebeling Fritz Köcher

Jüd. Gemeinde
Jul. Bernstein

Chr. Dem. Union
Wenske

– Roland von Berlin – 22.7.1947 –

Eine Razzia der Bezirkspreisstelle gegen Personen und Gaststätten hatte großen Erfolg. In der Pension Westend ließen sich vier Prüfer von vier Prostituierten führen. Sie erhielten dort Kognak, Likör, belegte Brote u.a. für insgesamt 1000 RM. Ferner erhielten die Prüfer im Hotel Drossel und in der Windsor-Bar Alkohol und Lebensmittel zu Schwarzmarktpreisen.

In den Gaststätten konnten die Gäste auch Gerichte erhalten, die „markenfrei" als „Stammgerichte" abgegeben wurden. Die Qualität ließ oft zu wünschen übrig.

– Roland von Berlin – 28.12.1947 –

Das Stammgericht

Hört, ihr Leute, die Geschichte
der beliebten Stammgerichte,
die vergnüglich jedermann
ohne Marken haben kann.
Heil dem Kopf, der sie erdachte,
und dem Koch, der sie so machte,
wie der Mensch sie kochen soll,
sättigend und liebevoll.
Aber jene Küchen-Kröten,
die sie, ohne zu erröten,
als Gemüsewasserbrei
nahezu kartoffelfrei
suppendünn servieren lassen,
jene Leute muß man hassen,
denn man hat doch nun einmal
nicht tagtäglich ein Lokal,
bloß um Fleisch und Fett zu naschen,
nichts als Marken in den Taschen,
und dann ist man sehr erschreckt,
wenn das Stammgericht nicht schmeckt.

Glücklich ist der Mensch indessen,
läßt sich dieses Essen essen,
weil es eine treue Hand
und ein Kopf mit dem Verstand
eines braven Koches kochte,
der es selber essen mochte.

linke Seite:
Schulverpflegung

O, wie sitzt man dann und schleckt,
ist es richtig abgeschmeckt,
nicht zu trocken, nicht zu flüssig,
keiner wird dann überdrüssig
und geplagt von Hungerqual
in ein anderes Lokal,
sei es noch so weit, entwetzen,
um sich lieber dort zu letzen.
Dankbar und in guter Ruh
trinkt man sein Glas Bier dazu,
denn man sagt sich mit Erbauung:
Wasser fördert die Verdauung,
trinkt man's hinterher und nicht
mitgekocht im Stammgericht.

Michl

DER BERLINER
16.8.1945

Für den Hund

Es war in einer Gaststätte Berlins, da ließ ein Mensch Kartoffeln auf dem Teller zurück und ging seiner Wege. Er muß zu den wenigen Satten gehören, die es auch heutzutage gibt, denn sonst wäre das nicht möglich gewesen.
Jedenfalls, es fiel auf, und ein Hungriger am gleichen Tisch überlegte – man sah es förmlich seinem Gesicht an –, ob er sich die Kartoffeln nicht rasch einverleiben sollte. Er dachte wohl: Wenn man nichts dabei findet, Kippen von der Straße aufzulesen, weshalb sollte man nicht auch hier einmal etwas tun, was in normalen Zeiten schier unmöglich wäre …
Da erschien eine Frau vom Nebentisch und löste das Problem auf ihre Weise. „Bitte, kann ich die Kartoffeln für meinen Hund haben?" fragte sie höflich, und so geschah es dann auch.
(Wenn Sie es genau wissen wollen: Der Hund ist schon seit Mai verstorben. Er hat Frauchen einen postumen Dienst erwiesen.)

Tabak

Herbst 1945

Die Kälte und der Hunger wurden schlimmer, der Morgenthau-Plan war bei uns noch unbekannt, seine Auswirkungen um so mehr. Die Abstände zwischen Magen-

krämpfen wurden kürzer, der Theaterarzt Dr. Schaake besorgte über gefahrvolle Umwege Vitaminampullen, riskierte Militärgefängnis, rettete uns über einige Tage hinweg. Ein Schauspieler gab mir eine halbe Zigarette, sagte: „Nimm einen Zug, dann hört der Magenkrampf auf." Ich fing an zu rauchen, Zigaretten kosteten 14 Reichsmark pro Stück, aber sie waren im Gegensatz zu Brot oder gar Butter erreichbar.

(Hildegard Knef)

Wer ständig Hunger hatte, ein starker Raucher war, konnte auf Glimmstengel oder Pfeife nicht verzichten. Tabakgenuß half, das Hungergefühl zu betäuben. Jede weggeworfene Zigarettenkippe fand einen leidenschaftlichen Raucher. Ob leitende Angestellte, Trümmerfrauen oder Halbwüchsige, jeder blickte suchend auf den Boden. Neben den Zuteilungen auf der Raucherkarte war der Anbau von Tabak eine zusätzliche Quelle. Man scheute weder Kosten noch Mühe. Tips über Dünge- und Pflegekniffe wurden wie Geheimrezepte gehandelt. Der Tabak „Marke Eigenbau" hatte drollige Namen: „Keilkissen-Querschnitt", „Schachmeister – matt in drei Zügen"; „Bahnhofsvorsteher – bei jedem Zug muß er raus".

BERLINER KURIER
17.8.1946

Tabak ist heute ein begehrtes „Gemüse". Man hat sich durch die neue Steuerordnung nicht abschrecken lassen und ihn nicht nur in Kleingärten, sondern auch auf Höfen, auf Balkonen und sogar in Blumenkästen gepflanzt. Wenige nur entwickeln dabei genügend Sachkenntnis. Man erntet schon, ehe die kleinen braunen Flecken auf den Blättern die Reife ankündigen, trocknet im Schnellverfahren und steckt sich das Kraut in die Pfeife, was in der U-Bahn dann stinkt und auch scheußlich schmeckt. Um dem Kleingärtner zu einem wirklich rauchbaren Tabak zu verhelfen und um zu verhüten, daß wertvolles Material durch unsachgemäße Behandlung verdirbt, hat der Magistrat wieder den Weg des Tauschverfahrens gestattet und mit diesem Auftrag die Firma Wilhelm Wehmeier in Berlin N 4, Oranienburger Straße 51 betraut. Hier können die Kleingärtner ihre Ernte gegen rauchfertigen Tabak (aus dem Erntejahr 1945) eintauschen. Die Blätter müssen sechs bis acht Wochen lang an der Schnur (nicht Draht) aufgereiht, gut vorgetrocknet werden, bis sie die schöne gelbe bis braune Farbe zeigen. Für das Kilo werden dann zwei Mark vergütet, und der Abliefferer erhält die Hälfte des Gewichts an Grob- und Feinschnitt zum Kleinverkaufspreis zurück.

– Für Dich – 8.9.1946 –

Kirschblätter fermentieren

Kirschblätter sind als guter Tabakersatz allgemein bekannt. Trotzdem werden nicht alle Rauchfreunde wissen, daß z. Zt. des Herbstes die besten Sammelbedingungen vorhanden sind. In den vergilbenden Blättern beginnt nämlich ein Abbau, der das Blatt in eine zum Rauch geeignete Form überführt und eine mühselige und zeitraubende Behandlung überflüssig macht.

Es wurden auch Rosenblätter getrocknet und in die Pfeife gestopft. Oder Tabakblätter auf der Pfanne dehydriert, d.h. geröstet, und konnten dann geraucht werden.
(Lydia Krieger)

DER BERLINER
5.1.1946

Sägespäne statt Zigaretten

Auf dem Schwarzen Markt am Alexanderplatz wurde die 42-jährige Berta G. in dem Augenblick von zwei Kriminalbeamten festgenommen, als sie englische Zigaretten zum Verkauf anbot. Bei einer Durchsuchung wurden Zigarettenpäckchen gefunden, die mit Sägespänen gefüllt waren.

DER BERLINER
8.1.1946

Hoffnung auf Zigarettenpapier

Es ist jetzt gelungen, die Muskauer Fabrik für Zigarettenpapier wieder in Gang zu setzen. Die Fabrik hat für längere Zeit ausreichende Rohstoffvorräte und ist in der Lage, den Zigarettenpapierbedarf der in der sowjetischen Zone gelegenen Zigarettenindustrie zu decken. (...) Auch mit der Herstellung der Briefchen zu je 50 Stück, wie sie der Raucher früher kaufte, ist bereits begonnen worden.

DER BERLINER
29.9.1945

Frauen erhalten 6 Zigaretten

Auf Abschnitt 1 der Berliner Raucherkarte werden für Männer 12 Zigaretten oder – soweit vorhanden – 3 Zigarren oder 6 Zigarillos abgegeben. Frauen erhalten 6 Zigaretten.

– Roland von Berlin – 20.7.1947 –

Das „Rauchgeld"

Es war ein regnerischer Abend!

In meiner Küche tropfte das Regenwasser in die leere Suppenterrine.

Ich ging also ins Kino. Es war ein prächtiger Einfall: Zwei Stunden lang saß ich warm und trocken – und der Film war gar nicht so schlecht!

Nach der Vorstellung suchte ich noch ein kleines Café auf. Gedämpftes Licht, dezentes Geschirrklappern, wohltuende Stille. Das alles erzeugte eine Atmosphäre tiefen Behagens. Zufrieden schlürfte ich meinen Ersatzkaffee und wurde immer froher und leichtsinniger.

„Herr Ober!"

Beinahe lautlos eilt er herbei. „Bitte, mein Herr?"

„Äh, bitte, sagen Sie ..." – ich werde etwas verlegen – „Haben Sie ... Ich meine, könnte ich hier im Lokal eine amerikanische Zigarette bekommen?"

„Aber selbstverständlich, mein Herr!"

Mit einer leichten Verbeugung bekundete er seine Zustimmung und entfernte sich. Ich sah ihm nach. Ein angenehmer Mensch! Sicher im Auftreten, unaufdringlich, zuvorkommend.

Auf einem Teller brachte er mir das Mittel, das mein Behagen noch um einige Grade erhöhen sollte.

„Neun Mark, wenn ich bitten darf."

Ich kenne Orte, wo ich für die gleiche Zigarette nur 7,50 RM bezahlen muß, aber ich hütete mich, derartiges zu bemerken. Ich überreichte ihm meinen vorletzten Zehnmarkschein, den er ohne genaue Nachprüfung in seine Brieftasche legte. Darauf griff er in seine Jackentasche und zahlte mir 10 Pfennige auf den Tisch.

„???"

„10% Bedienung, mein Herr!" sagte er und zog sich mit vorwurfsvoller Miene zurück.

DER KURIER
25. 7.1946

Jede Person im sowjetischen Sektor erhält eine Schachtel Streichhölzer. Der Preis ist wegen der neuen Steuern auf neun Pfennige erhöht worden.

DER BERLINER. 24.11.1945

„Keene Streichhölzer"

Een bissken Wärme und ooch Licht
jehört zu den Erfordernissen,
doch hat man keenen Streichholz nich,
denn ist man jänzlich uffgeschmissen!
'ne Zijarette dann und wann
schmeckt mir im juten wie im bösen,
doch, womit steck ich mir se an?
Ja, det Problem is noch zu lösen!
Zum Teeuffbrühn gehört een Ofen,
und in den Ofen muss ooch Feuer,
doch Streichhölzer per Schwarzmarkt koofen,
10 Mark 'ne Schachtel, ist zu teuer!
Det Feuer vom Olymp jestohl'n,
wat uns Prometheus einst jebracht hat,
so ohne Streichholz, Holz und Kohl'n,
ich weess nich, wie er det jemacht hat?!
Wenn ick hier, dichterisch entflammt,
die Wirtschaftsplanung möchte lenken,
vielleicht wird det Beschaffungsamt
an uns're Streichholznöte denken?
Wenn nich, entschliess ick mir zum Ent-
schluss, ick helfe mir alleene,
ick werde wieder Steinzeitmensch
und kloppe Feuer aus de Steene!

Paul Oppermann

Festtage und Notmenüs

Zu Festtagen, wie Ostern oder Weihnachten, wurden oft Sonderzuteilungen aufgerufen. Die Zeitungen berichteten jedoch, daß die versprochenen Festtagsgaben wie Mehl, Zucker, alkoholische Getränke usw. häufig nicht rechtzeitig zu den Feiertagen verteilt werden konnten. Weihnachtszuteilungen gab es dann zu Ostern.

Ostern

DER TAGESSPIEGEL
2.4.1947

Blinde erhalten (zu Ostern) 250 g Zucker, die vom Irischen Roten Kreuz zur Verfügung gestellt wurden, 1 Päckchen Zwieback (200 g) aus Schweizer Spende und 1 Stück Seife, das das Südafrikanische Rote Kreuz gab.

Marzipangrießeier

1 Tasse	Grieß
1 Tasse	feinen Zucker
1 Prise	Salz
1	tags zuvor gekochte Kartoffel
1 Teel.	zerlassenes Fett
	Bittermandel- oder Rumaroma

➔ **Alle Zutaten gut vermengen, evtl. mit etwas Wasser anfeuchten. Die Masse einen Tag ruhen lassen. In der Wölbung eines Teelöffels Eier formen, auf einer Glasplatte anrichten und bald verzehren.**

Braune Murmeln

100 g	Roggen oder deutsches Weizenmehl
60 g	Kaffeegrund (Ersatzkaffee)
1/4 Tasse	Wasser oder Milch
60 g	Zucker
10 g	Fett
	Aroma nach Geschmack

➔ **Das Mehl in einer trockenen Pfanne hell rösten, die anderen Zutaten untermengen und verkneten. Murmeln formen und an warmer Stelle trocknen lassen.**

Gelee-Eier

1 Eßl.	Marmelade
70 g	Zucker

➔ **Die Zutaten gut miteinander verkneten, dann flache Eier formen, die man in Zucker wälzt und auf einer Porzellanplatte trocknen läßt.**

Osterbrotaufstrich

4–5 Eßl.	Mehl
1 Teel.	Fett
1	hartgekochtes Ei

Zwiebelwürfel
Senf
Essig
Zucker
Schnittlauch

Das Mehl mit wenig Wasser glattrühren und etwa 1 Stunde quellen lassen. Fett zerlassen und 1 Eßlöffel Mehl darin andünsten, das Quellmehl dazugeben und mit wenig Flüssigkeit zu einem streichfähigen Brei kochen. Das hartgekochte Ei pellen, in kleine Würfel schneiden und mit den Gewürzen untermengen.

DER TAGESSPIEGEL
7.2.1947

Nur zwei Fastentage

Das bischöfliche Ordinariat hat mit Rücksicht auf die schwierigen Verhältnisse angeordnet, daß in diesem Jahr nur der Aschermittwoch und der Karfreitag als Fasten- und Abstinenztage gelten.

Weihnachten

Das erste Friedensweihnachtsfest verbrachten die Berliner mit kargen Rationen. Die Alliierte Kommandantur genehmigte keine zusätzliche Ausgabe von Lebensmitteln aus den Beständen der Stadtverwaltung. In Einzelfällen erhielten Krankenhäuser und Kinderheime diejenigen Produkte, die aus Schiebergeschäften stammten und beschlagnahmt wurden. Auf dem Schwarzen Markt gab es jedoch fast alles: Einige Tannenzweige kosteten 20 Mark, ein kleiner Adventskranz unter der Hand 50 Mark, mit Schleifenband 100 Mark.

DER BERLINER
11.12.1945

Weihnachtsmarkt im Lustgarten

Am Sonntag um 13 Uhr wurde der Weihnachtsmarkt im Lustgarten eröffnet. (...) Heiße Würstchen kann man nach Abgabe von 50 g Fleischmarken für 35 Pfennig erwerben. Eine Tasse Kathreiners Malzkaffe wird für 50 Pfennig abgegeben.

Christa Ronke, die das große Glück hatte, als Serviererin in der Messe der US-Army im Harnack-Haus arbeiten zu können, gingen Weihnachten 1945 fast die Augen über:

Dezember 1945

Die Säle waren sehr schön weihnachtlich ausgestattet, und während des Essens standen silberne Leuchter mit brennenden Kerzen auf den Tischen. Es gab Puterbraten, Preiselbeeren, Kuchen, Nüsse, Äpfel und Bonbons. Wir Deutsche bekamen das gleiche Essen. Ein Offizier schenkte mir 2 Tafeln Schokolade, ein anderer ein Päckchen Zigaretten, und ein dicker Blonder, den ich nie mochte, übergab mir feierlich eine Pralinenschachtel. Abends gab es kaltes Buffet und diverse Getränke.
(Christa Ronke)

Gerade in der Weihnachtszeit empfanden viele Hausfrauen den Mangel an Lebensmitteln besonders schmerzlich. In Zeitungen und Zeitschriften erschienen aufmunternde Hinweise, wie trotz fehlender Zutaten Kuchen und Süßigkeiten zubereitet werden konnten.
„Was können wir zu Weihnachten backen?" heißt es im Dezember 1947 in einer Berliner Zeitung:

Die kluge Hausfrau wird sich nicht darauf verlassen, daß es vielleicht noch eine Weihnachtszuteilung gibt. Sie wird vielmehr schon jetzt von jeder Dekadenzuteilung etwas absparen und nicht bis zur letzten Woche warten. Vielleicht hat sie auch schon vorher ab und zu einen Eßlöffel Zucker beiseitebringen können und beim herbstlichen Spaziergang (wir meinen beim Holzsammeln) ein paar Bucheckern oder Eicheln gesammelt.

Ein weiteres Problem stellte beim Backen die rationierte Energie, zum Beispiel Gas und Elektrizität, dar. Deshalb brachten viele Familien die Bleche mit Kuchen oder Plätzchen zum Bäcker und ließen dort „abbacken". Um Verwechslungen zu vermeiden, wurde der Name der Familie auf einen Zettel geschrieben und gefaltet unter das Backgut geschoben.

Dazu gibt „BZ am Mittag" noch den guten Rat:

Den Ängstlichen, die fürchten, der Bäckerjunge könne auf den Einfall kommen, das Gebäck mal zu versuchen, sei geraten, die Anzahl der Plätzchen neben den Namen zu schreiben.

DER KURIER
12.11.1946

Weihnachstsfeiern

In diesem Jahr ist in den Berliner Bezirken eine erhebliche Einschränkung der öffentlichen Weihnachtsfeiern zu erwarten. Vorwiegend sollen solche für Waisen, Flüchtlingskinder und für Kinder der von den Sozialämtern unterstützten Eltern veranstaltet werden. Für alte Leute über siebzig Jahren finden jetzt in einzelnen Bezirken bunte Abende statt, wobei Geld- und Sachspenden zur Verteilung gelangen.

DER BERLINER
21.12.1946

Doch noch Sonderzuteilungen

Wenn nicht alles täuscht, besteht für die Berliner doch noch Aussicht auf eine Sonderzuteilung zum Fest. Wie wir erfahren haben, wurden von der Sowjetischen Militärregierung 900 000 Flaschen Wodka, größere Mengen Zucker und Mehl, von der Britischen Militärregierung Zuckerwaren und andere Süßigkeiten, von der Amerikanischen Militärregierung Trockenobst, Fruchtsäfte und Fruchtkonserven und von der Französischen Militärregierung 100 000 Flaschen deutscher Sekt und 3000 Hektoliter Moselwein für eine Verteilung in Berlin bereitgestellt. Die Ausgabe soll ohne Berücksichtigung der Sektorengrenzen an die gesamte Bevölkerung erfolgen.

Weihnachten 1946

Als sich der erste Jubel der Kinder etwas gelegt hatte und die Kerzen am Baum wieder ausgelöscht waren, gab es das Abendbrot. Einer unserer beiden Hähne, der weiße, war dazu geopfert worden. Schon zum Mittagessen hatten wir die Hühnersuppe mit Sternchennudeln, Salzkartoffeln und dem Hühnerklein genossen. Man wußte gar nicht mehr, wie so etwas schmeckt. Werdet Ihr es später verstehen, was dieses Hähnchen in der jetzigen Notzeit für uns bedeutete? Vor allem war es ja das allererste Erzeugnis unserer eigenen Zucht. Abends aber konnte Mutti erst ihre ganze Kochkunst beweisen. Es gab die Hälfte des Huhns in heller Soße mit Salzkartoffeln. Die Soße allein war es wert, in Verzückung zu geraten. Dazu hatte Mutti ein Glas Erdbeeren aufgemacht, die so herrlich dufteten, als wären sie eben erst gesotten worden. Hinterher gab es Kaffee mit Pfefferkuchen, denn gebacken hatte Mutti

auch, und zwar 1. ausgestochene Honigkuchensterne; 2. „dicken" Pfefferkuchen mit Zuckerguß, wozu der letzte Puderzucker hatte herhalten müssen; 3. einen Hefekuchen aus 1 Pfund Mehl; 4. Marzipan-Kartoffeln aus gekochten und durchgedrückten Pellkartoffeln mit Zucker und Bittermandelöl. Beim Kaufmann hatten wir ein Pfund Zucker gegen Konfekt umgetauscht. Als Zuteilung auf die Lebensmittelmarken gab es kurz vor dem Fest für zwei Zuteilungsperioden (20 Tage) Fleisch (rund 1 1/2 kg für die ganze Familie) und ebenso die Butter (nicht ganz 1 kg). Außerdem bekamen die Kinder je 500 g Weizenmehl, wir Großen 500 g Roggenschrot.
Am 1. Feiertag gab es die zweite Hälfte der Hühnersuppe und des Huhns, wieder mit heller Soße und Kartoffeln, dazu auch wieder Erdbeeren und etwas ganz Feines: Selleriesalat. Die Knochen des Hühnchens wurden noch einmal ausgekocht und ergaben eine vorzügliche Brühe mit Nudeln.
(Tagebuch einer Lichterfelder Familie)

– Roland von Berlin –14.12.1947–

Advent-Idylle

Stell auf den Tisch die blonden Honigkuchen,
Die man als Thorner Katharinchen kennt,
Und laß die neuen Äpfel uns versuchen
Mit Nüssen aus der Kiste zum Advent,
Die Aachener Printen und die süßen Trüffeln,
Auf daß wir selig atmend ihren Duft
Zufrieden in der warmen Stube schnüffeln,
Den zauberhaften Hauch der Weihnachtsluft.
Entzünde lächelnd mit beglückter Miene,
Wie du es immer tust, den Spiritus
In unserer vertrauten Teemaschine,
Die uns zum Grog das Wasser spenden muß.
Bring aus der Hausbar mir die Arrakflasche,
Den Würfelzucker hole vom Buffet,
Du weißt, wenn ich die guten Bissen nasche,
Dann nehm ich beides gern zum Ceylontee.–
Was sagst du da? Ich soll das „Spinnen" lassen,
Du frierst, und meine Scherze sind gemein?
Na schön, stell auf den Herd die Kaffeetassen
Und gieß die angewärmte Lorke ein!

DER TAGESSPIEGEL
2.1.1947

Süßwaren für Kinder

Alle Kinder erhalten jetzt als nachträgliche Weihnachtssonderzuteilung weitere 50 g Süßwaren (...), die durch den gleichen Kleinverteiler abgegeben werden, bei dem die Dezember-Süßwaren bezogen worden sind.

DER TAGESSPIEGEL
13.12.1947

Weihnachtsgeschenk des Bezirksamtes

Das Bezirksamt Reinickendorf hatte auf einem Stück Brachland Zuckerrüben angebaut. Der Besitzer einer Presse hat die Rüben unentgeltlich zu Sirup verarbeitet, ein Fuhrunternehmer hat ihn an die Kaufleute verteilt, und nun erhalten alle Reinickendorfer Kinder bis zu 1 Jahr auf ihre Milchkarten ein halbes Pfund Sirup. Ihre Mütter brauchen nicht dafür zu bezahlen – ein richtiges Weihnachtsgeschenk.

DER TAGESSPIEGEL
20.12.1947

Sonderzuteilung

Jeder Berliner erhält 100 g Mehl, 150 g Zucker oder Süßwaren und eine „Rationsdose". Männer vom 18. bis zum vollendeten 50. Lebensjahr erhalten eine halbe Flasche Spirituosen, die älteren eine Flasche Wein. (....) Es ist unbestimmt, ob noch alle Spirituosen vor dem Weihnachtsfest verteilt werden können.

– Roland von Berlin – 21.12.1947 –

Weihnachtswunsch mit Hintergedanken

Ich schenke dir zwei Fensterscheiben
zum Weihnachtsfest, und fünf Brikett.
Dein Zimmer soll stets mollig bleiben,
kein Windhauch streife je dein Bett.

Desgleichen für dein Festtagsessen
noch Fleisch, zweihundert Gramm von mir,
daran magst du, mein Kind, ermessen,
uneigennützig dien ich dir.

Nimm auch von meiner Raucherkarte
ein Dutzend Zigaretten hin,
die ich mir schwer vom Munde sparte.
Sag selbst, ob ich nicht heldisch bin.

An Schiebern wäre diese meine Gabe
im Wert gemessen wie ein Nerz,
die ich dir heut gegeben habe –
und obendrein mein ganzes Herz.

Nun will ich Kitt organisieren
für deine Fenster, noch ein Pfund,
du sollst in diesem Jahr nicht frieren,
ich hoffe, du bleibst hübsch gesund.

Ich las einmal im Brehm, die Pferde,
die wärmen gegenseitig sich.
Gott geb's, daß es mit uns so werde:
Wenn's kalt wird, revanchiere dich ...

Robert T. Odemann

Brauner Pfefferkuchen

50 g Zucker
60 g Kunsthonig oder Sirup
1 gehäufter Eßl. Milei oder sonstiger Eierersatz oder – wenn vorhanden – 1 Ei – mit 4 Eßl. Malzkaffee verrührt
Pfefferkuchengewürz
250 g Mehl
3 g Pottasche
5 g Hirschhornsalz (in einem Eßl. warmem Wasser gelöst)
etwas kleingeschn. Nuß- oder Kürbiskerne, sonst Aroma

➔ **Sirup und Zucker aufkochen und auskühlen lassen, mit allen Zutaten vermischen und gut kneten. Der Teig muß sich gut zu 1/2 cm Höhe ausrollen lassen, nicht flacher! Sterne und Herzen ausstechen und auf gefettetem Blech bei guter Mittelhitze backen. Evtl. mit Zuckerguß verzieren.**

Knusprige Pfefferkuchen

3–4 Eßl. Marmelade
30 g Fett
50 g Zucker
300 g Roggenmehl
Pfefferkuchengewürz
Hirschhornsalz o. Backpulver
2 Eßl. Milch

➔ **Zu dem schaumig gerührten Fett gibt man Marmelade und Zucker, rührt alles schaumig, gibt nach und nach das gesiebte Mehl mit der Flüssigkeit und dem Treibmittel hinzu. Der glatt verknetete Teig wird dünn ausgerollt, ausgestochen und abgebacken.**

Spekulatius I

250 g Mehl (auch Roggenmehl)
2 gestr. Teel. Backpulver
4 gestr. Eßl. Zucker
1 Teel. Pfefferkuchengewürz
1 Eßl. gesiebter Kaffeeersatz
1 Prise Salz
10 g Fett
6–7 Eßl. Kaffeeflüssigkeit zum Kneten

➔ **Alles zu einem Teig kneten, dünn ausrollen, Formen ausstechen und backen.**

Spekulatius II

125 g Zuckerrübensirup
50 g Zucker
40 g Butter
8 g Ammonium
500 g Mehl
1 Eiaustausch
Milch

➔ **Sirup, Zucker, Butter und Ammonium schaumig rühren. Mehl, Ei, Milch und feingeriebene Pfirsich- oder Pflaumenkerne, Zimt oder Muskatersatz o.ä. vorsichtig wie für Mürbeteig unterarbeiten. Teig einige Stunden ruhen lassen, ausrollen, Figuren ausstechen und backen.**

Zeitgemäßer Streusel

125 g gekochte und geriebene Kartoffeln
125 g Mehl
1 Eßl. Zucker
Mandelaroma

➔ **Alle Zutaten gut mischen und als Streusel geformt mitbacken.**

Kaffee-Makronen

200 g Grütze
100 g Mehl
100 g Kaffee-Ersatz
100 g Zucker
etwas Milch
Backaroma
2 Eßl. Essig
1 gestr. Teel. Natron

➔ **Alles zu einem losen Teig vermengen, als kleine Häufchen aufs Blech setzen, bei Mittelhitze 15 Minuten backen.**

Printen

750 g Mehl
150 g Zucker
350 g Sirup
10 g gemahlenen Koriander
10 g Zimtersatz
5 g Pfefferersatz
1/2 Päck. Backpulver

➔ **Sirup und Zucker auf schwachem Feuer auflösen, Backpulver, Mehl und Gewürze unterkneten. Den Teig ausrollen und kleine Vierecke schneiden.**
Mit Wasser bestreichen und mit Zucker bestreuen. Bei mittlerer Hitze die Printen auf gefettetem Blech backen.

Einfacher Tortenboden

250 g Mehl
150 g Zucker
1 Ei oder Eipulver
1/5 l Wasser
1/2 Päck. Backpulver

➔ **Alles gut verrühren, den Teig in eine Springform geben, mit eingewecktem Obst belegen und abbacken. Man kann ihn nachher eventuell durchschneiden und füllen.**

Weihnachtsstollen 1947

Dieser Stollen ist nicht so schwer und gehaltvoll wie die Dresdener aus früheren Jahren. Die Zutaten sind bescheiden: 600 Gramm Mehl, 25 Gramm Kartoffelmehl, 375 Gramm am Vortag geriebene Kartoffeln, eine Prise Salz, 100 Gramm Zucker, ein Eßlöffel Fett, 1/4 Liter Flüssigkeit, 60 Gramm Hefe und Aroma. Zur Füllung eignet sich Kartoffelmarzipan: 125 Gramm Zucker läßt man mit zwei Eßlöffeln Wasser kochen, gibt 250 Gramm frische, geriebene Pellkartoffeln hinzu, rührt alles zusammen, bis sich die Masse vom Topf löst und schmeckt nach dem Erkalten mit Marzipan- und Bittermandelaroma ab.

Falsche Mohnpielen

Weißbrot würfeln, mit Zucker und Kaffeepulver oder ersatz bestreut. Kurz vor dem Anrichten begießt man es mit etwas dünnem Kaffee, in dem einige Tropfen Rum-Aroma aufgelöst wurden.

Nach dem Kriege lebten meine Großmutter und zwei Großtanten bei uns, die als Flüchtlinge aus Schlesien gekommen waren. Sie hatten dort eine große Gastwirtschaft besessen und leidenschaftlich gern und gut gekocht und gebacken.
Mit den traurigen und ärmlichen Verhältnissen mußten sie sich bei uns abfinden, aber jedes Jahr zu Weihnachten konnten sie sich nicht halten. Sie schwärmten von Gänsebraten, Kuchen und besonders von „Mohnpielen", unter diesem Gericht konnten wir uns überhaupt nichts vorstellen. Es muß sich um eine Speise mit viel Sahne, Mohn und Zucker handeln. Meine Mutter versprach ihnen immer, wenn es mal besser geht, dann könnt ihr eine ganz große Schüssel Mohnpielen machen.
Leider haben die alten Frauen die Wirtschaftswunderjahre nicht mehr erlebt.
(Mona Hirsch)

Fondants

1 Eßl. Margarine
2 Eßl. Grieß
250 g Zucker
1 Eßl. Milch
1/2 Fl. Aroma
etwas Puddingpulver

→ **Margarine zerlassen, mit Grieß und Zucker erwärmen und durchrühren. Mit den übrigen Zutaten zu einem Teig verkneten und daraus Kugeln formen.**

Makronen aus Bohnen

200 Gramm weiße Bohnen gar kochen und durch den Wolf treiben. Die Masse mit 100 Gramm Mehl, 200 Gramm Hefepulver, 6 Eßlöffel Zucker, 10 Gramm Fett, 1 Päckchen Backpulver, Flüssigkeit und Aroma zu einem festen Teig rühren und mit 2 Teelöffeln Häufchen aufs Blech setzten und backen.

Marzipankartoffeln I

125 g Zucker
2 Eßl. Wasser
250 g Salzkartoffeln
Mandelaroma

→ **Zucker mit Wasser aufkochen und die gekochten, durch die Presse gedrückten Kartoffeln dazugeben und erhitzen, bis sich die Masse vom Topfboden löst. Nach dem Erkalten die Masse mit Mandelaroma abschmecken und kleine Kugeln daraus formen. Wenn vorhanden, in etwas Kakao wenden.**

Marzipankartoffeln II

250 g Stärkemehl
250 g geriebene, gekochte Kartoffeln
150 g Zucker
Bittermandelaroma

→ **Alle Zutaten verkneten. Kugeln formen und in Kakao wälzen. Nicht backen.**

Granatsplitter

3 Eßl. Milch
2 Eßl. Kakao
2 Eßl. Margarine
2 Tassen Zucker
3 Tassen Haferflocken

→ **Alles verrühren und zum Kochen bringen. Topf vom Feuer nehmen und die Masse mit Rum- oder Vanillearoma abschmecken. Häufchen auf ein Blech setzen und trocknen lassen.**

Granatsplitter waren eine Köstlichkeit. Auch Familien, die keinen Backherd hatten, konnten sich diese Leckerei herstellen.
(Veronika Bartsch)

weitere Weihnachtsrezepte siehe Abb. Seite 215 f.

Kleine Marmeladenherzen

125 Gramm steife Marmelade und 50 Gramm Zucker werden gut verrührt und mit genau nach Vorschrift aufgelöstem Eiaustauschmittel in der Menge von einem halben Ei vermischt. An die Masse wird soviel Mehl verknetet, wie sie aufnimmt, ungefähr 250 Gramm. Man läßt den Teig etwas ruhen, rollt ihn dünn aus und sticht kleine Herzen aus. Sie werden bei mittelstarker Hitze zu heller Farbe gebacken.

Honigkuchen

250 g Honig oder Kunsthonig
125 g Zucker
40 g Fett
500 g Roggenmehl
2 Teel. Backpulver oder 1 Teel. Natron
3 Eßl. Wasser
Salz
Pfefferkuchengewürz

→ **Honig, Zucker und Fett zusammen zerlassen, die übrigen Zutaten darunter-**

rühren, den Teig auf ein Blech streichen und bei Mittelhitze backen und danach schneiden.

Leberwurstpastete Festessen für 15 Personen

400 g	geriebene oder 500 g frische Semmeln
300 g	Leberwurst
80 g	Speck
2–3	große Zwiebeln
1 l	Milch
3	Eier
	Salz, Majoran
	warmes Wasser

➜ **Die geriebenen oder in Scheiben geschnittenen Semmeln weicht man in 1 Liter warmem Wasser ein und drückt sie gut aus. Die Leberwurst löst man in 1/2 Liter heißem Wasser unter Quirlen auf und gibt sie zur eingeweichten Semmel. Dann verquirlt man 3 Eier in einem Liter Milch und gibt diese ebenfalls zur Semmel. Inzwischen die Zwiebeln und den Speck in Würfel schneiden und goldbraun braten und mit der Semmelmasse gut vermischen. Man schmeckt die Masse mit Salz und Majoran kräftig ab und gibt sie in eine gefettete Form und backt bei Mittelhitze.**

Silvester

– Roland von Berlin – 28.12.1947 –

Silvesterseufzer eines Junggesellen

DAS ALTE JAHR ZUM NEUEN:
„Drei gute Ratschläge möchte ich dir auf den Weg geben: Klau keine Kohlen! Geh nicht auf den Schwarzen Markt und werde ein anständiger Mensch, ein Vorbild für deine Nachkommen. Ich habe es versucht, aber es scheint mir wohl nicht gelungen zu sein.“

Du bist allein. Die Wirtin fuhr zur Schwester
und sah kopfschüttelnd, eh' sie ging, dich an:
„Sie bleiben wirklich solo zu Silvester?
Mein Gott, Sie tun ja grad wie'n alter Mann!“

Du könntest auch zu irgend jemand gehen.
Bei Kühns wird groß gefeiert. Kühn, der schiebt!
Doch könnt ihr euch politisch nicht verstehen.
Ach, wenig Menschen gibt es, die man liebt!

Da hockst du nun, als wär nicht Jahreswende.
Einst war Silvester Rausch und Lärm und Glanz.
Die Stunde schlug, du drücktest viele Hände,
und bunter Jubel war um dich und Tanz.

Wo sind die Hände alle, die du drücktest?
Wo blieb das Lachen, das so sicher klang?
Der Frauen Gunst, an der du dich entzücktest?
So still geht nun das Jahr den letzten Gang.

rechte Seite:
Rezepte für Ostergebäck
vgl. Seite 187 f.

Döhler

Rezepte für Ostergebäck

Ostereier aus falschem Marzipan

125 g Zucker, 2 Eßlöffel Wasser, 250 g frisch gekochte geriebene Salzkartoffeln, 2-3 Eßlöffel Grieß, 1 Teelöffel **DÖHLER**-Mandelaroma.

Zubereitung: Den Zucker mit dem Wasser aufkochen lassen, die Kartoffeln dazugeben und unter Umrühren solange kochen, bis sich die Masse vom Topfe löst. Erkaltet den Grieß und das Aroma zufügen. Ostereier formen und über Nacht trocknen lassen.

Süßes Kartoffelbrot

150 g tags vorher gekochte geriebene Kartoffeln, 100 g Zucker, 350 g Mehl, 1 Päckchen **DÖHLER**-Backfein, 1 Teelöffel **DÖHLER**-Zitronenaroma, 1 Prise Salz, 7-10 Eßlöffel Milch.

Zubereitung: Die Kartoffeln mit dem Zucker und einem Teil der Flüssigkeit verrühren, nach und nach das mit dem Backfein gesiebte Mehl dazugeben. Der Teig muß so dick sein, daß man ihn mit einem Teigschaber in eine gefettete Königskuchenform geben kann. 60 Minuten backen.

Gewürzkuchen

1 Ei, 150 g Zucker, 2 Eßlöffel Marmelade oder Kunsthonig, 400 g dunkles Mehl, 1 Päckchen **DÖHLER**-Backfein, 1 Teelöffel **DÖHLER**-Mandel- oder Rumaroma, $^3/_8$ l starken schwarzen Kaffee.

Zubereitung: Das Ei mit dem Zucker schaumig rühren, mit den anderen Zutaten vermengen und zuletzt das mit dem Backfein gesiebte Mehl darunter rühren. In eine gefettete Springform füllen und 60 Minuten backen.

Rhabarbertorte

1 Ei, 25 g Fett, 100 g Zucker, 100 g Haferflocken, 250 g Mehl, 1 Teelöffel **DÖHLER** Mandel- oder Zitronenaroma, 1 Päckchen **DÖHLER**-Backfein, 5-7 Eßlöffel Milch. 500 g Rhabarber.

Zubereitung: Das Ei mit dem Zucker schaumig rühren, die Haferflocken fein hacken und alles so miteinander vermischen, daß eine krümelige Masse entsteht. Anstatt des Eies kann man auch 100 g tags zuvor gekochte geriebene Kartoffeln nehmen.

$^2/_3$ der Masse in eine gefettete Springform legen, mit dem Kompott bestreichen und obenauf den Rest der Streusel legen. 45 Minuten backen.

Oster-Schnitten

1 Ei, 100 g Zucker, 1 Eßlöffel Kunsthonig, $^1/_4$ l Mich oder Wasser, 20 g Fett, 50 g Haferflocken, 200 g Mehl, 3 gestrichene Teelöffel **DÖHLER**-Backfein, je $^1/_2$ Teelöffel **DÖHLER** Mandel- und Zitronenaroma.

Zubereitung: Das Ei mit dem Zucker 30 Minuten schaumig rühren. Den Honig in der Milch heiß und wieder kalt werden lassen. Die Haferflocken mit dem Fett gelb rösten, alles mit der Eimasse vermischen und zuletzt das mit dem Backfein gesiebte Mehl unterrühren. Die Masse muß streichfähig sein, wenn nötig noch etwas Milch nachgeben. Auf ein gefettetes Blech fingerdick aufstreichen, hellbraun backen und in Streifen schneiden.

Falsche Linzertorte

100 g Haferflocken, 35 g Fett, 75 g Zucker, 1 gehäuften Eßlöffel Kunsthonig, 50 g tags zuvor gekochte geriebene Kartoffeln, 1/8 l Milch, 1 Teelöffel **DÖHLER**-Mandelaroma, 200 g Mehl, 3 geh. Teel. **DÖHLER**-Backfein. - 125 g Marmelade od. angedicktes Obst zum Bestreichen.
Zubereitung: Die Haferflocken mit dem Fett hellgelb rösten. Den Honig mit der Milch heiß werden lassen und erkaltet mit den anderen Zutaten vermischen, zuletzt das mit dem Backfein gesiebte Mehl darunter kneten. Der Teig darf nicht zu fest sein. 2/3 in eine gefettete Springform legen, mit der Marmelade bestreichen und den Rest des Teiges als Gitter obenauf legen. Hellbraun backen.

Feine Biskuitrolle

2 Eier, 1 eischwer Zucker, 3 eischwer Mehl, 1 gestrichenen Teelöffel **DÖHLER**-Backfein, 1/2 Teelöffel **DÖHLER**-Rumaroma.
Zubereitung: Die Eier mit dem Zucker 30 Minuten schaumig rühren, das mit dem Backfein vermischte Mehl darüber sieben und leicht unter die Eiermasse ziehen, wenn nötig 1 Eßlöffel Wasser dazugeben. Das Backblech mit gefettetem Papier belegen, den Teig fingerdick darauf streichen und hellgelb backen. Den Biskuit sofort auf ein Tuch stürzen, das Papier abziehen, den Biskuit mit Marmelade bestreichen und zusammenrollen. Besser noch den erkalteten Biskuit bis zum anderen Tag mit einem feuchten Tuch belegen, füllen und zusammenrollen. Auf diese Weise bricht er nicht so leicht. Man kann ihn auch mit einem nach Vorschrift zubereiteten **DÖHLER**-Pudding füllen.

Biskuittorte, gefüllt

1 Ei, 125 g Zucker, 4-6 Eßlöffel Wasser, 100 g Weizenmehl, 100 g Kartoffelmehl, 1 gehäuften Teelöffel **DÖHLER**-Backfein. 1/2 Teelöffel **DÖHLER**-Zitronen- oder Rumaroma. 1 **DÖHLER**-Pudding zum Füllen.
Zubereitung: Das Ei mit dem Zucker und 2 Eßlöffel Wasser 30 Minuten schaumig rühren. Nach und nach die anderen Zutaten darüber sieben und leicht unterziehen. Den Boden einer Springform mit Papier belegen, einfetten, den Teig einfüllen und 40 Minuten backen. Noch warm aus der Form nehmen, das Papier abziehen, und die Torte erkaltet durchschneiden. Da die Unterseite der Torte glatter ist, sie nach oben nehmen und mit einem nach Vorschrift zubereiteten **DÖHLER**-Pudding füllen.

Krokantkugeln

150 g Haferflocken, 2 Eßlöffel Zucker, 30 g Fett, 75 g Zucker, 1 Teelöffel **DÖHLER**-Mandel- od. Zitronenaroma, 2-4 Eßlöffel Wasser.
Zubereitung: Die Haferflocken mit 2 Eßlöffel Zukker rösten, mit einem Nudelholz zerkleinern, das zerlassene Fett und die anderen Zutaten dazugeben, gut vermengen und Kugeln formen.

M 314/Z 4257

Du sitzt beim Schein der schwarz gekauften Kerzen.
Aus einer Nachbarwohnung kommt Geschrei.
Doch du hörst Stimmen tief in deinem Herzen.
Und Traumgesichter gaukeln still vorbei.

Du möchtest einmal wieder unerfahren
des Frühlings ahnungsvolle Wege gehn.
Du gäbst das Wissen hin von vielen Jahren,
könntest du die Welt nur wieder rosig sehn!

Was ist nur los mit dir in dieser Stunde?
Du lächelst über dich voll Ironie.
Und doch – gib es nur zu, mein Freund – im Grunde
ist deine Skepsis nur Melancholie.

Jetzt schlägt es zwölf! Du frierst bis zu den Beinen.
Von fünf Briketts kann's ja nicht wärmer sein.
Ein Mädchen würde jetzt ein bißchen weinen.
Ein neues Jahr? Kopf hoch, mein Junge, und – hinein!

Kurt R. Neubert

linke Seite:
Rezepte für Ostergebäck
vgl. Seite 187 f.

Hilfe von außen

Blockade und Luftbrücke

Bis Ende 1947 lag die Lebenmittelversorgung für alle Berliner in den Händen der vier Alliierten. Durch die politische Entwicklung zeichneten sich zunehmend unterschiedliche Vorstellungen über die Zukunft und Versorgung Berlins ab. Die Sowjets vertraten die Auffassung, daß die ganze Stadt zumindest wirtschaftlich zum Gebiet der sowjetisch besetzten Zone gehöre. Der Konflikt verschärfte sich und führte zur Behinderung und schließlich zur totalen Sperre der Zufahrtsstraßen der Westsektoren. Berlin wurde eine Insel, abgeschnitten von der Lebensmittelversorgung aus Westdeutschland. Am 25. Juni 1948 befahl General Clay die Einrichtung einer Luftbrücke, die sowohl die Alliierten Streitkräfte wie auch die Bevölkerung der Westsektoren aus der Luft versorgen sollte. Ab 30. Juli wurden tonnenweise Kohlen, Lebensmittel und Rohmaterialien eingeflogen. Die 45 Wochen dauernde Blockade verschlechterte die Ernährungslage erheblich. Trockenkartoffeln, Kohlenmangel, Stromsperren und erhöhte Arbeitslosigkeit nahmen die leidgewohnten Berliner zähneknirschend hin. Aber es herrschte die bange Frage: Wie lange halten es die Amis durch? Wird West-Berlin kommunistisch?

Tagebuch 1948

Jetzt wird diese Millionen-Stadt aus der Luft versorgt. Das ist wohl einzigartig in der Geschichte. Aber wie lange kann das funktionieren?
Zuerst glaubten wir, amerikanische Panzer würden vielleicht die Sperre durchbrechen. Das hätte wahrscheinlich Krieg bedeutet – ein schrecklicher Gedanke!
(...) Heute war Wolfgang zum Essen bei uns. Mutti hatte Trockenkartoffeln und Trockenei gebraten. Zum Nachtisch gab es ein paar Rosinen. Die haben wir jetzt als Sonderration bekommen. Und nun werden die Flugzeuge, die alle fünf Minuten in Tempelhof landen, „Rosinenbomber" genannt. (...)

Da es sehr schwer ist, einen neuen Job zu finden, arbeite ich zur Zeit (...) bei der „Schwedenspeisung". Dort bekommen kleine Kinder jeden Tag einen Teller Suppe und ein Knäckebrot mit Käse.

(Christa Ronke)

An die Blockade kann ich mich noch erinnern. Die Trockenkartoffeln schmeckten nach stundenlangem Einweichen und Kochen nach gar nichts. Wir haben die Würfel so gekaut, wie Kartoffelchips. Manchmal gab es auch POM, daraus konnte man Kartoffelbrei herstellen. Das war ein Sonntagsgericht. Meine Mutter erinnert sich noch an Trockenkohl, das war wohl das Letzte. Beim Kochen stank das ganze Haus und von Geschmack keine Rede. Wir wohnten damals in der Falckensteinstraße in Kreuzberg, und nur wenige Schritte über die Oberbaumbrücke war der Ostsektor. Dort gab es Gemüse und Äpfel, Porree und Kartoffeln. Man durfte sich nicht erwischen lassen, aber der Hunger ging vor die politische Gesinnung.

(Käthe Reschke)

Während der Blockade-Zeit erwartete ich mein erstes Kind. Ich habe mich in dieser Zeit ganz schrecklich vor den Trockenkartoffeln und dem strohigen Trockengemüse geekelt, aber es half ja nicht, das Zeug mußte runter. Einmal gab es für Schwangere im 3. Monat eine Sonderzuteilung: Erbsen und Linsen! Das war ja für diesen Zustand wegen der Blähungen gerade nicht das richtige! Als mein Sohn dann geboren wurde, radelte ich von Markt zu Markt, um Mohrrüben zu ergattern, denn nur diese konnte er vertragen. Auch war es sehr mühsam, den Möhren-Brei herzustellen, alles mußte per Hand durch ein Sieb gedrückt werden. Wenn ich heute im Laden die Gemüsegläschen sehe, werde ich noch immer ganz neidisch.

(Ingeborg Deutsch)

CARE-Pakete

Die zugeteilten Rationen waren äußert knapp, ohne Spenden aus dem Ausland drohte ein Massensterben. Schulspeisung und Hilfe für besonders Bedürftige wie Schwangere, Tbc-Kranke, Heimkehrer sowie Sonderzuteilungen zu Festtagen waren nur durch großzügige Hilfen aus aller Welt möglich.

Als Sammelbegriff für ein heiß begehrtes Lebensmittelpaket bürgerte sich der Name CARE-Paket ein, der häufig auf alles angewandt wurde, was als nahrhafte Zuwendung aus Amerika kam. CARE stand für Cooperative for American Remittances to Europe. Im November 1945 hatten sich Quäker, Mennoniten, die Church of Brothers, auch Gewerkschaften und die Heilsarmee, insgesamt 22 Verbände, in New York zu dieser Arbeitsgemeinschaft zusammengeschlossen, die den Menschen im zerstörten Europa helfen wollte – ausgenommen waren zunächst die Deutschen, weil sie dem Hitler-Regime Gehorsam geschworen hatten. Deutschstämmige Amerikaner erreichten ein Abweichen von dieser harten Linie. Bis November 1949 kamen 5 Millionen CARE-Pakete zur Verteilung.

Bis März 1947 bestanden die Pakete aus Restbeständen der Armeeverpflegung (der Pazifikkrieg war zwei Jahre früher beendet, als es die US-Logistik berechnet hatte). Als die 2,8 Millionen Feldrationen aufgebraucht waren, entwarf CARE eigene Paketzusammenstellungen, die Fleischkonserven, Kochfett, Zucker, Trockenmilch, Mehl, Schokolade, Seife, Kaugummi und Zigaretten enthielten. Später gab es Pakete mit Wolldecken, Nähzeug, Kleidung und Schuhen.

Eine wichtige Frage beschäftigte die Berliner: Wie kommt man an ein CARE-Paket? Die Berliner Zeitungen berichteten fast täglich darüber.

Es wurde betont, daß es nur amerikanischen Staatsbürgern über die Organisation CARE möglich sei, Liebesgabenpakete nach Deutschland versenden zu lassen.

DER KURIER
1.8.1946

CARE-Pakete:

Es handelt sich hierbei um Lebensmittelpakete, die amerikanische Staatsbürger in den Vereinigten Staaten durch Einzahlung eines Betrages von fünfzehn Dollar für ihre Verwandten oder Bekannten in Deutschland bestellen können. Darüber hinaus ist es Amerikanern jetzt auch möglich, Lebensmittelpakete ohne direkte Bestimmung nach Deutschland versenden zu lassen. Der Wohlfahrtsorganisation, welche die Verteilung der Pakete in Berlin vornimmt, gehören Vertreter des Magistrats, der Arbeitervereinigungen, der katholischen und evangelischen Wohlfahrtsorganisationen sowie Mitglieder der amerikanischen, englischen und französischen Militärverwaltung an. Anträge von hilfsbedürftigen Berlinern an die Wohlfahrtsorganisationen sind zwecklos. Oberst Howley, der Chef der amerikanischen Militärregierung in Berlin, gab der Hoffnung Ausdruck, daß es bald möglich sein werde, auch im russischen Sektor von Berlin Liebesgabenpakete zu verteilen. Eine Schiffsladung mit insgesamt viertausend Paketen, von denen jedes neunundvierzig Pfund wiegt, sei bisher in Bremen eingetroffen. Die Pakete enthalten im einzelnen: 9,8 Pfund Büchsenfleisch, 6,5 Pfund Mehl und Biskuits, 3,6 Pfund Obstmarmelade und Puddingpulver, 2,3 Pfund Konservengemüse, 3,9 Pfund Zucker und Süßigkeiten, 1,1 Pfund Kakao, Kaffee und Limonadenpulver, 0,8 Pfund kondensierte Milch, 0,5 Pfund Butter und 0,4 Pfund Käse. Das fehlende Gewicht wird durch Seifen und Toilettenartikel ergänzt.

Ein Onkel meines Vaters, der wegen seiner jüdischen Frau 1936 nach England ausgewandert war, schickte uns Kerzen, zusammen mit Käse, Butter, Schokolade und Nährmitteln. Aber diese Pakete waren selten, denn die Familie war groß, der er etwas schicken wollte.
Einmal bekam ich auch ein Paket mit Kleidungsstücken von meiner amerikanischen „Schreibfreundin". Diese Sachen habe ich viele Jahre als „beste Stücke" getragen.
(Ingeborg Deutsch)

– Roland von Berlin – 28.9.1947 –

Transparent

„Drive carefully!" – Fahr' achtsam, Freund –
so mahnt ein Transparent.
„Der Tod kommt schneller, als man meint,
und währt so permanent!"

Der Text ist so prägnant gesetzt
und wirkt so intensiv.
Drum schick ich meiner Tante jetzt
nach Brooklyn einen Brief.

Drin schreib' ich von dem Transparent
und bring' als Variante:
„Mein Kohldampf ist so permanent!
Be C.A.R.E.-ful, liebe Tante!"

Das Zauberwort CARE trieb seltsame Blüten. So erschien 1948 in einer norddeutschen Zeitung eine Heiratsanzeige, in der eine 28-jährige Schöne einen Partner fürs Leben suchte. Sie hatte auch etwas zu bieten: eine Zwei-Zimmer-Wohnung und monatlich zwei CARE-Pakete! Sie brauchte ihre Schönheit und ihr häuslich – anschmiegsames Wesen durch kein Foto zu dokumentieren. Der Erfolg des Inserates sprach für sich: Sie bekam 2437 Heiratsanträge.

DER TAGESSPIEGEL
23.12.1947

Geschenke für „stille Gäste"

Am 27. November, dem amerikanischen „Thanksgiving Day", haben viele Familien in den Vereinigten Staaten einen „stillen Gast" eingeladen, das heißt, sie spendeten Lebensmittel für irgend jemanden in Europa. Es wurden viele CARE-Pakete gesammelt. Berlin allein erhielt 500. Sie wurden gestern zehn Berliner Kinderheimen übergeben.
Auch die europäischen Länder schickten Hilfssendungen nach Deutschland. Kleinkinder erhielten 1946 je ein Pfund Zucker aus den Beständen in Irland. Für stillende Mütter stellten die Schweizer Behörden Milchpulver bereit. Schwangere Frauen im achten oder neunten Monat konnten eine Büchse Sardinen in Empfang nehmen. Deutsche Kriegsgefangene in den Vereinigten Staaten spendeten Suppenmehl, das an alte Leute über achtzig Jahre verteilt wurde.

DER TAGESSPIEGEL
1.1.1947

Amerikaner spenden Kaffee

Alle Amerikaner in Berlin sind aufgefordert worden, Kaffee für die Wärmehallen im amerikanischen Sektor zu spenden. Die Einheiten und Familien können den Kaffee in das Presse-Verbindungsbüro der amerikanischen Militärregierung in Steglitz, Grunewaldstr. 35, bringen. Die Spenden werden dann von der Abteilung für öffentliche Wohlfahrtspflege an die Wärmehallen verteilt, die den Kaffee den bedürftigen alten Leuten geben werden.

Ich arbeitete in der Nachkriegszeit im Krankenhaus in der Diätküche. Wir bekamen vom Amerikaner große Büchsen mit Corned beef, Büchsenfleisch und Eiscremepaste geliefert. Dazu kamen Milchpulver, Eipulver, Nährmittel und dergleichen. Schlechter sah es mit Gemüse aus. Ich kann mich nur an Kohl und Mohrrüben erinnern.
(Margot Rothe)

Die sowjetische Seite half mit der Bereitstellung von „Pajoks", die Hungersnot zu lindern. Empfänger waren ausgewählte Personen aus Kultur und Politik. Lebensmittelspenden flossen auch in spezielle Kantinen oder wurden bei Empfängen verteilt.

Die Sowjets gaben sich Mühe, die bürgerlichen Intellektuellen für sich zu gewinnen. Noch herrschte starker Lebensmittelmangel. Die Präsidialmitglieder erhielten Pakete mit Würsten, Butter und Spirituosen, im Winter Kohlenscheine. Es konnte geschehen, daß der sowjetische Kommandant die Leitung des Kulturbundes anwies, sofort die Präsidialmitglieder in Autobussen zusammenzuholen und nach Karlshorst ins sowjetische Hauptquartier zu schaffen. Dort wurden sie ermuntert, Träger fortschrittlicher Gedanken zu sein, und anschließend zu einem üppigen Gelage eingeladen.
(Ernst Niekisch)

Auch der aus Moskauer Emigration zurückgekehrte Schriftsteller Johannes R. Becher schrieb von Ostberlin aus unermüdlich Hilferufe in alle Welt und bat um Lebensmittelpakete für hungernde West-Künstler. Bei Oskar Maria Graf bedankte er sich im März 1947 im voraus für die versprochene Hilfe und legte eine Liste der „Bedürftigen" bei, die u.a. Renée Sintenis, Carl Hofer, Hans Lorbeer, Axel Eggebrecht und Ernst Wichert enthielt. Auch an Thomas Mann in Californien richtete er bittende Zeilen. Am 3. Januar 1947 antwortete dieser, versprach Hilfe und bat um Namenslisten. Becher nennt als potentielle Paketempfänger folgende Namen: Günther Weisenborn, Willi Bredel, Alfred Döblin, Theodor Plivier, Hilde Körber, Rolf Hagelstange, Friedrich Wolf, Ludwig Turek, Otto Nagel, Otto Flake, Paul Wiegler, Erik Reger, Erich Kästner und Edwin Redslob.

Nicht alle Hilfsgüter erreichten die Bedürftigen. Kleine und große Gauner sicherten sich ihren Anteil. Im Rückblick auf die Arbeit des Nachbarschaftsheimes „Mittelhof" in Zehlendorf findet sich die Aktennotiz:
Von November 1946 bis Ende März 1947 sind vier leitende Dezernenten des Sozialamtes Zehlendorf wegen Veruntreuung, Unterschlagung von Geldern, Diebstahl an CARE-Paketen, Kinderspeisungen usw. von ihren Posten entfernt worden.

– Roland von Berlin – 21.12.1947 –

Das Päckchen

Von einem Freund aus Dänemark
ist uns ein Päckchen avisiert,
es kommt nicht, wir vermuten stark,
daß es ein anderer kassiert.

Wir ahnen dunkel, was es barg,
und sah´n schon unser Brot geschmiert,
wir sind verstimmt, und zwar recht arg,
wie jeder wohl, dem das passiert.

Gehungert haben alle, ob Trümmerfrauen oder Ingenieure, Alte oder Junge, Intellektuelle oder Künstler. Verzweiflung und Dankbarkeit spricht aus einem Brief, den die Schriftstellerin Irmgard Keun an ihren nach Amerika emigrierten Kollegen Hermann Kesten richtete. Kesten hatte ihr ein CARE-Paket angekündigt, und den Erhalt bestätigt sie am 11. Februar 1947.

Lieber Freund Kesten,
... ob dieser Brief nun kurz oder lang, klar oder verworren wird, soll mir gleich sein – abgehen muß er. Vor lauter Winter bin ich schon ganz schwachsinnig und apathisch. In meiner Ruine hier kann man's Fürchten lernen (...) Und dann ist Ihr Care-Paket angekommen,... als mal wieder kaum noch was zu essen da war. Vierzehn Tage herrschte blühender Wohlstand in unserer Ruine. Die Eltern aßen ununterbrochen, wo sie gingen und standen, am laufenden Band – wie die Seidenraupen. Sie bekamen ganz kuglige Gesichter. Dauernd spielten und hantierten sie mit Dosen und Büchschen – wirklich wie Kinder nach der Weihnachtsbescherung. Wir haben uns ja auch sonst schon machmal satt gegessen, und dann an uninteressanten Dingen, die nicht schmeckten. Ich habe mich vor allem mal richtig satt geraucht und großzügig mal ein paar dahinhungernde Intellektuelle eingeladen und fühlte mich fast so überlegen und sozial gehoben wie ein besserer Schwarzhändler.

Ein zweites CARE-Paket war eingetroffen. Irmgard Keun schreibt:

Bis vorgestern hatte ich keine Spur von Hoffnung mehr. Heute bin ich wieder obenauf. Die Eltern essen wieder am laufenden Band. Sie sind ganz vertieft und von der Außenwelt abgekehrt. Man kann kaum noch mit ihnen sprechen, sie meditieren, ungefähr wie Ghandi – nur umgekehrt, weil der ja dann fastet.
(zit. nach Bernt Engelmann)

Mit dem Ende der Blockade füllten sich im Westteil der Stadt wieder die Läden. Blieben auch die Nahrungsmittel im Westen noch bis 1950 rationiert und gab es im Osten noch bis 1958 Bezugscheine für Lebensmittel – die ärgste Zeit war überstanden.

Mit dieser Entwicklung war auch die Zeit der „Haushalts-Briefe" vorbei.

Die letzte Ausgabe der Durchhaltebroschüre erschien im Mai 1949 und gab bekannt:

– An unsere Leser –

Ihre Sammlung der „Haushalts-Briefe" wird später einmal ein hochinteressantes Dokument dieser schweren Zeit sein. Geben die „HB's" doch ein getreues Spiegelbild, wie viele unendliche Schwierigkeiten die vielgeplagte Hausfrau meistern mußte, um in diesen knappen Jahren ihre Familie satt zu bekommen. Nachdem diese harte Not nun endlich hinter uns liegt, können wir erleichtert aufatmen. Wir bestaunen die vielen Dinge, die jetzt in die Küche strömen. Mit manchen Lebensmitteln feiern wir Wiedersehen. Sie waren fast in Vergessenheit geraten. Ja, wir müssen uns sogar manchmal überlegen, wie wir sie früher zubereitet haben.

Zeittafel

21. April 1945

Die ersten Verbände der Roten Armee erreichen die Berliner Randbezirke.

Noch während der Kampfhandlungen werden in Weißensee von den Soldaten Kohlsuppe und Grütze an die Berliner Bevölkerung ausgegeben.

28. April 1945

Der erste Stadtkommandant von Berlin, Generaloberst Bersarin, ordnet mit Befehl Nr. 1 die Wiederaufnahme der Arbeit in Betrieben und Lebensmittelgeschäften an.

2. Mai 1945

Unterzeichnung der bedingungslosen Kapitulation in Berlin-Karlshorst.

14./15. Mai 1945

Die Neuregelung der Lebensmittelversorgung der Stadt auf Anordnung des sowjetischen Stadkommandanten tritt in Kraft. Ausgabe von 2 Millionen Lebensmittelkarten.

30. Mai 1945

Soldaten der Roten Armee, die selbst Verpflegungsnöte haben, veranstalten eine Jagd auf das Damwild des Grunewalds. 400 Hirsche und Rehe werden abgeschossen.

4. Juli 1945

Übernahme der Westsektoren durch die West-Alliierten.

10. Juli 1945

Der amerikanische Kommandant ordnet an, daß die übrigbleibenden Speisen seiner Truppen nicht mehr weggeschüttet, sondern an deutsche Kinder verteilt werden sollen.

2. *August 1945*

Die Amerikaner legen in dem 1709 geschaffenen Eiskeller an der Dahlemer Dorfaue eine Champignonzucht für den eigenen Bedarf an.

Oktober 1945

Der amerikanische Vorschlag, die Lebensmittelkarte V (sogen. „Hunger- oder Friedhofskarte") abzuschaffen, scheitert an den anderen Alliierten.

15. *Oktober 1945*

Verordnung über den Anbau von Gemüse und Hackfrüchten auf Plätzen, Brachland und Trümmerflächen tritt in Kraft.

Dezember 1945

Die Kinderkarte (IV) wird um täglich 5 g Fett, 10 g Zucker, 30 g Nährmittel und 5 g Fleisch erhöht.

Winter 1945/46

Einrichtung von Volksgaststätten, um die Bevölkerung gegen Markenabgabe mit warmen Mahlzeiten zu versorgen.

März 1946

Ein Wirtschaftsplan, der den Bedarf und die zweckmäßige Auslieferung der dringend benötigten Kochtöpfe, Schüsseln, Eimer, Wannen, Eßbestecke usw. regeln soll, wird aufgestellt.

Frühjahr 1946

Rd. 223 Volksgaststätten geben täglich 80 000 Portionen aus.

Winter 1946/47

Mit Temperaturen bis zu minus 20 Grad dauert der kälteste Winter seit Jahrzehnten von Dezember 1946 bis Februar 1947.

August 1947

Am Schlesischen Bahnhof werden bei einer Groß-Razzia 2450 Personen überprüft und zahlreiche Schwarzhändler festgenommen.

August 1947
Die Rationierung für Salz wird aufgehoben.

Ende 1947
Nach Schätzungen sind 85% der Bevölkerung auf dem Schwarzmarkt aktiv.

Ende 1947
Im Rahmen des sogen. Kotikow-Programms erhält in Ost-Berlin eine ständig steigende Zahl von Arbeitern ein markenfreies Mittagessen.

Sommer 1948
In der sowjetischen Besatzungszone wird mit einer Hilfsaktion „Die Zone hilft Berlin" für Spenden und Sonderschichten geworben, um die Folgen des Kältewinters zu mindern.

24. Juni 1948
Sowjetische Behörden unterbrechen Personen- und Güterverkehr von und nach Berlin wegen „technischer Störungen". Einstellung der Stromlieferungen nach West-Berlin.

8. Juli 1948
Offizieller Beginn der Luftbrücke. Kohlenmangel zwingt zur Einschränkung des öffentlichen Verkehrs in West-Berlin.

ab 13. August 1948
Drastische Einschränkungen der Stromlieferungen auf ca. 2 Stunden pro Tag.

1. November 1948
West-Berliner erhalten täglich 400 g Brot, 50 g Nährmittel, 40 g Fleisch, 30 g Fett, 40 g Zucker, 400 g Kartoffeln und 5 g Käse.

Dezember 1948
Als Sonderzuteilung wird für Haushalte bis zu 2 Personen eine Schachtel Süßstofftabletten verteilt. Haushalte ab 3 Personen erhalten 2 Schachteln.

12. Mai 1949

Nach 322 Tagen Aufhebung der Blockade.

1. Juli 1949

Die Rationierung von Textilien wird in den Westsektoren aufgehoben.

1. Oktober 1949

Die Verfügung, daß alle Rasenflächen in Parks und auf Plätzen mit Gemüse und Kartoffeln bebaut werden müssen, wird aufgehoben.

Frühjahr 1950

In den Westsektoren wird die Rationierung von Lebensmitteln aufgehoben.

bis Mai 1958

besteht im Ostsektor noch die Versorung durch Bezugsscheine und Karten.

Seite 215/216
Rezeptbroschüre fürs Weihnachtsfest.
vgl. Seite 188 ff.

Wir feiern Weihnachten!

Weihnachten mit seinem hellen Glanz von Licht und Erwartung und Freudebereiten ist uns doch das liebste unserer deutschen Feste. Kein Wunder, daß auch in den Zeiten der Not alle Anstrengungen gemacht werden, dieses Fest trotz allem schön und festlich zu gestalten. Keine Hausfrau möchte es sich nehmen lassen, das Weihnachtsgebäck für ihre Familie selbst zu bereiten. Beginnt doch die rechte Vorfreude, sobald die süßen Backdüfte das Haus durchziehen und große Kinderaugen die Mutter bei ihrem geheimnisvollen Treiben in der Küche neugierig belauschen. Und welche Genugtuung hinterher, wenn die Familie bewundernd feststellt: So gut wie diesmal hat es noch nie geschmeckt.

In diesem Jahre sollen besonders gute Kuchen, Torten und Leckereien gebacken werden, weil wir ja leider auf manches andere verzichten müssen. Deshalb bringt unser Blatt eine ganze Auswahl köstlicher Rezepte, sorgsam erprobt, für jeden etwas. Unsere hübsche Überraschung für die Kleinen wäre diese Pfefferkuchenbude, die sich aus Karton oder aus Pappe leicht schneiden und zusammenkleben läßt. Sie kann bemalt oder farbig beklebt werden. Ein Schnittmuster wird auf Seite 4 gebracht.

Dazu wünschen wir gutes Gelingen, ein frohes Weihnachtsfest, und daß die Weihnachtsfreude recht groß werden möge!

Zigaretten mit Schokoladen-Mundstück

Einen geschmeidigen Knetteig aus dem halben Rezept „Weihnachtsrolle“ herstellen

Aus dem Teig Zigarettenstäbchen formen.
b. leichter Mittelhitze backen.

Für das Mundstück
Von jeder Zigarette ein Ende in Schokolad.-Glasur eintauchen.

Schokoladen-Trüffel

In einem kl. Kochtopf
100 g Zucker
entweder mit
20 g Kakao
od. m. 50 g ger. Schokolade
und mit
4 Eßl. Wasser
gut verrühren.
Bei ständ. Rühren durchkochen.

Die Masse soll dann etwas abkühlen!

Der noch warmen Masse
nach u. nach etwa
100 g ger. Nüsse
od. Kekse unterrühren
soviel, daß d. Masse nicht zu feucht aber auch nicht bröcklig ist –
sowie
1 Teel. Butter
und etwas Rum
od. Vanillezucker

Aus der Masse
die noch warm sein muß
mit nassen Händen kleine Kugeln formen.

Trüffel-Kugeln n. Belieben mit Kürbis-Kernen verzieren.
müssen fest werden!

Marzipan

In vorgewärmter Schüssel
20 g Butter od. Marg. rühren,

100 g Kartoffeln
etwa 1 große
tags zuvor gekocht,
gerieben, zufügen

und mit
100 g Zucker u.
1 Prise Salz
so lange verrühren,
bis die Masse geschmeidig und d. Zucker zergangen ist.

Dann erst
100 g Grieß
und mehrere Pflaumenkerne fein gewiegt
od. mehrere Tropf. Bittermandelöl unterrühren.
Abschmecken.

Bröckelt sie, etwas Wasser unterrühren.
Ist sie zu feucht, etwas Grieß untermengen

Auf einem Teller daumendicke Rollen formen.
Davon 1½ cm breite Stückchen abschneiden.

Aus diesen Stückchen
Hörnchen-Brote
Herzen
Brötchen-Würste
Kartoffeln u. a.
Nach Belieben formen.
in Kakao wälzen

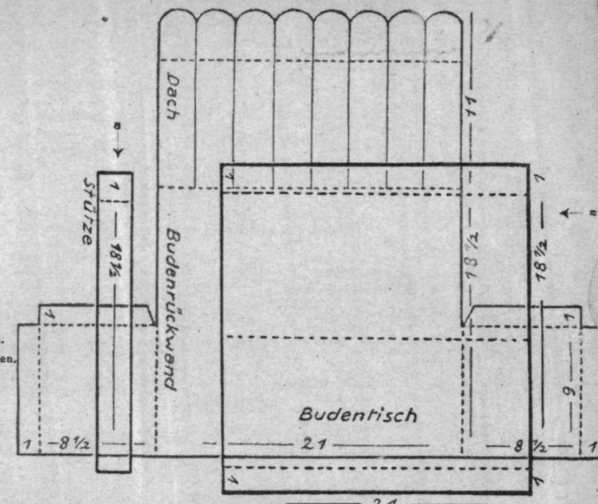

Für die Pfefferkuchenbude - Rückwand und Dach -
Einen Kartonbogen von 40 × 29,5 cm formmäßig nach den grünen Linien ausschneiden und in den punktierten Linien kniffen.

Für den Budentisch
einen Kartonbogen v. 21 × 20,5 cm formmäßig n. d. braun. Linien ausschneid. Der Tisch und das Dach können wie auf dem Titelbild bemalt werden.

Als Verbindung von Dach und Tisch
den Streifen der linken Zeichnung 18,5 cm zweimal ausschneiden und „a“ auf „a“ aufeinanderkleben.

Schokoladen-Taler

(Groschen-Pfennige)

Einen geschmeidigen Knetteig aus dem halben Rezept „Weihnachtsrolle“ herstellen.
1 Eßl. Kakao unterkneten.

Aus dem Teig Rollen
im Durchmesser d. gewünschten Geldstücke formen.

Davon Scheiben entsprechend dick abschneiden u.

auf gefettetem Blech
b. Mittelhitze etwa 10—15 Min. backen.

Frucht-Konfekt

Vorbereitung:
125 g Rosinen
od. Backobst waschen,
Kürbiskerne fein backen.

Zubereitung:
100 g Zucker
mit
3 Eßl. Wasser gut durchkochen.

Die Früchte (Backobst gewürfelt) unterführen.
einmal aufkochen.

Von der Konfekt-Masse
teelöffelweise herausnehmen
und die Masse m. nass. Händen zu Kugeln formen.

Nach dem Erkalten
Konfekt mit Schokoladen-Glasur bestreichen
oder eintauchen.

ALFRED H. LINDE VERLAG, Berlin, Johann-Georg-Str. 20 · Nachdruck, auch auszugsweise, verboten! · Rezeptschema gesetzlich geschützt! Druck: Wilhelm Limpert, Berlin SW 68 · ICD 166 · 11. 48. 11134

– Roland von Berlin – 6.7.1947 –

Sonderbar ...

„Was, kein Bier da, keine Selter?
Und um zehn schließt das Lokal?
Höchstens ein Glas Wasser? – Danke!
Schöne Wirtschaft, ein Skandal!“
– Vor zwei Jahren standen wir noch
Stundenlang um Wasser an ...
Sonderbar, wie schnell der Mensch doch
Manches so vergessen kann ...!

„Durch die Sommerzeit, die böse,
War man um den Schlaf gebracht!“
– Und wie klang's noch vor drei Jahren
Aus dem Rundfunk Nacht um Nacht?
„Über Raum Hannover-Braunschweig
Fliegen tausend Bomber an.“...

Heute ist er selbstverständlich
Überzeugter Demokrat,
Der auch nie „dafür“ gewesen
Und den Juden nie was tat.
– Vor drei Jahren noch hielt eifrig
Er zum Hitlergruß uns an ...
Sonderbar, wie schnell der Mensch doch
Manches so vergessen kann ...!

Vor drei Jahren wart ihr Opfer
Eines Terrors noch gesamt,
Ob aus West, aus Ost, aus Sachsen
Oder Bayern ihr gestammt.
– Heutzutage zieht schon wieder
Ihr den Fehdehandschuh an ...
Ach, wie schnell und leicht der Mensch doch
Manches so vergessen kann ...!

Alphabetisches Verzeichnis der Rezepte

F

G

H

K

L

M

N

O

P

Q

R

S

T

U

V

W

Z

Literaturverzeichnis

Zitierte Literatur

Andreas-Friedrich, Ruth: Schauplatz Berlin. Ein deutsches Tagebuch. Rheinsberg Verlag Georg Lentz, München 1962.

Anon.: Gute Soßen und Brotaufstriche mit wenig Fett. Alfred H. Linde Verlag, Berlin-Halensee 1945.

Anon.: Unveröffentlichtes Tagebuch einer Lichterfelder Familie, Archiv der Autorin.

Arnim, Clara v.: Der grüne Baum des Lebens. Erinnerungen einer märkischen Gutsfrau. Droemerische Verlagsanstalt Th. Knaur Nachf., München 1992.

B., Hugo v.: Tagebuch. Unveröffentl. Typoskript. Zit. nach Materialien zur Geschichte Neuköllns – Neukölln 1945. Herausgegeben v. Bezirksamt Neukölln von Berlin – Abt. Volksbildung.

Böll, Heinrich: Am Ufer. In: Die Verwundung und andere frühe Erzählungen. Zit. nach Gries, Rainer: Die Rationengesellschaft – Versorgungskampf und Vergleichsmentalität. Leipzig, München und Köln nach dem Kriege. Westfälisches Dampfboot, Münster 1991.

Boveri, Margret: Tagebuch des Überlebens – Berlin 1945. Eichborn Verlag, Frankfurt 1996. Zuerst erschienen im Piper Verlag, München 1968.

Engelmann, Bernt: Wir haben ja den Kopf noch auf dem Hals. Steidl Verlag, Göttingen 1997.

Institut für Ernährung und Verpflegungswissenschaft Berlin-Dahlem (Hg.): Zusätzliche Nahrungsquellen in Wald und Feld. Alfred H. Linde Verlag, Berlin-Halensee 1946.

Knef, Hildegard: Der geschenkte Gaul. Ullstein Verlag, Frankfurt a. Main / Berlin / Wien 1972.

Lüders, Erika: 10 Pfund Eicheln sind 7 Pfund Eichelmehl. Alfred H. Linde Verlag, Berlin-Halensee 1946.

Maltzan, Maria Gräfin von: Schlage die Trommel und fürchte dich nicht. Ullstein Verlag, Frankfurt a. Main – Berlin 1992.

Mittag, Detlef R. / Schade, Detlef: Die amerikanische Kaltwelle. Das Arsenal, Berlin 1983.

Niekisch, Ernst: Erinnerungen eines deutschen Revolutionärs. Zit. nach: Kultur, Pajoks und Care-Pakete, eine Berliner Chronik 1945–1949, Hrsg. v. Verein der Freunde und Förderer des Berlin-Museums, Berlin 1990.

Ohm, Martin: Rixdorf – Neukölln – einst und jetzt – kommunalhistorische Betrachtungen zum 1.4.1949. Unveröffentl. Typoskript, Archiv des Bezirksamts Neukölln.

Reisser, Frank-Ulrich (Hg.): Mit Kohldampf auf den Trümmerberg – Die Nachkriegszeit in Berlin-Neukölln 1945 – 1949. Im Auftr. des Bezirksamtes Neukölln von Berlin, Abt. Personal und Verwaltung, Berlin 1990.

Ronke, Christa: Eine Jugend in Kriegs- und Nachkriegszeit. Unveröffentl. Tagebuch, Privatbesitz Berlin.

Saenger, Erna: Geöffnete Türen – Ich erlebte hundert Jahre. Selbstverlag Erna Saenger, Berlin 1975.

Ulrich, Rolf: Alles sollte ganz anders werden – 40 Jahre Kabarett „Die Stachelschweine". Ullstein, Berlin 1990.

Rezepte, Kochanleitungen, Spar- und Haushalts-Tips

Anon.: Edelgemüse und Marmelade aus Zucker- und Futterrübe, Erfurt 1946.

Anon.: Ernte ohne Saat – Wildgemüse im Haushalt, Berlin 1946.

Anon.: Gemüse naturgesäuert – nach einem neuartigen Konservierungs-Verfahren, Berlin 1946

Anon.: Gute Soßen und Brotaufstrich m. wenig Fett, Berlin 1945.

Anon.: Pilze – ein nahrhaftes Essen, Köln 1946.

Anon.: Umgewandeltes Roggenmehl – sättigend und schmackhaft, Berlin 1945.

Anon.: Wie koche, brate, backe ich zeitgemäß und doch schmackhaft und abwechslungsreich, Leipzig 1946.

Anon.: Zeitgemäße Sparrezepte für die Hausfrau, Berlin 1946 u.1948.

Bartel, Anne-Marie: Mit Verstand und Liebe – Ein Kochbuch für schlechte und gute Zeiten, Berlin 1948.

Bey, Hedwig: Kartoffelsorgen – was koche ich morgen? Wuppertal 1946.

Der Simpl. Nr. 24, 1947.

Hauswirtschaftlichen Beratungsstellen des Magistrats von Groß-Berlin – Abt. für Ernährung (Hg.): Der Haushaltsbrief – Eine laufende Sammlung zeitgemäßer Ratschläge für sparsames Kochen und Wirtschaften, 1945-1949.

Hennig, B.: Zusätzliche Ernährung aus Wald und Flur, Berlin 1948.

Horbelt, Rainer / Spindler, Sonja: Tante Linas Kriegskochbuch, Frankfurt a. Main 1982.

Institut für Ernährung und Verpflegungswissenschaft Berlin-Dahlem (Hg.): Zusätzliche Nahrungsquellen in Wald und Feld. Alfred H. Linde Verlag, Berlin 1946.

Krause, Kurt: Wir sammeln Wildgemüse, Berlin o.J.

Lüders, Erika: 10 Pfund Eicheln sind 7 Pfund Eichelmehl. Alfred H. Linde Verlag, Berlin-Halensee, 1946.

Moeries, Elisabeth: Kleines Kochbuch für die Bäuerin, Berlin 1946.

Runert, Margarete: 100 bewährte Kochrezepte für die Notzeit, Leipzig 1948.

Stauffer-Otto, Maria: 46 zeitgemäße Kartoffelgerichte, Berlin 1946.

Zwerg, Martha: Schmalhans kocht trotzdem gut, Erfurt 1948.

Verwendet wurden außerdem zahlreiche Rezepte aus Zeitungen und Zeitschriften der Jahre 1945 bis 1949 und Rezepte von Beilage-Zetteln verschiedener Firmen (Dr. Oetker, Döhler, Isses, Wissol usw.) sowie Materialien des Archivs der Domäne Dahlem – Stiftung Stadtmuseum Berlin, des Archivs des Bezirksamts von Neukölln von Berlin (dem auch für die Abdruckerlaubnis der Fotos gedankt sei) und des Archivs der Autorin.

Briefe, Aufzeichnungen, Gesprächsnotizen

Mein besonderer Dank geht an die vielen Einsender, die mit Briefen, Kopien von Tagebuchnotizen, handgeschriebenen Rezeptheften und Haushaltstips dieses Buch bereichert haben. Ich bedanke mich für viele Gespräche mit Müttern und Vätern, Kindern und Verwandten, die mir aus ihren – oft schmerzhaften – Erinnerungen berichteten. Aus der Fülle der „Mitarbeiter an diesem Buch" seien hier genannt:

Gisela Adib, Veronika Bartsch, Elisabeth Bätge, Eva Maria Becker, Gudrun Blankenburg, Ilse Braune, Ingeborg Deutsch, Hildegard Dickenscheid, Gertrud Fahr, Vera Förster, Brigitte Frederich, Renate Fritsch, Lotti Fuchs, Sabine Grabner, Maria Haendcke-Hoppe-Arndt, Jörg Herrmann, Mona Hirsch, Edith Hoffmann, Frau Holk, Waltraud Huty, Renate Jünemann, Ruth Kader-Kado, Lotti Keim, Charlotte Kelm, Ella Kelm, Nelly Kelm, Gerda Kirchner, Ute Klein, Gisela Kolke, Johanna Köpp, Eva-Maria Kretschmar, Lydia Krieger, Felix Krusen, Inge Krüger, Brita Lambert, Renate Melchior, Liselotte Michel, Ursula Noack, Gertrud Paruschke, Monika Pfitzinger, Gisela Plata, Silvia Rabe, Hermann Reschke, Käthe Reschke,

Margot Rothe, Gerd Rust, Helga Schee-Halfmann, Gertrud Schmidt, Ursula Schneider, Edith Stehlen, H. Svendson, Brunhild Tausch, Christiane Walke, Lothar Wenzel, Brigitte Wulf, Vera Zoch

Zusätzliche Informationsquellen

Amt der Militärregierung U.S. Berlin (Hg.): Neubeginn in Zehlendorf. Halbjahresbericht Verwaltungsbezirk Zehlendorf, Berlin 1946.

Anon.: Blockade und Luftbrücke: Legende oder Lehrstück? Die Berlin-Krise von 1948/49 und ihre Folgen. Wanderausstellung, Berlin 1988.

Becher, Johannes R.: Briefe 1909–1958, Berlin und Weimar 1993.

Becher, Johannes R.: Briefe an Johannes R. Becher 1910–1958, Berlin und Weimar 1993.

Borgelt, Hans: Das war der Frühling in Berlin oder die goldenen Hungerjahre – eine Berlin-Chronik, München 1993.

Dentler, Ina: Kindheit in Berlin 1945–1952, Berlin 1994.

Domäne Dahlem. Stiftung Stadtmuseum Berlin (Hg.): Vom Berliner Stadtgut zum Freilichtmuseum – Geschichte und Geschichten der Domäne Dahlem, Berlin 1997.

Gries, Rainer: Die Rationengesellschaft – Versorgungskampf und Vergleichsmentalität – Leipzig, München und Köln nach dem Kriege, Münster 1991.

Hauptamt für Statistik (Hg.): Berlin in Zahlen, Berlin 1949.

Heilmann, Peter: So begann meine Nachkriegszeit. Männer und Frauen erzählen vom Mai 1945, Berlin 1985.

Hilfswerk der Evangelischen Kirchen Deutschlands (Hg.): Die Lebensverhältnisse in Deutschland 1947, Stuttgart 1947.

Höcker, Karla: Beschreibung eines Jahres. Berliner Notizen 1945, Berlin 1984.

Italiaander, Rolf u.a.: Berlin Stunde Null 1945, Düsseldorf 1983.

Jenk, Gabriele: Steine gegen Brot – Trümmerfrauen schildern den Wiederaufbau in der Nachkriegszeit, Bergisch-Gladbach 1988.

Kardorff, Ursula v.: Berliner Aufzeichnungen – 1942 bis 1945, München 1994.

Kindler, Helmut: Zum Abschied ein Fest, München 1992.

Kretschmar, Harald / Widerra, Rosemarie: Bärenspiegel – Berliner Karikaturen aus drei Jahrhunderten, Berlin 1980.

Lenz, Siegfried: Lehmanns Erzählungen oder So schön war mein

Markt, Hamburg 1964.

Ludwig, Hans: Eulen nach Spreeathen, Berlin 1987.

Magistrat der Stadt Berlin (Hg.): Berlin im Neuaufbau – Das erste Jahr. Rechenschaftsbericht d. Magistrats d. Stadt Berlin, Berlin 1946.

Meyer, Sibylle / Schulze, Eva: Wie wir das alles geschafft haben. Alleinstehende Frauen berichten über ihr Leben nach 1945, München 1984.

Presse- und Informationsamt des Landes Berlin (Hg.): Berlin Handbuch – Das Lexikon der Bundeshauptstadt. FAB Verlag, Berlin 1992.

Reichardt, Hans Joachim: „Raus aus den Trümmern". Vom Beginn des Wiederaufbaus in Berlin, Berlin 1987.

Riess, Curt: Berlin 1945-1953, Berlin 1953.

Schäfer, Hans Dieter (Hg.): Berlin im Zweiten Weltkrieg, München 1991.

Scherff, Klaus: Luftbrücke Berlin: Die Dokumentation des größten Lufttransportunternehmens aller Zeiten, Stuttgart 1976.

Schivelbusch, Wolfgang: Vor dem Vorhang. Das geistige Berlin 1945–1948, Frankfurt a. Main 1997.

Scholze, Thomas: Die Ernährungssituation der Berliner nach dem Zweiten Weltkrieg – Ein Beitrag zur Erforschung des Großstadtalltags 1945–1952. In: Jahrbuch für Geschichte Berlins Nr. 35, Berlin 1987.

Senat von Berlin (Hg.): Berlin – Quellen und Dokumente 1945–1951. Hrsg. i. A. d. Senats von Berlin, bearbeitet durch Hans Reichardt, Berlin 1964.

Senat von Berlin, Büro für Gesamtberliner Fragen (Hg.): Berliner Schicksal 1945-1952 – Amtliche Berichte und Dokumente, Berlin 1952.

Senator f. Arbeit und Soziales: Berlin nach dem Krieg – wie ich es erlebte – 18 Erlebnisberichte von älteren Berlinern aus dem Wettbewerb d. Senators f. Arbeit u. Soziales. Berliner Forum, Jg. 10, Berlin 1977.

Thurnwald, Hilde: Gegenwartsprobleme Berliner Familien. Eine soziologische Untersuchung an 498 Familien, Berlin 1948.

Verein der Freunde und Förderer des Berlin-Museums (Hg.): Kultur, Pajoks und Care-Pakete. Eine Berliner Chronik 1945-1949. Berlin 1990.

Weber, Klaus Konrad: Chronik von Dahlem II, Berlin 1982.

Wetzlaugk, Udo: Berliner Blockade und Luftbrücke 1948/49, Berlin 1998.

Wildt, Michael: Der Traum vom Sattwerden. Hunger und Protest, Schwarzmarkt und Selbsthilfe, Hamburg 1986.